BIBLE ET HAGIOGRAPHIE

BIBLE ET HAGIOGRAPHIE

Textes et thèmes bibliques

dans les Actes des martyrs authentiques

des premiers siècles

par Mgr Victor SAXER

professeur
à
l'Institut Pontifical
d'Archéologie Chrétienne

PETER LANG
Berne · Francfort-s.Main · New York

CIP-Kurztitelaufnahme der Deutschen Bibliothek

Saxer, Victor:
Bible et hagiographie: textes et thèmes
bibl. dans les actes des martyrs authent.
des premiers siècles / par Victor Saxer. –
Berne; Francfort s. Main; New York:
Lang, 1986.
   ISBN 3-261-03469-6

© Editions Peter Lang SA, Berne 1986
Successeur des Editions
Herbert Lang & Cie SA, Berne

Impression: Lang Druck SA, Liebefeld/Berne

TABLE DES MATIERES

INTRODUCTION   11

CHAPITRE I: ETIENNE (en 36)   15
               Notes   17

CHAPITRE II: JUSTIN ET COMPAGNONS
               (Rome, vers 162-167)   19
               I   La version ancienne P   19
               II   La version vulgate CVH   21
               III   Les additions tardives aux deux
                     versions   22
               Notes   24

CHAPITRE III: POLYCARPE (Smyrne en 167)   27
               I   Le récit du martyre   27
               II   La prière de Polycarpe   29
               III   Les additions et remaniements
                     tardifs   31
               Notes   33

CHAPITRE IV: LES MARTYRS DE LYON (en 177)   37
               I   Les citations explicites   37
               II   Les citations implicites   39
                     1. Le combat   39
                     2. L'adversaire et ses suppôts   41
                     3. Les combattants de Dieu   43
                        Les piliers   43
                        Vettius Epagathus   43
                        Pothin   43
                        Sanctus   44
                        Attale   45
                        Alexandre   45
                        Blandine et Pontique   46
                        Biblis   47
                        Martyrs emprisonnés et
                        renégats repentis   48
                     4. L'issue du combat   49
                        Le paradoxe du chrétien martyr . .   50

Les images du triomphe 51
La bonne odeur du Christ 52
L'image de l'épouse et de la mère . . 54
Le martyre 59
Notes 66

CHAPITRE V: LES MARTYRS SCILLITAINS (17.7.180) . . 73
Notes 74

CHAPITRE VI: APOLLONIUS DE ROME (en 183) 75
I   Les citations des hagiographes
     postérieurs á Eusèbe 75
II   La première audience: La profession
     de foi 76
III La deuxième audience: La critique
     de l'idolâtrie. 77
IV   Une troisième audience? Jugement
     universel et œuvre du Christ 79
Notes 85

CHAPITRE VII: LA PASSION DE PERPETUE ET
COMPAGNONS (Carthage, en 203) 87
I   Les visions de Perpétue 87
II   La vision de Saturus 88
III Le texte du compilateur 89
IV   Remarques de critique textuelle 91
Notes 96

CHAPITRE VIII: CARPUS, PAPYLUS ET AGATHONICE
(en 161-180 ou 250) 99
I   Les citations du texte commun A-B . . 100
II   Les citations propres à la version A . . 102
III Les citations propres à la version B . . 105
Notes 109

CHAPITRE IX: PIONIUS DE SMYRNE (en 250) 111
I   Le fragment dit autobiographique . . . 111
     1. Le récit 112
     2. Les discours 114
II   Les procès-verbaux d'audience 118
III Les parties attribuables au
     compilateur 119
Notes 123

CHAPITRE X: CYPRIEN EVEQUE DE CARTHAGE
                 (14.9.258)   127
                 Notes   128

CHAPITRE XI: AGAPE, CHIONE ET IRENE
                 (Thessalonique, 304)   129
                 I   Le procès-verbal de l'audience d'Irène .   129
                 II   Les citations du compilateur   130
                 Notes   132

CHAPITRE XII: EUPLUS DE CATANE (en 304)   133
                 I   Les procès-verbaux d'audience de A . .   133
                 II   Les additions des rédacteurs de A . . .   134
                 III Les versions dérivées de A   135
                 Notes   137

CHAPITRE XIII: PHILEAS EVEQUE DE THMUIS (en 306) .   139
                 I   Le procès-verbal de la dernière
                      audience   140
                 II   Les amplifications ultérieures   145
                 Notes   151

CHAPITRE XIV: STATISTIQUE DES CITATIONS ET
                 CULTURE BIBLIQUE DES ACTES DES
                 MARTYRS   155
                 I   Le relevé des citations   155
                 II   Un fait: La culture biblique des
                      citateurs   162
                      1. Deux exemples   163
                      2. Les textes antérieurs à la Lettre
                         lyonnaise   166
                      3. Les textes compris entre la Lettre
                         lyonnaise et l'Apologie de Philéas .   168
                 III Les variations de la culture biblique
                      des citateurs   170
                      1. Niveaux et sources de la diversité . .   170
                      2. Facteurs et domaines de la
                         diversité   173
                         A. Personnes et société   173
                         B. Géographie et chronologie   177
                 Notes   190

CHAPITRE XV: ANALYSE DES CITATIONS ET THEMES
BIBLIQUES DES ACTES DES MARTYRS . 195
I Le martyre comme témoignage 196
1. Les conceptions martyrologiques
du IVe siècle 196
2. Le martyre chez les compilateurs . . 198
3. Le sentiment personnel des
martyrs 202
4. Le substrat biblique 204
II Le martyre comme confession de
la foi 205
1. Le contenu de la foi 206
2. La critique des religions concurrentes 208
III Le martyre comme combat contre
le démon 212
1. Le vocabulaire du combat 212
2. Les images du combat 213
3. Le thème du combat dans
la Bible 214
IV Le martyre comme liturgie 215
1. Rites liturgiques 215
2. Formules liturgiques 217
V Le martyre comme expérience
mystique 220
1. Le martyr et le Christ 221
2. Le martyr, l'Esprit et Montan 223
VI Le martyre comme parousie 230
1. Le triomphe 230
2. Le paradis 233
3. Les noces 235
Notes 241

CONCLUSION 247
I La méthode de la recherche 247
1. Citations scripturaires et critique
littéraire 248
2. Citations scripturaires et critique
hagiographique 249
3. Citations scripturaires et critique
biblique 252
II Les résultats de la recherche 253
1. Les textes 253

       2. Les idées   255
       3. Les hommes   256
    Notes   263

BIBLIOGRAPHIE   265

TABLES   275

INTRODUCTION

Les rapports entre Bible et hagiographie pourraient faire l'objet d'une vaste enquête. Déjà le relevé systématique des citations de la Bible dans les Vies de saints publiées est une entreprise de longue haleine. A plus forte raison en serait-il ainsi de celles qui n'y figurent que comme des allusions voilées, des réminiscences furtives ou, au contraire, de celles qui confluent et se fondent nombreuses en un seul lieu.

Même limitée aux Actes des martyrs anciens, la recherche est encore considérable. Les éditeurs qui ont constitué des recueils de ces Actes, depuis les *Acta martyrum sincera* de Thierry Ruinart jusqu'aux *Acta martyrum selecta* d'Oscar von Gebhardt, aux *Ausgewählte Märtyrerakten* de Rudolf Knopf, réédités par Gustav Krüger et Gerhard Ruhbach, aux *Acts of the Christian Martyrers* d'Herbert Musurillo, ont noté les références bibliques des textes qu'ils ont édités. Les tables qu'ils dressent à la fin de leurs volumes auraient pu servir à une étude statistique de l'usage de la Bible dans ces Actes. Le travail pouvait sembler relativement simple.

J'ai préféré suivre un autre chemin, essentiellement pour trois raisons. La première est que les relevés déjà faits risquaient de faire écran entre le chercheur et les textes, en le dispensant de les y chercher lui-même, en lui faisant négliger la relecture des Actes avec une attention éveillée au problème spécifique qui se posait à lui et en l'amenant à une synthèse qui risquait de coller moins étroitement aux réalités.

La deuxième raison est que le contact direct avec les textes hagiographiques y révèle une richesse scripturaire que les notes au bas des pages ne reflètent pas toujours. En effet, à côté de la citation explicitement annoncée par une des formules classiques de la phraséologie chrétienne: „ainsi que dit l'Ecriture" etc., il y a les nombreux cas où elle se réduit à une expression ou à un mot, qui sont revenus à la mémoire de l'auteur ou du martyr d'une manière incomplète, ou déformée, ou combinée avec des passages analogues, selon les lois parfois capricieuses de l'association des idées, des images et des mots.

Il y a même une troisième raison qui ne tient pas au texte biblique cité, mais au document hagiographique qui le cite. Les Actes considérés comme sincères par le bénédictin de Saint-Thierry de Reims au XVIIe siècle comportent, aux yeux des critiques d'aujourd'hui, un nombre im-

11

portant de documents remaniés, quelquefois franchement faux, souvent fortement suspects. Même les recueils les plus récents, sur la trentaine d'Actes auxquels ils se tiennent habituellement, en comptent environ une moitié qui n'a pas trouvé grâce devant un examen plus sérieux.

Je m'en suis donc tenu aux Actes de martyrs reconnus pour authentiques dans l'étude la plus récente qui leur a été consacrée, à savoir celle de Giuliana Lanata. La liste qu'elle a dressée des documents pouvant être retenus comme authentiques se recoupe d'ailleurs, à peu de choses prés, avec celles qui se trouvent dans les ouvrages de Giuseppe Lazzati et d'Hippolyte Delehaye. C'est sur la base de ce consensus que repose ma propre liste.

Elle ne se tient cependant pas d'une manière absolue à celle de mes prédécesseurs. D'une part, en effet, j'ai laissé de côté les Actes de martyrs africains, soit parce qu'ils ne contiennent pas de citations bibliques et donc, quoiqu'authentiques, n'intéressent pas mon propos: c'est le cas de ceux de Maximilien de Tébessa († 12 mars 295) et de Marcel de Tanger († 30 octobre 298); soit parce que, s'inspirant d'une Passion antérieure, celle de Perpétue, ils en reproduisaient les procédés et en reprenaient les thèmes scripturaires: ce sont les Passions de Marien et Jacques, de Lucius et Montan. D'autre part, au contraire, j'ai examiné le récit canonique du martyre d'Étienne, qui se trouve dans les Actes des apôtres, parce qu'il fournit le premier exemple chrétien d'une narration de style hagiographique utilisant des sources scripturaires.

Le choix que j'ai fait s'explique par le but que je poursuis. Celui de mes prédécesseurs était différent du mien. Le Père Delehaye, en étudiant les genres littéraires des Passions de martyrs, avait constaté en celles-ci une diminution de la matière historique et un accroissement des procédés littéraires, au fur et à mesure qu'on passe des Passions historiques aux récits remaniés, voire épiques ou romanesques. Giuseppe Lazzati, de son côté, montra comment les documents primitifs ont été conservés grâce à leur usage liturgique et comment celui-ci nécessita des modifications rédactionnelles, généralement mineures, pour qu'ils puissent être adaptés à leur usage nouveau. Des changements plus substantiels y furent apportés par la suite pour des raisons idéologiques, lorsque se modifia au IVe siècle la situation juridique de l'Église et que cette première évolution entraîna celle des mentalités. L'objectif de Giuliana Lanata enfin fut plus limité. Il s'agissait pour elle de trouver, à travers les Passions historiques, les éléments qui avaient le plus de chances de refléter la procédure romaine utilisée à l'égard des chrétiens. En isolant ainsi en elles les passages reproduisant les procès-verbaux d'audiences au cours desquelles les martyrs avaient été condamnés, non seulement l'historien se trouvait en présence de témoignages directs des faits rapportés, mais il disposait encore d'un outil de première qualité pour déterminer la valeur historique d'un document hagiographique.

Mon objectif est différent, ma méthode aussi. Il est certes important que des citations bibliques se trouvent dans les procès-verbaux d'audience. Cela veut dire qu'un chrétien, habituellement martyr, les a faites devant le juge, avant que le sténographe ne les transcrive sur ses tablettes et le scribe dans les Actes. Il est tout aussi important de les relever en dehors des procès-verbaux, dans les parties des Actes qui sont propres au rédacteur chrétien ou qui reportent des documents non proconsulaires. Je pense aux éléments auto-biographiques ou aux mémoires chrétiens d'origine privée qui ont été parfois incorporés à nos Actes. Ces parties témoignent alors de la culture chrétienne des personnes à qui les citations sont dues. C'est pourquoi, autant que les procès-verbaux d'audience, j'ai à considérer la narration hagiographique qui les a conservés. C'est pourquoi encore il y a intérêt à distinguer dans une Passion, ou dans tout autre document hagiographique ancien, ses diverses couches rédactionnelles, pour savoir s'il y a des différences entre elles dans l'usage de la Bible. Ce critère a été appliqué à tous les documents qui s'y prêtaient.

En revanche, m'intéresse beaucoup moins, du moins au départ, le genre littéraire du document hagiographique. Qu'il prenne la forme épistolaire (Martyre de Polycarpe, Lettre des chrétiens de Lyon-Vienne à leurs frères d'Asie et de Phrygie), celle des Actes proconsulaires à peine adaptés à l'usage chrétien (Actes des martyrs Scillitains; de Carpus, Papylus et Agathonicé; de Cyprien de Carthage; de Philéas de Thmuis), celle du récit incorporé à une histoire de plus longue haleine (martyre d'Étienne dans les Actes des apôtres), celle du document composite englobant des éléments de nature et d'origine diverses (Passion de Perpétue), celle du document plus ou moins profondément remanié (Martyre d'Apollonius de Rome et de Pionius de Smyrne, Actes d'Agapé, Chioné et Irène, Actes d'Euplus de Catane), peu m'importe: du moment qu'ils comportent des citations bibliques, ils font mon affaire. L'argument du genre littéraire reprend au contraire de la valeur au moment de faire le bilan des citations scripturaires, quand il s'agit d'évaluer les différences éventuelles, d'un genre à l'autre, dans l'usage et la connaissance de la Bible.

Je me suis habituellement tenu au document hagiographique dans sa forme la plus anciennement accessible. Quand il se présente sous plusieurs recensions anciennes, j'ai étendu mon regard aux remaniements qui pouvaient être encore du IVe siècle ou du début du suivant. Mais, dans la mesure du possible, l'analyse a tenu compte des différences entre ces versions et les a distinguées. Dans un cas (Actes d'Euplus de Catane), j'ai examiné les recensions plus tardives mais non médiévales et j'y ai relevé les citations bibliques. Ainsi devient possible une esquisse d'évolution historique dans le maniement de la citation scripturaire par nos hagiographes. Néanmoins, plus que son évolution tardive, m'a retenu son maniement dans ses formes les plus anciennes. Celles-ci ont été déterminantes pour l'histoire future de son emploi.

Les textes hagiographiques retenus vont faire l'objet d'un double traitement. En un premier temps chaque texte sera examiné l'un après l'autre, dans l'ordre chronologique du martyre qu'ils rapportent. Pour leur datation, j'ai tâché de tenir compte des études les plus récentes consacrées à chacun d'eux. Ces chapitres analytiques seront de longueur différente selon la longueur du document analysé. En un deuxième temps sera possible un essai de synthèse. Elle pourrait se situer à trois niveaux. D'abord au niveau des faits: statistique et procédés rédactionnels de la citation scripturaire. Nous découvrirons la méthode de travail de ceux qui ont rédigé nos textes. Le deuxième niveau est celui des idées: que pensaient du martyre ceux qui l'ont subi et plus encore ceux qui l'ont décrit? Cette thématique est d'une richesse biblique extraordinaire. Enfin, l'analyse espère pouvoir atteindre le niveau d'une expérience, et d'une expérience religieuse, à savoir pourquoi ou mieux pour qui ces récits ont été faits, pourquoi et pour qui les martyrs eux-mêmes ont porté le témoignage de leur vie et de leur mort.

14

CHAPITRE I

ETIENNE (en 36)

Tous ceux qui ont tant soit peu l'habitude de la Bible reconnaissent dans les exclamations d'Etienne au moment où il est lapidé un rappel des paroles analogues du Christ en croix: „Seigneur Jésus, reçois mon esprit"[1] équivaut à: „Père, entre tes mains je remets mon esprit"[2]; et: „Seigneur, ne leur impute pas ce péché"[3] ressemble à: „Mon Père, pardonne-leur, car ils ne savent ce qu'ils font"[4]. Ce procédé est familier aux hagiographes qui, dès le début, ont eu à cœur de montrer comment le martyr se conforme à l'exemple du Maître.

Mais en fait, entre le récit de la mort d'Etienne et le reste de la Bible, les rencontres sont beaucoup plus nombreuses que ne le donnent à penser ces deux citations. Il convient de les relever toutes. Pour que cependant s'en dégage le sens, elles seront limitées dans mon relevé à celles qui, dans Ac 6-7, trouvent des correspondances dans les Actes postérieurs des martyrs et qui se rapportent à leur arrestation, leur procès et leur mort.

Dès l'arrestation d'Etienne, en effet, les souvenirs bibliques affleurent dans le récit des Actes des apôtres. Si les adversaires d'Etienne „l'amenèrent devant le Sanhédrin"[5], c'est qu'il était de la compétence de cette assemblée de se prononcer en matière religieuse, surtout à l'occasion des controverses qui opposaient juifs et chrétiens; et c'est aussi et avant tout, parce que les chrétiens interprétèrent les paroles du Christ: „Ils vous livreront aux sanhédrins"[6] comme une prophétie de leur propre sort de témoins du Maître[7].

De procès véritable, il n'y en a apparemment pas eu pour Etienne, qui a été plutôt victime d'un mouvement populaire pendant la vacance de la préfecture en Palestine. On semble néanmoins avoir voulu sauvegarder les formes. D'où l'intervention de témoins, que les Actes qualifient en réalité de „faux témoins"[8]. Ceux-ci semblent avoir fait partie obligée de la mise en scène de tous les procès dont la Bible fasse état[9]. Quelques-uns d'entre eux resteront dans la mémoire des chrétiens plus profondément gravés que d'autres: c'est le cas de ceux de Naboth et de Suzanne[10]. Mais là encore, c'est le procès de Jésus qui restera typique[11]. Comme le Christ, en effet, Etienne est passible de mort, non parce que les témoins ont prouvé sa culpabilité[12], mais parce que, en définitive, il a proclamé le Christ „Fils de l'homme à la droite de Dieu"[13]. C'est l'article fondamental de la foi chrétienne primitive; c'est ce témoignage que le Christ attend de ses disciples[14]. Ces procès révèlent enfin un malentendu irréductible qui opposait accusateurs et accusés au sujet des rapports entre „tradition de Moïse" et „parole de Dieu"[15], entre pratiques extérieures et religion de l'esprit, entre docteurs de la Loi et „Maître de la Loi"[16]. C'est pour avoir affirmé son caractère messianique que le Christ est condamné par le Sanhédrin[17]; c'est comme témoin de cette même messianité qu'Etienne est lapidé[18].

Le supplice du Christ diffère matériellement de celui d'Etienne. La raison en est dans le fait que le procès de Jésus, s'étant déroulé suivant les formes usuelles au temps de l'occupation romaine, s'est conclu par une condamnation conforme aux usages romains, alors que le procès d'Etienne s'est fait en dehors de la procédure romaine pendant la vacance de l'autorité romaine et s'est terminé conformément à la loi juive[19]. Par contre, dans les deux cas, les condamnés réagissent de la même manière; ou mieux, l'attitude d'Etienne se règle sur celle du Christ. C'est ce qui ressort de l'identité des paroles qu'ils prononcent en mourant[20]. Cela veut dire, non seulement qu'Etienne se comporte en disciple du Christ, mais encore que le Christ est le modèle du martyr.

Ainsi, dès le départ, l'hagiographie chrétienne est en possession d'un canevas, et d'un canevas biblique, sur lequel les auteurs suivants d'Actes et de Passions de martyrs ne cesseront de broder leurs variations.

NOTES (Chapitre I)

1 Ac 7, 59.
2 Lc 23, 46.
3 Ac 7, 60.
4 Lc 23, 34.
5 Ac 6, 12.
6 Mc 13, 9; Mt 10, 17.
7 *Theologisches Wörterbuch zum Neuen Testament,* commencé sous la direction de G. KITTEL (Stuttgart, 1933; 2e éd. 1953-1973).
   Cité dorénavant *TWNT* avec indication du tome en chiffres romains et des pages en chiffres arabes.
8 Ac 6, 13.
9 Jb 16, 9; Ps 27 (26), 12; 35 (34), 11; Pr 14, 5, 25.
   Cf aussi Pr 8, 19; 12, 17; 14, 5; 19, 5, 24-25, 29.
   Pour les Psaumes le chiffre entre parenthèses est celui de leur numéro d'ordre dans la Vulgate.
10 3 R 21, 10, 13; Dn 13, 21, 36-40, 51-63.
11 Mt 26, 59-61; Mc 14, 56-59. Cf *TWNT* 4, 519-520.
12 Ac 6, 13-14 = Mc 14, 59.
13 Ac 7, 55 = Lc 22, 69.
14 Mt 10, 17. Cf *TWNT* 8, 403-481, en part. 465-468.
15 Ac 6, 14; Mt 15, 3, 6; Lc 7, 9.
16 En se proclamant «maître du sabbat» (Mt 12, 8; Mc 2, 28; Lc 6, 5), Jésus affirmait le caractère transitoire des institutions données à Israël et dégageait la pérennité de la loi divine.
17 Mt 26, 63-66; Mc 14, 61-64; Lc 23, 67-71.
18 Ac 7, 56-58.
19 Dt 13, 2-11.
20 Lc 23, 46, 34 = Ac 7, 59, 60.

CHAPITRE II

JUSTIN ET COMPAGNONS
(Rome, vers 162-167)

Les Actes du martyre de Justin le philosophe et de ses compagnons existent en plusieurs versions dont les deux plus anciennes doivent être examinées ici, mais qui ont été l'objet d'additions ou de particularités rédactionnelles qui ne sont pas antérieures au IVᵉ siècle et dont il faut aussi tenir compte ici[1]. Les premières études critiques se portèrent d'abord sur le texte „vulgate" dont furent analysées la tradition manuscrite et la valeur historique[2]. C'est en un second temps seulement qu'on s'attacha au témoignage de $\underline{P}$, pour en reconnaître le caractère plus primitif et pour déterminer à la fois sa place dans l'évolution du genre littéraire des Actes de martyrs et sa valeur comme document juridique[3]. Ma propre analyse bénéficie de ces travaux antérieurs dans l'examen successif des deux versions et de leurs remaniements, pour y déterminer l'usage de la Bible.

I. LA VERSION ANCIENNE $\underline{P}$

Le magistrat devant lequel eut lieu le procès était Junius Rusticus, stoïcien, préfet de Rome entre 162 et 167[4]. Le procès-verbal le plus proche des faits est dans la version $\underline{P}$. Il s'en faut cependant qu'elle corresponde entièrement à l'original. Celui-ci, en effet, a dû être rédigé en latin, alors que nous n'en avons qu'une traduction grecque. En outre, cette version grecque est pourvue d'un prologue et d'un épilogue d'inspiration chrétienne. Elle est, de plus, privée des solennités d'usage au début des actes officiels: datation consulaire, mention du jour, du mois et du lieu; titre du magistrat, identité des accusés[5]. Comme certaines de ces indications figurent dans le titre, toutes ont paru inutiles au traducteur dans le texte, à moins que lui-même ne les ait transférées du texte dans le titre. Il est donc probable que, dans la version grecque $\underline{P}$, nous soyons en présence du document primitif, mais adapté à la lecture chrétienne. Il est possible que cette adaptation, qui a dû se faire en dehors de Rome, date encore du temps des persécutions, mais d'une période de paix entre les crises persécutrices.

Dans les conditions où s'est faite la transmission du texte, il n'y a donc pas lieu d'être surpris d'y lire une déclaration circonstanciée du philosophe chrétien sur la doctrine qu'il professait[6]. La voici:

> *Nous vénérons le Dieu des chrétiens que nous tenons pour l'unique créateur, dès l'origine, du monde entier, ainsi que le fils de Dieu Jésus-Christ dont les prophètes avaient prédit qu'il viendrait en aide au genre humain comme héraut du salut et maître du beau savoir.*
>
> *Je sais que je parle de sa divinité d'une manière inadéquate, quand je me réfère à la puissance prophétique dont je viens de dire qu'elle l'a annoncé comme fils de Dieu. Sache donc que dès les temps anciens les prophètes avaient annoncé sa venue parmi les hommes et qu'elle a eu lieu (2, 5-6).*

Cette déclaration détonne parmi les confessions de foi habituelles aux martyrs. Contrairement à celles-ci, dont les citations bibliques sont claires, elle se réfère à un langage biblique plutôt qu'à des passages précis du livre sacré. Ainsi le fils de Dieu est nommé, conformément à la tradition biblique, ϑεοῦ παῖδα, avant de l'être, quelques lignes plus loin, υἱὸς ϑεοῦ (2, 5)[7]. La création ἐξ ἀρχῆς[8] est aussi une formule traditionnelle, de la Genèse à saint Jean[9], pour désigner l'activité créatrice de Dieu[10]. Même le mot δημιουργός, désignant Dieu comme créateur, est employé une fois dans le Nouveau Testament[11]. Mais il faut reconnaître que ce langage connaîtra une vogue particulière dans l'apologétique chrétienne du IIᵉ siècle et dans celle de Justin[12]. On ne s'étonne donc pas de le trouver dans la bouche de ce dernier au moment où il s'explique sur sa foi devant un autre philosophe. Cette circonstance pourrait être favorable à l'appartenance de cette déclaration aux Actes primitifs.

Dans un deuxième passage, le langage de Justin est d'inspiration biblique. Quand le préfet le menace de flagellation et de décapitation, Justin exprime l'espoir que son „endurance" lui méritera le ciel. Car, dit-il:

> *à ceux qui ont mené une vie droite est réservée la récompense divine jusqu'à l'embrasement du monde (5, 2).*

Si l'ὀρϑὸς βίος n'est attesté *propriis terminis* que dans la *Vita Antonii*, 30, d'Athanase, l'idée est déjà exprimée par les Pères du IIᵉ et IIIᵉ siècle, spécialement à propos du „droit chemin"[13]. Elle s'appuie ainsi sur la doctrine biblique des deux voies[14]. Quant à la récompense divine, τὸ ϑεῖον χάρισμα, c'est une formule que reprendra Origène mais dont les racines bibliques sont évidentes et les résonnances eschatologiques elles-mêmes perceptibles dans certaines lettres pauliniennes[15]. Reste la question de „l'embrasement du monde", ἐκπύρωσις τοῦ κόσμου. L'image est ambigüe dans ses origines et sa signification. Elle véhicule des conceptions à la fois orientales, bibliques et stoïciennes. Dans le Nouveau Testament, en particulier, reprenant le vocabulaire des Septante, elle peut

20

être comprise comme feu de la parousie, destruction du monde ou purification des élus[16]. Les diverses significations se retrouvent dans les Apologies de Justin, avec, en plus, celle du feu de la géhenne[17]. Quelle est celle des Actes de son martyre? La dernière interprétation doit être écartée. Les autres ne sont peut-être pas incompatibles avec les œuvres du philosophe, mais les Actes semblent exclure celle d'un feu purificateur des justes, puisque ceux-ci ont déjà „la récompense divine". Les deux significations restantes pourraient, au contraire, s'expliquer l'une par l'autre, en ce sens que le dernier avènement du Christ aurait pour corollaire l'embrasement et donc la destruction du monde.

Quoi qu'il en soit, si la Bible apparaît d'une manière beaucoup plus diffuse à travers les Actes de Justin, c'est sans doute parce qu'elle a été incorporée dans l'esprit du philosophe-martyr à un système de pensée beaucoup plus raisonné que chez d'autres martyrs et que Justin a répondu au magistrat en fonction de la philosophie religieuse qu'il avait élaborée au cours de sa vie.

II. LA VERSION VULGATE _CVH_

La version _CVH_ se présente comme une amplification de _P_. Toutes les déclarations de Justin sur la foi chrétienne que contient _P_ se retrouvent en effet en _CVH_, mais celle-ci en comporte de nouvelles qui ne sont pas dans celle-là. Il en va de même de toute la substance biblique véhiculée par elles.

Dans ces Actes amplifiés, Pio Franchi de' Cavalieri a relevé deux lieux à citations scripturaires: 3, 1, avec Jr 23, 24; 4, 9, avec Jn 17, 3. En fait, outre ces citations explicites, j'y retrouve quelques allusions plus fugitives.

Interrogé sur le lieu de réunion des chrétiens, Justin répond avec une prudente réserve pour éviter de mettre en cause des frères:

> _(Nous nous réunissons) là où chacun le veut et le peut. Crois-tu donc vraiment que nous nous réunissions tous en un seul endroit? Pas du tout, car le Dieu des chrétiens n'est pas enfermé en un lieu. Au contraire, comme il est invisible et qu'il remplit le ciel et la terre, il est glorifié et adoré partout par ses fidèles (3, 1)._

La réponse de Justin est riche de substance biblique. L'idée que le culte de Dieu n'est pas lié à un lieu est exprimée par le Christ dans son

21

dialogue avec la Samaritaine[18]. Quant à l'épithète $\dot{\alpha}\acute{o}\rho\alpha\tau o\varsigma$ qui désigne un attribut divin, il a peut-être été forgé dans les milieux alexandrins où spéculait Philon. En tout cas, il est attesté dans le Nouveau Testament comme qualificatif de Dieu[19] et utilisé dans la littérature paléochrétienne[20]. L'expression suivante: „qui remplit le ciel et la terre", est celle que Pio Franchi de' Cavalieri a relevée et qui provient de Jr 23, 24. Que finalement le culte de Dieu s'exprime avec redondance: $\pi\rho o\sigma\kappa\upsilon\nu\epsilon\tilde{\iota}\tau\alpha\iota\ \kappa\alpha\grave{\iota}$ $\delta o\xi\acute{\alpha}\zeta\epsilon\tau\alpha\iota$, est bien dans la tradition sémitique, même si l'équivalent exact de la formule n'a pas été relevé dans la Bible[21].

Pio Franchi a relevé une deuxième citation scripturaire dans la profession de foi de Libérianus:

> *Moi aussi, dit-il, je suis chrétien, car je vénère et j'adore le seul vrai Dieu (4, 9).*

„Le seul vrai Dieu" est celui de la révélation biblique, mais que Jésus-Christ a fait connaître[22]. Aussi est-ce à lui seul que reviennent les témoignages spécifiques de latrie que sont l'$\epsilon\dot{\upsilon}\sigma\acute{\epsilon}\beta\epsilon\iota\alpha$ et la $\pi\rho o\sigma\kappa\acute{\upsilon}\nu\eta\sigma\iota\varsigma$[23] dont parle Libérianus: la dernière expression revient avec insistance dans le dialogue du Christ avec la Samaritaine[24].

III. LES ADDITIONS TARDIVES AUX DEUX VERSIONS

Les chapitres 1 et 6, qui sont présents dans les deux versions $\underline{P}$ et $\underline{CVH}$, sont des adaptations partielles ou des particularités rédactionnelles qui ne peuvent être antérieures au IVe siècle. Ainsi l'expression du prologue: „Au temps des impies décrets de l'idolâtrie" (1) est d'une époque où le christianisme était devenu légal et doit être postérieure à 313. A la place devait se trouver la date consulaire. De même, le chapitre conclusif (6) comporte une doxologie trinitaire de forme classique attestée seulement au IVe siècle, et plutôt dans sa seconde que dans sa première moitié[26].

Or, ce dernier chapitre comporte aussi une phrase aux résonances anciennes: „Les saints martyrs, lit-on, accomplirent leur martyre dans la confession du Sauveur". Non seulement „l'achèvement du martyre" et „la confession du Sauveur" font écho à des formules bibliques, mais elles sont aussi ailleurs dans la littérature martyrologique du IIe siècle, particulièrement dans la Lettre de l'Eglise de Lyon[26].

C'est pourquoi il n'est pas impossible qu'il faille distinguer deux couches rédactionnelles dans le chapitre de conclusion. La formule $o\dot{\iota}$

ἅγιοι μάρτυρες ... ὁμολογίᾳ pourrait appartenir déjà, non seulement
à la vulgate, mais à la recension primitive et aurait alors comporté une
doxologie simplement christologique: „à qui est la gloire et la puissance
dans les siècles". La doxologie trinitaire représenterait alors, en revanche,
un remaniement de cette dernière, fait au IVe siècle.

* * *

La manière d'utiliser la Bible est assez semblable dans les deux versions qui ont été distinguées des Actes du martyre de Justin. Car ni l'une
ni l'autre n'annoncent les citations qu'elles font; dans les deux aussi les
souvenirs bibliques ont tendance à s'agglutiner autour de la première réminiscence biblique qui s'est présentée à la mémoire de l'auteur. C'est
pourquoi je verrais les deux versions encore assez proches l'une de l'autre
dans le temps.

Des différences commencent néanmoins à s'esquisser entre elles:
alors qu'elles n'existent pas dans la version la plus ancienne, les citations
littérales se sont présentées deux fois à l'esprit du rédacteur de la vulgate:
Jr 23, 24, et Jn 17, 3. C'est peut-être le signe que celui-ci a amplifié la
version primitive en ayant le texte sacré sous les yeux, alors que Justin,
devant son juge, ne l'avait présent qu'à la mémoire.

1 La plus ancienne $\underline{P}$, que P. Franchi de' Cavalieri avait mise dans l'apparat critique de son édition, a été publiée à part par G. LAZZATI, „Gli Atti di S. Giustino martire", *Aevum* 27 (1953) 490-495; et *Gli sviluppi della letteratura dei martiri* 120-123. La seconde $\underline{CVH}$, appelée vulgate par le même P. Franchi, a été publiée par lui dans „Gli Atti di S. Giustino", *ST* 8 (1902) 33-36; par G. Lazzati dans la 2e colonne des pp. 490-495, et dans *Gli sviluppi* 122-124.

2 P. FRANCHI DE' CAVALIERI, *Op. cit.* 25-30; H. DELEHAYE, *PM* 87-89.

3 P. FRANCHI DE' CAVALIERI, „Di una nuova recensione del martirio dei SS. Carpo, Papilo ed Agatonice", *ST* 33 (1920) 5-17; G. LAZZATI, in *Aevum* 27, 474-477; G. LANATA, *Gli Atti dei martiri* 117-124.

4 *PW* 10/1, 1083 (n° 146); *PIR*, p. 346 (n° 814).

5 P. FRANCHI, in *ST* 33, 9 n. 2.

6 M. SIMONETTI, „Qualche osservazione", p. 46, avait contesté l'appartenance de ce passage au procès-verbal officiel. La solution que je propose me paraît tenir compte de cette difficulté.

7 A. HARNACK, *Lehrbuch der Dogmengeschichte* (Freiburg/Br. — Leipzig, 1894) 1, 176 n. 1, a rassemblé les textes patristiques anciens sur l'expression. Cf. *TWNT* 6, 698-703; 8, 367ss.

8 *TWNT* 1, 478-481; 3, 1004-1034.

9 Gn 1, 1; Pr 8, 22; Jn 1, 1-3. Sur l'éxégèse des deux premières citations par Justin, cf. P. PRIGENT, *Justin et l'Ancien Testament*, p. 125 et 129-130.

10 *TWNT* 2, 61.

11 Hb 11, 10.

12 J. RIVIERE, *Saint Justin et les apologistes chrétiens du second siècle* 159-177.

13 HERMAS, *Pasteur*, Mand. 8, 1, 2; JUSTIN, *1. Ap.* 8, 2; CLEM. ALEX. *Paed.* 1, 12; *Strom.* 1, 5.

14 *TWNT* 5, 451.

15 2 Co 1, 11. ORIG. *Fragm. in Ioan.* 44, *GCS*.

16 2 Th 1, 8; 1 Co 3, 15; 2 P 3, 13. *TWNT* 9, 394-395.

17 *Ibid.* 6, 951.

18 Jn 4, 20-24.

19 1 Tm 1, 17; Col 1, 15; Hb 11, 27; JUSTIN, *1. Ap.* 20, 4; 57, 1; 60, 8; *2. Ap.* 7, 2-3.

20 *2. Clem.* 20, 5; IGN. *Magn.* 3, 2; *Polyc.* 3, 2; TH. CAMELOT, *Ignace d'Antioche, Polycarpe de Smyrne, Lettres, SC* 10, 22; *TWNT* 5, 369-371.
21 *Ibid.* 2, 256-257; 6, 764-767.
22 Jn 17,3.
23 *TWNT* 7, 180-184.
24 Jn 4, 20-24.
25 TH. CAMELOT, *Ignace d'Antioche*, p. 233.
26 Cf. ci-dessous p. 49 et note 74, pp. 59-64.

Chapitre III:

POLYCARPE

(Smyrne en 167)

Le Martyre de Polycarpe se présente sous la forme d'une lettre que les chrétiens de Smyrne adressèrent à leurs frères de Philomélion à l'occasion du premier anniversaire de la mort de leur évêque[1]. Le martyre date du 23 février 167, ce qui met la lettre peu avant le 23 février de l'année suivante[2].

On a dit de cette lettre qu'elle était „le premier représentant que nous connaissions, et sans doute le premier absolument, d'un genre littéraire qui devait prendre un développement considérable, les *Passions des martyrs*"[3]. En fait, la première absolue, comme nous l'avons vu dans le premier chapitre, est constituée par le récit de la mort d'Etienne dans les Actes des apôtres. Aussi bien Etienne lui-même est-il considéré comme le „premier martyr" chrétien. Il reste que le Martyre de Polycarpe est le premier à nous être parvenu sous une forme littéraire indépendante.

J'y distinguerai le récit du martyre de la prière de Polycarpe et ces éléments primitifs des modifications tardives[4]. J'étudierai successivement les citations scripturaires de ces différentes parties.

I. LE RECIT DU MARTYRE

Les citations bibliques de la lettre, plus particulièrement celles du récit, révèlent chez son auteur, d'une part une grande familiarité avec la Bible, de l'autre une intention précise dans son usage.

La Bible lui vient spontanément à la mémoire en s'adaptant aux circonstances particulières du récit dans lequel elle entre. L'adresse de la lettre contient une citation de l'Epître de Jude: „A vous miséricorde, paix et charité ... en abondance" (Adr.)[5]. L'imitation recommandée par Paul aux Philippiens, Polycarpe lui-même est dit l'avoir prêchée d'exemple aux Smyrniotes „pour qu'ils soient eux aussi ses imitateurs sans regarder uniquement à leur intérêt, mais aussi à celui du prochain" (1, 2)[6]. Aussi ont-ils mérité de voir „les biens réservés à la patience, que l'oreille n'a pas entendus, que l'œil n'a pas vus, et que le cœur de l'homme n'a pas imaginés" (2, 3)[7]. L'hagiographe cite donc de nouveau saint Paul. Quand la police vient l'arrêter, l'évêque réagit spontanément en chrétien, ne songeant pas à agrémenter ses paroles d'une citation de Mt 5, 44, ou Lc 6, 27, mais se contentant d'une allusion furtive à Rm 12, 20 (7, 2). Quand il comparaît devant le proconsul, Polycarpe insiste sur le respect que les chrétiens gardent aux princes et aux magistrats, même s'ils ne pratiquent pas leurs rites (10, 2). Il se place ainsi dans la grande tradition néo-testamentaire qui va du précepte du Christ: Rendez à César ce qui est à César[8], aux recommandations des apôtres, de soumission aux autorités[9]. La lettre se fait aussi l'écho d'une situation attestée pour Smyrne par l'Apocalypse, à savoir l'hostilité des juifs de la ville pour la communauté chrétienne, mais elle le fait avec une insistance beaucoup plus grande (12, 2; 13, 1; 17, 2)[10]. Finalement la doxologie du document primitif (20, 2) est un tissu de réminiscences néo-testamentaires que les éditeurs ont indiquées[11].

Outre ces réminiscences bibliques plus ou moins spontanées, d'autres dénotent chez l'auteur de la lettre un dessein déclaré et poursuivi dans l'utilisation de la Bible. Il veut, en effet, montrer que le martyre est la plus complète imitation du Christ et que Polycarpe, en particulier, est un martyr selon l'évangile. Aussi s'attache-t-il aux ressemblances de la passion de Polycarpe avec la passion de Jésus et pousse-t-il cette mise en parallèle jusque dans les détails. Il dit en effet: „Presque tous les évènements sont arrivés pour que le Seigneur nous montrât encore une fois un martyre conforme à l'évangile" (1, 1)[12].

Comme Jésus, Polycarpe ne se présente pas de lui-même à la mort, il cherche à l'éviter (6, 1); comme Jésus, „il est trahi par ceux de sa maison" (6, 2)[13]. Cette communauté de destinée est alors soulignée par le rédacteur, de même qu'il compare les traîtres à Judas (Ibid.). Passant aux circonstances de l'arrestation, le parallèle continue: l'esclave dénonciateur accompagne les policiers, comme Judas la milice du Temple; le chef de la police porte le nom prédestiné d'Hérode, l'opération se fait „un vendredi à l'heure du souper". L'auteur se paie alors le luxe d'une citation littérale: la police est armée „comme pour courir sus à un bandit", ὡς ἐπὶ λῃστήν (7, 1)[14]. L'arrestation elle-même est pour Polycarpe le signe de la volonté de Dieu, il l'accepte: „Que la volonté de Dieu soit faite" (Ibid.); à Gethsémani Jésus avait prononcé une parole semblable[15], et comme Jésus à Gethsémani, Polycarpe se prépare à la mort par la prière (7, 3). Quand il a fini, il est conduit devant le proconsul. Il part pour la ville „monté sur un âne" (8, 1)[16]. Le rédacteur, à moins que ce ne soit un remanieur, insiste par une incise: „C'était le jour du grand sabbat" (Ibid.)[17]. Introduit devant le proconsul, il entend „une voix venue du ciel: Sois un homme" (9, 1). Cette citation est composée, d'abord de l'allusion à la voix entendue par le Christ[18], ensuite d'une parole plusieurs fois répétée à Josué[19]. Finalement la ressemblance est achevée par un dernier trait: comme Pilate cherchait à sauver Jésus[20], le proconsul tente de sauver Polycarpe de diverses manières: persuasion, menaces (10, 1; 11, 1, 2); comme Pilate, le proconsul est stupéfait de l'attitude de Polycarpe (12, 1)[21]. Aussi le rédacteur peut-il conclure: „Polycarpe fut non seulement un docteur célèbre, mais aussi un martyr éminent, dont tous désirent imiter le martyre conforme à l'évangile du Christ" (19, 1). Il a conscience d'avoir accompli la promesse du début, de présenter Polycarpe en parfait disciple du Seigneur.

II. LA PRIERE DE POLYCARPE

Avant de mourir, Polycarpe prononce une prière (14, 1-3) qui a souvent fait l'objet d'études à cause de son importance théologique et liturgique ou de la densité de ses citations scripturaires[22].

Le Dieu tout-puissant, $\vartheta\epsilon\grave{o}\varsigma\ \pi\alpha\nu\tau o\kappa\rho\acute{a}\tau\omega\rho$, auquel s'adresse le martyr, est souvent mentionné par les Septante, le Nouveau Testament et les premiers auteurs chrétiens. La mention apparaît ainsi dans Ap 1, 8; 4, 8; 11, 17; 15,3; 16, 7; 21, 22, et dans la *1ª Clementis* (32, 4; 62, 2). Mais Dieu est aussi le Père de Jésus-Christ. En l'invoquant comme tel, Polycarpe ajoute à la profession de foi monothéiste l'affirmation du mystère chrétien. Celui-ci s'exprime en une formule qui revient souvent dans les épîtres pauliniennes[23]. Dieu est enfin celui des anges, des puissances et de toute la création: des textes vétéro-testamentaires le présentent de cette façon[24].

Jésus-Christ est „l'enfant bien-aimé et béni de Dieu". $\Pi\alpha\tilde{\iota}\varsigma\ \vartheta\epsilon o\tilde{\upsilon}$, telle est souvent l'appellation de Jésus dans la littérature chrétienne des origines: les discours de Pierre (Ac 3, 13, 26), la prière des fidèles (Ac 4, 27, 30) comportent cette expression. Elle se retrouve dans la lettre aux Corinthiens de Clément de Rome et dans l'Epître de Barnabé; elle figure dans les prières eucharistiques anciennes[25]. Toute cette tradition paléochrétienne remonte aux prophéties sur le Serviteur de Iahvé[26], réinterprétées en fonction de la personne du Christ[27]. Le terme $\pi\alpha\tilde{\iota}\varsigma$ est d'ailleurs souvent accompagné de $\grave{a}\gamma\alpha\pi\eta\tau\acute{o}\varsigma$ dans le Nouveau Testament pour désigner le Christ comme fils unique de Dieu. Quant à l'adjectif $\epsilon\grave{\upsilon}\lambda o\gamma\eta\tau\acute{o}\varsigma$, l'Ecriture le réserve à Dieu lui-même; seuls les textes chrétiens postscripturaires l'étendent au Christ comme fils de Dieu.

C'est par le Christ que Dieu s'est fait connaître à nous. Cette formule de Polycarpe nous transmet un écho de la tradition évangélique la plus archaïque[28]. Il retentit aussi dans les prières de saint Clément et de la Didachè[29]. Mais c'est encore par le Christ que le martyr Polycarpe com-

munie à sa coupe et qu'il est admis en présence de Dieu comme un sacrifice gras et agréable: si la communion à la coupe du Seigneur a été interprétée par l'évangile déjà comme une participation à sa mort[30], le sacrifice
gras et agréable offert en présence de Dieu réunit en une expression unique
deux textes prophétiques[31]. Le fruit de sacrifice est „la résurrection à la
vie éternelle du corps et de l'âme" et „l'incorruptibilité du Saint-Esprit";
de ces deux expressions, la première est johannique, la seconde, paulinienne[32]. En admettant Polycarpe au martyre, non seulement Dieu l'a jugé
„digne de ce jour et de cette heure", mais encore il s'est montré „un Dieu
véridique" en „préparant, manifestant et réalisant" ses promesses. „Le
jour et l'heure" sont, dans les synoptiques, ceux du retour du Christ,
quand il viendra comme un voleur[33]; mais, selon Jean, l'heure est celle de
la passion, pour le Maître[34] comme pour les disciples[35]. Quant au Dieu
„véridique", qui réalise ses promesses, Paul l'avait appelé „sans men-
songe"[36], mais il reparaît comme „vrai" dans l'Apocalypse[37].

Pour la grâce de son martyre, Polycarpe remercie Dieu: „Je te loue,
je te bénis, je te glorifie". Voici le commentaire que faisait de cette action
de grâces le Père Camelot: „Les mots évoquent irrésistiblement les grandes
louanges liturgiques, par exemple celle des *Constitutions apostoliques* VII
47, ou la doxologie que nous a conservée le *Codex Alexandrinus* et qui
est restée dans la liturgie latine, le Gloria in excelsis: Laudamus te, benedicimus te, glorificamus te ... Nous sommes en présence ici de pensée et
d'expressions liturgiques traditionnelles"[38].

Ce trésor de pensées et d'expressions n'est pas seulement liturgique,
il est biblique aussi. Dans la Bible, il est vrai, les formules ici réunies sont
la plupart du temps dispersées: parfois elles vont par deux; une fois cependant elles sont nommées ensemble toutes les trois[39]. Cette prière est
adressée à Dieu par l'intermédiaire de Jésus-Christ, „le grand-prêtre éternel
et céleste, son enfant bien-aimé". Ainsi, dès l'origine, la prière eucharistique se conclut par une doxologie dont Dieu est le destinataire et Jésus-
Christ l'intermédiaire normal. Mais en plus, cette doxologie est elle-même
tissée de textes bibliques. Nous y retrouvons d'abord „l'enfant bien-
aimé de Dieu". En outre, conformément à l'Epître aux Hébreux[40], le
Christ est nommé „grand-prêtre éternel et céleste".

De cette manière, en définitive, le martyre lui-même est présenté
comme une eucharistie, un sacrifice d'action de grâces et une liturgie.

III. LES ADDITIONS ET REMANIEMENTS TARDIFS

J'ai relevé précédemment[41] la répétition de la formule du „martyre selon l'évangile" (1, 1; 19,1). Cette répétition constitue une inclusion qui me semble fortement souligner l'unité de composition des chapitres qu'elle délimite (1-19)[42].

La conséquence qui en découle est, à mon avis, la suivante en ce qui concerne les chapitres 20 à 22. Le 20 est sans doute un post-scriptum, ajouté à la Lettre, soit par son rédacteur lui-même, soit par un membre de sa communauté, avant qu'elle n'ait été envoyée à ses destinataires. Cet ajout est comparable aux post-scriptum des lettres pauliniennes[43]. Les chapitres 21-22 sont, en revanche, des additions proprement dites à la Lettre après son arrivée à Philomélion. Ils visent en particulier à expliquer sa transmission ancienne et se subdivisent eux-mêmes en deux séries parallèles, se terminant chacune par une doxologie.

Le chapitre 21 émane d'un auteur différent de celui de la Lettre, mais s'inspire de précédents scripturaires. Les doxologies font écho à celles des apôtres[44]; de même la recommandation de „saluer tous les saints"[45]. Le deuxième appendice (ch. 22) se présente sous une double forme. Mais la doxologie qui termine l'une et l'autre reste la même, sa formulation est trinitaire[46]. Pour cette raison, elle est du IVe siècle sous ses deux formes. Je serais même assez enclin à ne dater ni l'une ni l'autre avant 381.

* * *

Lorsque les Smyrniotes font aux Philoméliens l'éloge de Polycarpe, certains thèmes et termes bibliques se sont déjà acclimatés dans la littérature hagiographique naissante. Le martyr est le parfait disciple et imitateur du Christ: les hagiographes s'appliquent à souligner les ressemblances entre le Maître et le disciple. Quant à l'acte du martyre, il n'est pas subi mais accepté comme un don de Dieu et accompli comme une action de grâces: associé au „grand-prêtre éternel et céleste", le martyr célèbre une liturgie. Pour discrètement énoncés que soient ces thèmes, ils sont présents dans le Martyre de Polycarpe.

Quant au vocabulaire du martyre, il est éminemment biblique. La Bible, en effet, ne nourrit pas seulement la pensée de l'hagiographe, comme il ressort de la lettre, et celle du martyr, ainsi qu'il apparaît dans sa prière; elle est encore le trésor dans lequel puise le premier pour conformer le second à l'idéal que représente le Christ: Polycarpe accomplit un „martyre conforme à l'évangile". C'est là, dès le début, le critère de l'authentique témoignage chrétien.

En ce sens, si le Martyre de Polycarpe n'est pas le premier représentant du genre littéraire des Passions, il a contribué à en fixer dès les premiers temps les traditions essentielles.

NOTES (Chapitre III)

1 Edité par Th. CAMELOT, *Ignace d'Antioche, Polycarpe de Smyrne, Lettres*, coll. *SC* 10 (1958) 242-275. L'introduction, p. 225-240, est dépassée sur bien des points.

2 La date du martyre avait été fixée traditionnellement en 155. Henri Grégoire contesta cette date et opta pour 177. Sa position révolutionnaire fut loin de rencontrer l'adhésion universelle et un certain consensus se fit autour de la proposition moyenne d'Henri-Irénée Marrou qui était pour 167. Cette date vient d'être confirmée par P. Brind' amour. Cf. H. GREGOIRE, ,,La véritable date du martyre de S. Polycarpe, 23 février 177", *AB* 69 (1951) 1-38; H.-J. MARROU, ,,La date du martyre de Polycarpe", *Ibid.*, 71 (1953) 5-20; P. BRIND' AMOUR, ,,La date du martyre de Polycarpe, le 23 février 167", *Ibid.* 98 (1980) 456-462.

3 CAMELOT, *op. cit.*, p. 227.

4 Un des résultats de la thèse d'Henri Grégoire (cf. n. 2) fut de réveiller les critiques de leur position traditionnelle sur l'authenticité du ,,Martyre de Polycarpe". Elle fit l'objet d'une démolition systématique de la part d'Hans von CAMPENHAUSEN, ,,Bearbeitungen und Interpolationen des Polykarpmartyriums". Cette critique systématique suscita émules et adversaires. Parmi ces derniers il suffit de mentionner B. DEHANDSCHUTTER, *Martyrium Polycarpi. Een literair-kritische Studie.* J'ai fait le bilan de ces 25 ans de critique d'authenticité: V. SAXER, ,,L'authenticité du 'Martyre de Polycarpe': bilan de 25 ans de critique", *Mélanges de l'Ecole française de Rome, Antiquité,* 94 (1982) 979-1001.

5 Jud 2.

6 Ph 3, 12; 2, 4.

7 1 Co 2, 9.

8 Mt 22, 21; Mc 12, 17; Lc 20, 25.

9 Rm 13, 1-7; 1 P 2, 13-14.

10 Ap 2, 9. La situation de Smyrne ne lui est pas particulière: JUSTIN, *1. Ap.* 31, 5-6; 36, 3; *Dial.* 16, 4; 131, 2; 133, 6; TERT. *Scorp.* 10, font état de l'hostilité juive, de même qu'un certain nombre d'Actes et Passions de martyrs.

11 1 Tm 6, 16; 1 P 4, 11; Jud 25; Ap 1, 16; 5, 13 etc.

12 Le mot μαρτυρεῖν est ici encore très proche de son sens étymologique de témoignage.

13 Lc 10, 36, citant Mi 6, 7.

14 Mt 26, 55; Mc 14, 48; Lc 22, 52. Sur le mot ληστής et ses rapports avec la messianité de Jésus, cf. *TWNT* 4, 267.

15 Mt 26, 42; Mc 14, 36; Lc 22, 42. La réponse de Polycarpe se conforme cependant à la demande du Notre Père plus familière aux fidèles.

16 Mt 21, 7; Mc 11, 7; Lc 19, 35; Jn 12, 14.

17 Jn 19, 31. Cf. H. GREGOIRE, „La véritable date du martyre de saint Polycarpe, 23 février 177", 12, n. 2. (La thèse générale de l'article est inacceptable); BRIND'AMOUR, art. cit.; W. RORDORF, "Zum Problem des 'grossen Sabbats' im Polykarp- und Pioniusmartyrium", *Pietas. Festschrift für Bernhard Kötting* = *Jahrbuch für Antike und Christentum*, Ergänzungsband 8 (Münster/W. 1980) p. 245-249.

18 Jn 12, 28.

19 Dt 31, 6, 7, 23; Jos 1, 6, 7, 9.

20 Lc 23, 20; Jn 19, 12.

21 Mt 27, 14; Mc 15,5.

22 Bibliographie dans CAMELOT, *op. cit.* p. 232, n. 1. Y ajouter, outre l'étude de Camelot lui-même que je suivrai ici, A. HAMMAN, *Prière des premiers chrétiens*, nouv. éd. (DDB, Paris, 1981) 55-56.

23 Rm 15, 6; 2 Co 1, 3; 11, 31; Ep 1, 3; Col 1, 3; 1 P 1, 3.

24 Jdt 9, 12 SEPT.; Ps 58, 6 SEPT.

25 *1. Clem.* 59, 2, 4; *Ep. Barn.* 6, 1; *Did.* 9, 3; 10, 2-3; HIPPOL. *Trad. ap.* 3, 4, 8.

26 Is 42, 1-4; 49, 1-8; 50, 4-11; 13-53, 12.

27 Mc 12, 6; Mt 3, 17; Mc 1, 11; Lc 3, 22; Mt 17, 5; Mc 9, 7; 2 P 1, 17.

28 Mt 11, 27; Jn 17, 26.

29 *1. Clem.* 59, 2, 3; *Did.* 9, 3; 10, 1.

30 Mt 20, 22-23; Mc 10, 39-40.

31 Mi 6, 7; Dn 3, 40.

32 Jn 5, 27; 1 Co 15, 42.

33 Mt 24, 36, 50; 25, 13; Lc 12, 46.

34 Jn 7, 30; 8, 20; 12, 23, 27; 13, 1; 17, 1.

35 Jn 16, 2.

36 Tt 2, 2.

37 Ap 3, 14; 6, 10; 19,11.

38 CAMELOT, *op. cit.* p. 237.

39 Laudare et benedicere: Sir 37, 27; 47, 7; Jr 4, 2; Dn 2, 23; 3, 57ss.; Lc 24, 53. Glorificare et laudare: Dn 3, 51. Laudare, magnificare (= benedicere) et glorificare: Dn 4, 34. Pour cette dernière référence, les Septante donnent l'équivalence exacte.

40 Hb 5, 6; 7, 17, 21, 24, 28 etc.

41 Cf. supra p. 28-29.

42 Le problème est de savoir si ce procédé de composition est à attribuer au premier rédacteur ou à un remanieur.

43 Rm 16, 21-23; 1 Co 16, 19-24; Ph 4,21-22; Col 4, 10-17; 2 Tm 4, 19-21.
44 1 Tm 6, 16; 1 P 4, 11; Jud 25; Ap 5, 12-13; 7, 12; 19, 1.
45 Rm 16, 15; Hb 13, 24; 2 Co 13, 12; Ph 4, 22.
46 Sur les doxologies en général, voir *DACL* 4, 1525-1536; *LThK* 3, 534-536; *RAC* 4, 210-226.

CHAPITRE IV:
LES MARTYRS DE LYON
(en 177)

Alors qu'Eusèbe avait entièrement reproduit dans son „Recueil des anciens martyrs", malheureusement perdu, la Lettre des chrétiens de Lyon-Vienne à leurs frères d'Asie-Mineure sur les martyrs de 177, il n'en a donné que des extraits dans son „Histoire ecclésiastique"[1]. La perte du premier ouvrage n'est pas irrémédiable, certes, pour notre connaissance des évènements; pourtant, les coupures faites dans le second ne sont pas sans poser des problèmes sur la composition exacte de la Lettre[2] et les intentions précises de son auteur. Car, s'il est évident que ce dernier entendait rendre compte à ses frères d'Asie et de Phrygie de la persécution qui s'était abattue sur son Eglise et donner des précisions sur les victimes qu'elle avait faites, il poursuivait encore un autre but. Eusèbe lui-même le déclare:

> *L'exposé que contient (la Lettre) n'est pas seulement historique, mais aussi doctrinal (Prol. 2).*

En faisant „un choix de tout ce qui pouvait convenir à son propre ouvrage" (*Ibid.*), Eusèbe a accentué le caractère historique de la Lettre au détriment de son intérêt doctrinal. Heureusement que, dans une certaine mesure, l'étude des citations scripturaires peut compenser ce gauchissement subi par la Lettre dans l'œuvre d'Eusèbe et permet de retrouver, à travers le déroulement visible des évènements, leur signification profonde.

Je relèverai d'abord le petit nombre des citations qui, explicites, sont faciles à repérer; je m'attacherai ensuite aux autres, implicites, pour savoir ce qu'elles nous apprennent du dessein que poursuivait le rédacteur de la Lettre.

I. LES CITATIONS EXPLICITES

Les citations explicites sont peu nombreuses. Deux fois elles sont introduites par la formule classique: „Ainsi s'accomplit la parole du Seigneur" (1, 16) ou „de l'Ecriture" (1, 58); trois autres sont amenées par une allusion précise à l'épisode biblique auquel elles appartiennent (1, 19; 1, 55; 2, 5). Les voici dans l'ordre de la Lettre.

Vettius Epagathus, un notable chrétien de Lyon, prit la défense de ses coreligionnaires devant le tribunal du légat. Pour le courage de cette démarche, il est comparé, malgré sa jeunesse, au vieillard Zacharie dont il imite la conduite parfaite. On lit dans la Lettre:

> *Il avait, en effet, marché dans tous les commandements et les volontés du Seigneur d'une manière irréprochable (1, 9).*

On reconnaît une citation de Lc 1, 6.

L'intervention de Vettius n'eut pas les résultats escomptés: non seulement se produisirent quelques défections, mais les arrestations aussi se multiplièrent. L'auteur en apprécie alors le résultat en disant:

> *Ainsi s'accomplissait la parole de notre Seigneur: Un temps viendra où celui qui vous aura tués croira rendre un culte à Dieu (1, 15).*

La parole du Seigneur citée est Jn 16, 2.

Blandine meurt la dernière, après avoir encouragé tous les autres au martyre. Aussi mérite-t-elle d'être comparée „à cette noble mère qui, après avoir assisté tous ses enfants, les a envoyés victorieux au devant d'elle vers le ciel" (1, 55). Cette mère est celle de 2 M 7, 20-41.

Après la mort des martyrs lyonnais, on s'en prit à leurs corps en les privant de sépulture. D'où le jugement du rédacteur:

> *Ainsi fut accomplie la parole de l'Ecriture: Que l'impie soit encore plus impie, et le juste encore plus juste (1, 58).*

Ce texte reproduit partiellement Ap 22, 11.

Enfin, dans le chapitre 2, Eusèbe revient sur quelques particularités moins évènementielles. Les martyrs sont, en effet, montrés intercédant pour les autres et leur obtenant effectivement la délivrance. En particulier ont-ils prié pour leurs bourreaux. Est alors évoqué l'exemple du protomartyr: „Comme Etienne, le martyr parfait, ils priaient pour leurs bourreaux: Seigneur, ne leur impute pas cette faute. Si Etienne implorait ainsi en faveur de ceux qui le lapidaient, combien plus le faisait-il pour ses frères!" (2, 5). La citation d'Ac 7, 60, est ainsi parfaitement encadrée.

Reste une dernière citation explicite. Elle concerne cette fois-ci la prière des martyrs pour les faillis: „Ils demandèrent la vie (à Dieu) et lui la leur donna" (2, 6-7). Nous avons ici une citation textuelle de Ps 21 (20), 5.

II. LES CITATIONS IMPLICITES

A ces citations clairement annoncées ou bien déterminées s'en ajoutent d'autres, plus allusives, plus furtives, ne portant que sur peu de mots ou rassemblant des éléments de provenance scripturaire diverse. Elles sont de beaucoup les plus nombreuses. On en compte plus de quarante-cinq.

Il y a avantage à les ordonner en fonction de l'idée générale de la Lettre, qui est de montrer dans la persécution une attaque du diable et dans l'attitude diverse des chrétiens la part qu'ils prennent ou ne prennent pas au combat, pour faire triompher le Christ par leur fidélité. Je les grouperai sous les titres généraux que voici: le combat, l'adversaire et ses suppôts, les combattants de Dieu, l'issue du combat.

1. Le combat

Le combat est décrit avec un vocabulaire sportif et guerrier. J'en relève les principaux termes:

- ἀγών, combat: 1, 11; 1, 36; 1, 40; 1, 41 (*bis*); 1, 51; 3, 2.
- ἀγώνισμα, lutte: 1, 55.
- ἀγωνιστής, lutteur, combattant: 1, 43.
- ἀγωνίστρια, combattante: 1, 18.
- ἀθλητής, athlète: (Prol. 4;) 1, 17; 1, 19; 1, 36; 1, 42.
- ἀντεστρατηγεῖν, mener au combat: 1, 6.
- γυμνάζειν, s'exercer: 1, 43.
- μονομαχία, combat singulier entre gladiateurs: 1, 40.
- πόλεμος, guerre, bataille: 2, 6.

Ce vocabulaire n'exprime pas seulement l'idée d'une compétition sportive dans laquelle le meilleur gagne, mais d'une lutte sanglante dont les victimes sont les vainqueurs. Cette lutte est celle des martyrs. Mais l'enjeu dépasse le sort des hommes. Derrière eux se profile la lutte que mène contre Dieu l'Adversaire. Il faut analyser ces différents aspects du combat qui est engagé, pour en percevoir les résonances bibliques.

Le vocabulaire du combat désigne rarement les combats du cirque sous leur forme originelle. Il est pourtant question une fois de „combats de gladiateurs" (1, 40), mais c'est pour dire que la lutte menée par les

39

chrétiens pour leur foi en avait tenu lieu. On devine ainsi comment s'est opéré le glissement de l'un à l'autre sens dans le vocabulaire chrétien, mais ce glissement est déjà accompli dans la Lettre des Lyonnais.

C'est pourquoi, ce sont surtout les supplices subis que les chrétiens considèrent comme un combat. Maturus et Sanctus, qui „passent par toutes les tortures": fouets, bêtes, chaises de fer rougies au feu (1, 38), „mènent la lutte pour la couronne finale" (*Ibid.*); ils survivent „malgré ce long combat" (1, 40). D'Attale il est dit qu'il avait soutenu „un premier combat dans l'amphithéâtre" (3, 2). Blandine aussi est „une combattante parmi les martyrs" (1, 18); elle est attachée à un poteau comme à une croix, et sa vue est un réconfort pour ses camarades engagés „dans leur propre combat" (1, 42); comme les bêtes ne l'ont pas touchée, elle est ramenée en prison pour être „réservée à un autre combat" (1, 42); elle meurt finalement la dernière, comme la mère des sept frères Maccabées, „en parcourant elle aussi tous les combats de ses enfants" (1, 55).

Mais en dernière analyse, les tortures des martyrs ne sont que les épisodes visibles d'un combat plus mystérieux qui se livre entre Dieu et son adversaire. Celui-ci attaque le premier (1, 5); en face se dresse l'armée que „la grâce de Dieu mène au combat" (1, 6) et dans laquelle sont en-rôlés tous les chrétiens[3].

Le vocabulaire et le thème du combat apparaissent pour la première fois aux alentours de l'ère chrétienne dans la littérature religieuse juive. Ils sont dans le 4e livre des Maccabées à propos des victimes de la persé-cution d'Antiochus Epiphane. Le vieillard Eléazar, „en se battant comme un courageux athlète, vainquit ses tortionnaires"[4]. Un des sept frères déclare: „Quelle lutte vénérable nous menons! Nous avons été appelés à un entraînement douloureux sans avoir été vaincus ... (Nous sommes) armés de vertu ... Devant nous se tiennent les porte-lance d'une loi di-vine"[5]. Leur mère enfin s'exprime ainsi: „Enfants, voici un noble combat ... combattez avec confiance pour la loi de vos pères"[6]. L'histoire de Job elle-même, qui pourtant n'a rien à voir avec le martyre, a été repensée et récrite en fonction de ce langage et de cette idéologie: ses épreuves sont comparées à un pugilat et lui ont mérité la couronne des combattants, selon le Testament de Job[7]. Cette littérature apocryphe et pseudépigraphe a sans doute déterminé l'emploi et la signification du vocabulaire de la lutte dans les écrits néo-testamentaires[8].

Déjà pour Luc la vie chrétienne est une lutte: „Battez-vous (ἀγωνί-ζεσθε) pour entrer par la porte étroite"[9]. Mais saint Paul a enrichi l'image sportive de toute son expérience d'ascète et d'apôtre. Pour lui aussi la vie du chrétien est un combat auquel il doit s'entraîner par une ascèse comparable à celle de la lutte ou du pugilat et dont il faut suivre les règles[10]. Pour son propre compte, il livre le combat de la prédication évangélique: dès le début ce ministère exige de lui beaucoup d'efforts, ἐν πολλῷ ἀγῶνι[11], et jusqu'à la fin lui impose une lutte fatigante, κοπιῶ ἀγωνιζόμενος[12]; mais l'effort n'est pas vain, la lutte en vaut la peine, car c'est un „beau combat"[13]. Cette appréciation reste celle de l'apôtre, même lorsqu'il se trouve devant la perspective du martyre[14], parce qu'alors s'ouvre en même temps celle de la couronne[15]. C'est pourquoi le martyre lui-même est désigné par les mots et les images de la lutte sportive ou guerrière[16].

Dans ce contexte idéologique s'insèrent deux citation et allusion bibliques de la Lettre, qui sont devenus topiques de la littérature martyrologique. Dès le début est cité littéralement Rm 8, 18: „Les souffrances du temps présent ne sont pas à comparer à la gloire qui doit se révéler en nous" (1, 6). Ce texte deviendra un lieu classique de la théologie du martyre[17]. Il en est de même de la torture judiciaire interprétée comme un spectacle pour le peuple. La *quaestio per tormenta* était de règle pour les esclaves, et depuis Marc Aurèle pour les hommes libres (à l'exception des sénateurs, décurions et soldats) en matière de justice criminelle. De même la publicité dont était revêtue cette action tenue au forum (1, 8), puis au tribunal du légat (1, 9-10)[18]. L'auteur interprète ces dispositions légales et coutumières en fonction de l'Ecriture comme une volonté de transformer la justice en spectacle. Déjà, en effet, saint Paul présentait les apôtres „comme des condamnés à mort ... livrés en spectacle au monde"[19]; on lui en fait dire autant des disciples „que les opprobres et les tribulations ont transformés en personnages de théâtre"[20]. Ces textes ne sont pas cités ailleurs apparemment dans la littérature paléochrétienne[21].

2. L'adversaire et ses suppôts

L'adversaire qui déclenche la persécution contre les chrétiens est le démon (Prol. 4), le mauvais, ὁ πονηρός (1, 6), le diable (1, 25; 1, 27; 1, 35), Satan (1, 14; 1, 16), le tortueux serpent, ὄφις σκολιός (1, 41), la bête, θηρίον (1, 57; 2, 6). C'est lui qui imagine les tourments à infliger aux martyrs et en inspire l'idée aux exécutants (1, 27). Les faibles qui s'en effraient sont pris au piège de Satan (1, 14); il suggère le blasphème aux accusés (1, 16); mais ses attaques demeurent sans effet sur „les piliers solides" que sont les forts (1, 6). Il engloutit, en revanche, ceux qui sont pris à son piège (1, 25); mais la prière et la charité des martyrs, en étouffant la bête, la forcent à rendre gorge et à rejeter vivants ceux qu'elle croyait avoir définitivement engloutis (2, 6). La résistance des martyrs rend l'adversaire impuissant (1, 23); ils le vainquent par leurs épreuves (1, 38) et le terrassent (1, 42). Ils conquièrent ainsi sur lui leurs trophées de victoire (Prol. 4).

Le diable mis en scène par la Lettre vient de l'Apocalypse de Jean, où il résulte de la fusion de divers éléments bibliques. L'Apocalypse le désigne comme la bête, ϑηρίον[22], le dragon, δράκων[23], le serpent, ὄφις[24]. A deux reprises, ce dragon est appelé „antique serpent, diable et Satan"[25]. Il est donc identifié avec le serpent de la Genèse 3, 1ss., séducteur des premiers parents, avec Satan du livre de Job, qui veut entraîner le malheureux au blasphème[26], avec Léviathan, dragon et serpent de la mythologie palestinienne. Isaïe l'appelle „serpent fuyard, serpent tortueux", ὄφιν φεύγοντα, ὄφιν σκολιόν[27]. Quant à l'idée de l'adversaire, elle vient d'une autre tradition biblique. L'apôtre Paul lui donne son expression achevée, lorsque, parlant de la parousie, il la fait précéder de la venue de „l'homme impie, de l'être perdu, de l'adversaire"[28], qui prétendra s'élever au dessus même de Dieu. C'est l'Antichrist des épîtres johanniques[29], auxquelles les Lyonnais ne se réfèrent pas. Les mêmes n'ont d'ailleurs pas été les premiers à employer le mot ἀντικείμενος pour désigner le diable. Il figure déjà avec ce sens dans la lettre de Clément de Rome aux Corinthiens, dans le Martyre de Polycarpe et dans l'Apocalypse d'Esdras[30].

A deux reprises est affirmée dans la Lettre l'action du diable sur les persécuteurs. Il imagine, certes, la réclusion collective des accusés dans l'obscurité d'un cachot étroit et malsain, l'écartement des pieds dans les ceps jusqu'au cinquième trou et toutes les autres cruautés; mais si les geôliers semblent avoir l'initiative des sévices, ils les accomplissent en réalité parce qu'ils sont „possédés par le diable" (1, 27). De même, „excités par la bête", tous se déchaînent „contre les corps des victimes" pour en empêcher l'inhumation (1, 57). Le rédacteur associe tacitement dans cette action répressive *post mortem* autorités et populace: „le légat et le peuple manifestaient sans souci de la justice la même haine contre nous" (1, 58). Une telle attitude explique sans doute la réaction du rédacteur, quand il qualifie d' „impies" les auteurs et les agents de ces atrocités (1, 20; 1, 24; 1, 62)[31].

Mais en fait, même dans cette manière de concevoir les choses et de les exprimer, le rédacteur se montre lecteur de la Bible et en particulier du Nouveau Testament. Déjà l'évangéliste Jean avait présenté la passion du Christ comme un drame où se trouve engagé le monde invisible: derrière les hommes est à l'œuvre la puissance diabolique[32]. Ces idées ne sont pas absentes des autres livres néo-testamentaires, mais elles s'expriment avec une force particulière dans l'Apocalypse de Jean[33].

3. Les combattants de Dieu

En face du diable et de ses suppôts, la Lettre dresse les combattants de Dieu.

Dès le début est soulignée leur attitude défensive. En effet, „la grâce de Dieu ... rangea face à l'ennemi des piliers solides capables d'attirer sur eux par leur endurance tous les assauts du mauvais" (1, 6). Bien avant la persécution, Attale avait d'ailleurs été pour les chrétiens „une colonne et un appui" (1, 17). Ces expressions, l'Ecriture les applique aux apôtres[34], Clément de Rome, en particulier aux apôtres Pierre et Paul[35]. Ces „colonnes" symbolisent „l'endurance" (1, 6), „la patience des martyrs" (1, 39; 1, 45). L'exemple de Pothin nous donne à comprendre qu'il ne s'agit pas d'endurance physique, mais de force de l'âme (1, 29). Outre celui de l'évêque, la Lettre entre dans les détails à propos de quelques autres cas.

VETTIUS EPAGATHUS

De Vettius Epagathus nous savons que la Lettre avait répété l'éloge de Zacharie. Il est encore l'objet d'autres citations scripturaires plus ou moins claires. Comme Zacharie, en effet, il est rempli de l'Esprit-Saint, il l'est même plus que lui (1, 10): ainsi Lc 1, 6, pourrait avoir attiré dans la Lettre Lc 1, 67. C'est pour la même raison qu'Epagathus „brûle de zèle pour Dieu et bouillonne dans l'Esprit" (1, 9). La „ferveur de l'Esprit" est plusieurs fois signalée dans le Nouveau Testament[36]. Elle explique chez Epagathus „la plénitude de la charité avec laquelle il défendit ses frères au prix de sa propre vie" (1, 10). On reconnaît dans cette phrase le souvenir du commandement et de l'exemple du Seigneur lui-même: „Il n'y a pas de plus grand amour que d'exposer sa vie pour ses frères"[37]. Son abnégation a fait d'Epagathus „un authentique disciple du Christ, qui suit l'Agneau partout où il va" (1, 10). Ce qu'Ap 14, 4, disait de la virginité préservée, notre auteur le dit de la charité parfaite.

POTHIN

L'évêque Pothin se trouvait parmi les martyrs qui moururent en prison de mauvais traitements. Malgré son grand âge et son extrême faiblesse physique, sa force morale demeurait intacte, „afin que par elle le Christ triomphât" (1, 29). L'image du triomphe se rencontre plusieurs fois chez

Paul. Ainsi rend-il „grâces à Dieu de nous associer dans le Christ à son triomphe"[38]. Ailleurs, au contraire, figurent dans le cortège triomphal les puissances vaincues de la Loi[39]. Mais c'est toujours Dieu qui célèbre son triomphe par le moyen de son Fils. Dans la Lettre lyonnaise, le triomphe est attribué directement au Christ: c'est lui qui est vainqueur dans les martyrs. Mais avant d'être mis en prison pour y mourir, Pothin avait été traîné au tribunal „comme s'il était lui-même le Christ" (1, 30). Cette comparaison prépare la suite, car Pothin „rendit un beau témoignage" (*Ibid.*), comme le Christ devant Pilate[40].

SANCTUS

Le diacre viennois Sanctus paraît plusieurs fois dans le récit, au moment de l'arrestation, devant le tribunal et dans l'amphithéâtre (1, 17, 20-24, 37-40). Quand il subit la question, il ne donne d'autre réponse que sa confession de foi: Je suis chrétien. La Lettre d'expliquer: „Cette affirmation lui tenait lieu de nom, de cité, de race et de tout; et les païens n'entendirent pas d'autres paroles de lui" (1, 20). Henri Leclercq observe à ce propos: „Peut-être le motif du mutisme doit-il être cherché dans le fait que pour le fidèle, il n'y avait plus ni nom, ni patrie, ni rang, ni encore moins de privilèges"[41]. En effet, à plusieurs reprises, Paul affirme que chez ceux qui ont revêtu le Christ et qui ont été incorporés à lui par le baptême, „il n'y a ni juif, ni grec, ni esclave, ni homme libre, ni homme, ni femme", „ni circoncis, ni incirconcis, ni barbare, ni scythe", „ils ont tous le même Seigneur", „le Christ est tout et en tout" pour eux[42]. L'apôtre proclame ainsi abolies pour le chrétien les distinctions de sexe, de race, de religion, de culture, de classe, l'unité humaine étant refaite dans le Christ. Est-ce en fonction de cette mystique que Sanctus, parce que chrétien, avait conscience de ne plus avoir de nom, de pays, de classe?

Quoi qu'il en soit, „Sanctus restait inflexible, inébranlable et ferme dans la confession de sa foi". Il puisait sa force dans l'Esprit du Christ. Ce que la Lettre exprime sous la forme d'une image: „Il recevait rafraîchissement et force de la source céleste d'eau vive qui coule du côté du Christ" (1, 22). Dans cette image affleurent divers passages de l'Ancien et du Nouveau Testament. Ils appartiennent d'abord à la tradition vétérotestamentaire, commémorant le miracle du rocher[43] par la fête liturgique des Tabernacles[44], ou annonçant la source qui devait régénérer Israël[45]. Cette première tradition a donné naissance à la légende rabbinique, selon laquelle le rocher frappé par Moïse aurait accompagné Israël dans le désert au cours de sa marche à la rencontre du Messie: Paul lui donne un sens chrétien en identifiant au rocher, non plus Iahvé, mais le Christ lui-même[46]. Or, Jésus prit à son compte ces divers courants en les spiritualisant: dans l'épisode de la Samaritaine, il promet au croyant „une source d'eau jaillissant en vie éternelle"[47]; dans le récit de la fête des Tabernacles, il renouvelle la promesse que l'évangéliste interprète de l'Esprit-Saint[48]; bien plus, le même évangéliste, en rapportant le coup de lance donné au Christ en croix et qui fit jaillir de son côté du sang et de l'eau[49], fournit le symbole dans lequel l'exégèse patristique vit réalisées les prophéties antérieures. Pour finir, l'Apocalypse renoue avec la tradition prophétique: c'est Dieu qui donne la source de vie[50], mais c'est le Dieu-Trinité de la Nouvelle Alliance[51]. Toutes ces réminiscences, dont le rapprochement peut paraître subtil à un exégète moderne, tendaient à faire du martyre un charisme de l'Esprit[52].

La suite immédiate de la Lettre décrit l'état physique du martyr en évoquant le serviteur souffrant d'Isaïe: de part et d'autre il est question de „plaies et meurtrissures" qui enlèvent à la victime „toute apparence humaine"[53]. Aussi n'est-il pas étonnant d'entendre le narrateur lyonnais déclarer que dans la personne de Sanctus „le Christ souffrait et accomplissait une œuvre grande et glorieuse, en rendant l'adversaire impuissant et en montrant aux autres par l'exemple du diacre que rien n'est redoutable là où est l'amour de Dieu, ni rien n'est douloureux là où est la gloire de Dieu" (1, 23)[54].

ATTALE

Les passages relatifs à Attale (1, 17; 1, 37; 1, 43-44; 1, 50-52) ne comportent pas de citations bibliques. S'il y a dans le *titulus* de sa condamnation une réminiscence de celui du Christ en croix[55], la raison en est dans les usages romains et non dans une référence aux évangiles.

ALEXANDRE

Alexandre est un médecin phrygien qui n'avait pas été arrêté avec les premiers chrétiens. „Il était connu de tous à cause de son amour de Dieu et de l'assurance de sa parole" (1, 49). C'est de la même „assurance dans la proclamation de la parole de Dieu" que sont loués les chrétiens qui se convertissent après la libération des apôtres Pierre et Jean qui avaient comparu devant le Sanhédrin[56]. Or, quand Alexandre assiste à l'audience de ses frères, son attitude le trahit. „Debout près du tribunal, il exhortait du geste les chrétiens à confesser leur foi. Il semblait à ceux qui entouraient le tribunal comme une mère qui enfante" (*Ibid.*). Le ὥσπερ ὠδίνων de la Lettre rappelle une expression paulinienne[57], sur laquelle j'aurai à revenir dans un autre contexte.

45

Blandine est parmi les premiers chrétiens arrêtés et la dernière à mourir (1, 17-19; 1, 37; 1, 41-42; 1, 53-56). Pour son ultime épreuve, elle est accompagnée de Pontique (1, 53-54).

Blandine réunit à son compte le plus grand nombre de citations bibliques. Celles-ci forment même une trame continue dans tout le récit qui la concerne. Dès le début, en effet, ,,en sa personne, le Christ montra que ce qui paraît aux yeux des hommes sans beauté, simple, méprisable, est aux yeux de Dieu digne d'une grande gloire à cause de l'amour qu'on a pour lui" (1, 17). Ces mots ouvrent l'éloge de Blandine. Ils sont l'écho très libre des paroles de Paul aux Corinthiens, quand il oppose à la sagesse du monde celle de Dieu[58]. Je reviendrai sur elles, quand il s'agira de dégager de la Lettre des Lyonnais leur appréciation chrétienne du martyre.

Le deuxième épisode dans lequel Blandine paraît est celui de l'amphithéâtre, où elle est suspendue à un poteau pour être exposée aux bêtes. Le rédacteur écrit alors:

> *A la voir pendue sur cette sorte de croix, en l'entendant*
> *prier continuellement, les lutteurs fortifiaient leur courage,*
> *car dans ce combat, ils voyaient des yeux du corps, par le*
> *moyen de leur sœur, celui qui a été crucifié pour eux, afin*
> *de persuader à ceux qui croient en lui que tous ceux qui*
> *souffrent pour la gloire du Christ ont part éternellement*
> *avec le Dieu vivant (1, 41).*

S'il n'y a aucune citation précise dans ce passage[59], il est cependant chargé de mystique chrétienne. L'évocation du Crucifié comme modèle des martyrs et des martyrs comme imitateurs du Christ est dans le droit fil de l'enseignement évangélique sur la ,,suite" du Christ[60], voire de la doctrine des apôtres sur la communion aux souffrances du Christ[61]. On sait d'ailleurs à quel point les chrétiens aimaient à retrouver dans leurs martyrs l'image du Christ qui les avait précédés dans le martyre[62].

Aucune bête ne l'ayant touchée, Blandine est ramenée en prison. Le fait est interprété dans la Lettre comme une défaite du diable et une victoire du Christ. Blandine, en effet, ,,victorieuse dans plusieurs épreuves, rendit définitive la condamnation du tortueux serpent[63], (car) elle terrassa l'adversaire dans des luttes répétées" (1, 42). Cette défaite du diable est aussi une victoire du Christ, Blandine ayant en quelque sorte ,,revêtu le grand et invincible athlète, le Christ" (*Ibid.*). Dans cette dernière ex-

pression se fondent deux images scripturaires. C'est d'abord l'image paulinienne selon laquelle le chrétien revêt le Christ, si bien que le Christ vit
et agit dans le chrétien[64]. C'est ensuite l'image du lutteur, car Blandine,
avec le Christ, revêt le „grand athlète". Je ne reviens pas ici sur ce que j'ai
déjà dit de cette image[65].

Blandine fut la dernière à mourir. Elle est alors comparée à la mère
des sept Maccabées, victimes de la persécution d'Antiochus Epiphane[66].
Comme cette femme, Blandine mourut après avoir exhorté au martyre
ceux qui l'y précédèrent. En particulier avait-elle exercé cet office auprès
du jeune Pontique, un adolescent de quinze ans, que de toutes les manières
elle encouragea à la fidélité au Christ. Aussi put-elle être considérée
comme sa mère. Cet épisode surtout, à mon sens, attira dans la Lettre la
comparaison de Blandine avec la mère des Maccabées (1, 54). Elle se hâte
donc de rejoindre ses compagnons de martyre, „pleine de joie et d'allégresse de son départ, comme si elle était invitée à un festin de noces"
(1, 53). L'image du banquet eschatologique[67] qui affleure ici sera l'objet
d'un développement spécial plus loin.

BIBLIS

L'épisode de Biblis (1, 26) ne comporte que deux allusions bibliques.
Cette femme avait d'abord renié sa foi et „le diable paraissait déjà l'avoir
engloutie", lorsque les tortures qu'elle continuait à subir au sujet des accusations de droit commun portées contre les chrétiens lui firent reprendre
conscience et lui permirent de confesser sa foi en protestant de la fausseté
des accusations: „Comment ces gens-là mangeraient-ils des petits enfants,
alors qu'il ne leur est même pas permis de manger du sang des animaux
sans raison?"

La première réminiscence est dans le verbe „engloutir", $\pi\epsilon\pi\omega\kappa\acute{\epsilon}\nu\alpha\iota$,
que la Lettre répète à propos de tout le groupe des renégats (2, 6)[68]. Or,
ce même verbe est dans 1 P 5, 8: $Z\eta\tau\tilde{\omega}\nu$ $\tau\iota\nu\alpha$ $\kappa\alpha\tau\alpha\pi\iota\epsilon\tilde{\iota}\nu$. Le diable est
ici évidemment conçu à la manière du dragon de l'Apocalypse qui cherche
à dévorer, $\kappa\alpha\tau\alpha\varphi\acute{\alpha}\gamma\epsilon\iota\nu$, l'enfant qui doit naître de la femme, plutôt que
comme le lion qui cherche une proie à dévorer[69]. La seconde réminiscence
est dans le rappel d'Ac 15, 29, où interdiction est faite aux fidèles de
manger le sang[70]. Gustave Bardy mettait en doute que l'interdit des
apôtres eût encore été observé à Lyon vers 177[71]. Mais la question de
Biblis aurait-elle valeur apologétique, si elle ne comportait qu'un pur rappel littéraire? C'est pourquoi ce deuxième emprunt biblique pourrait-il
être seulement indirect et se comprendre à travers la survivance d'un u-
sage anachronique.

Biblis appartient à cette catégorie de chrétiens qui, ayant renié leur foi en un premier temps, revinrent ensuite à de meilleurs sentiments. Il est question d'eux à plusieurs reprises (1, 11; 1, 35-35; 2, 6-7).

Une première fois sont distinguées deux catégories de chrétiens parmi ceux qui viennent d'être arrêtés:

A partir de ce moment apparurent des différences parmi les autres: les uns étaient manifestement prêts à porter témoignage[72] *... Mais il en parut d'autres qui n'étaient pas prêts ni exercés, qui étaient encore faibles et incapables de supporter la tension d'une grande lutte. De ces derniers, environ dix avortèrent (1, 11)*[73].

La même opposition entre les deux groupes réapparaît plus loin:

Les uns en effet s'avançaient souriants ... Les autres au contraire passaient les yeux baissés, humiliés, laids à voir, remplis de toute confusion; bien plus, les païens eux-mêmes les insultaient, les traitaient de lâches, de peureux; ils étaient accusés d'homicide et avaient perdu l'appellation pleine d'honneur, glorieuse, vivifiante (1, 35).

Les renégats sont humiliés de ce que le reniement ne leur ait servi de rien: ils restent en effet en prison, soumis aux mêmes épreuves que les autres (1, 33), bien que désormais pour des raisons différentes. Si leur apostasie leur a fait perdre leur qualité de chrétiens (ἡ πάντιμος καὶ ἔνδοξος καὶ ζωοποιὸς προσηγορία), ils restent sous le coup d'accusations de droit commun qui s'attachaient au nom chrétien, à savoir l'homicide et l'inceste[74], ὡς ἀνδροφόνοι καὶ μιαροί (1, 33). Aussi le narrateur peut-il conclure qu' ,,ils étaient châtiés deux fois plus que les fidèles" (*Ibid.*). C'est dans ce dernier passage les concernant que disparaît l'opposition grâce à ceux qui étaient restés fidèles et qui obtiennent le retour des renégats:

Voici en effet quel fut le plus grand combat que (les fidèles) menèrent contre (le diable) par la véritable charité. Ils luttèrent afin que la bête, serrée à la gorge, rejetât vivants ceux qu'elle croyait d'abord avoir engloutis. Ils ne montrèrent donc pas d'arrogance à l'égard des faillis; mais par les biens dont ils abondaient eux-mêmes, ils vinrent au secours des plus nécessiteux; ayant pour eux des entrailles de mère et versant pour eux des larmes nombreuses vers le Père, ils lui demandèrent la vie et il la leur donna, et eux distribuèrent cette vie à leurs proches ... C'est donc avec la paix qu'ils partirent auprès de Dieu, sans laisser de douleur à leur mère, de troubles ni de combats à leurs frères, mais en laissant la joie, la paix, la concorde, la charité (2, 6-7).

Il était nécessaire de citer de longs extraits de cet épisode, afin d'y pouvoir isoler les textes et les thèmes bibliques.

Sur le premier extrait, il y a peu à dire. Le mot μαρτυρεῖν que Schwartz a rétabli dans son appareil critique, a le sens originel de rendre témoignage, y compris celui du sang, et se trouve en ce sens dans la Bible et chez les Pères[75]. Quant à la προσηγορία (1, 36), si le mot n'est pas dans la Bible, il y correspond néanmoins à l'ὄνομα désignant l'appartenance des fidèles à Dieu et au Christ et le nom qu'ils tirent de cette appartenance[76], alors qu'elle est d'usage courant chez les auteurs paléochrétiens[77]. Dans la citation longue, je passe sur les expressions déjà rencontrées[78], pour signaler, après d'autres, quelques ressemblances entre la Lettre et la Bible. Le καύχημα κατὰ τῶν πεπτωκότων, „arrogance à l'égard des faillis" (2, 6), rappelle le καύχημα, „motif de fierté" que l'apôtre recommande de ne pas afficher „devant les autres"[79]. Une allusion plus fugitive à la même épître se lit dans les mots: „la joie, la paix, la concorde, la charité", χαρὰν καὶ εἰρήνην καὶ ὁμόνοιαν καὶ ἀγαπήν (2, 7): ils sont l'écho de la „charité, joie et paix"[80] que l'apôtre recommande comme „fruit de l'Esprit" à „ceux qui appartiennent au Christ"[81].

Reste à examiner le cas de textes bibliques qui ne sont plus des allusions fugitives ou des citations isolées, mais qui, groupés par masses, contribuent à varier le leit-motiv du combat et à en caractériser plus particulièrement l'issue.

4. L'issue du combat

L'issue du combat entre l'adversaire et ses suppôts, d'une part, et les partisans de Dieu, de l'autre, a été définie par Eusèbe dans une perspective chrétienne:

(Notre récit, dit-il, proclame) ... les trophées que (les martyrs) ont conquis sur les démons, les victoires qu'ils ont remportées sur des ennemis invisibles, les couronnes qu'en définitive ils ont obtenues pour une éternelle victoire (Prol. 4).

49

Dans quelle mesure cette optique „triomphaliste" du IVe siècle est déjà celle des chrétiens du IIe, c'est ce qu'il faut dégager de la Lettre elle-même, avant d'y retrouver ce qu'elle peut avoir de biblique.

LE PARADOXE CHRETIEN DU MARTYRE

L'idée que la mort du martyr réalise la victoire de Dieu est présente en plusieurs passages de la Lettre et donne lieu à quelques réminiscences néo-testamentaires.

Dans la personne de Blandine, „le Christ montra que ce qui est simple, sans apparence, facilement méprisable aux yeux des hommes, est jugé digne d'une grande gloire auprès de Dieu à cause de l'amour qu'on a pour lui, amour qui se montre dans la force et ne se glorifie pas de simples apparences" (1, 17). L'exemple cité fait porter le poids du raisonnement sur l'opposition entre force et faiblesse: force du persécuteur et faiblesse du persécuté, cette dernière accentuée en Blandine qui appartient au sexe faible. Mais cette première opposition ne joue en faveur du persécuteur et au détriment du persécuté qu'aux yeux des hommes, selon les apparences, alors qu'auprès de Dieu les rapports sont en réalité différents, voire inversés entre force et faiblesse: la force de caractère du martyr rend vaines les tentatives du persécuteur et amène sa défaite. Car l'épreuve physique imposée au martyr comporte une composante morale, essentielle aux yeux de Dieu: la constance du martyr se mesure à son amour pour Dieu; la mesure de l'amour est aussi celle de la gloire qu'il obtiendra auprès de Dieu et qui n'est pas dans les apparences extérieures. On reconnaît dans cette dialectique celle que saint Paul développait à l'intention des Corinthiens en opposant sagesse mondaine à sagesse chrétienne[82] et que la Lettre lyonnaise restreint à l'opposition persécution-martyre.

Lorsque le rédacteur revient à Blandine pour sa seconde victoire, il en précise les raisons et détermine le deuxième terme de l'opposition. Blandine, en effet, „la petite, la faible, la méprisée[83] ... avait revêtu le grand et invincible athlète, le Christ" (1, 42)[84].

Le même contraste entre force et faiblesse est souligné à propos du vieil évêque Pothin. Dans son cas, c'est la faiblesse physique due à son grand âge qui est mise en échec grâce à la force d'âme intacte, qu'il met au service du Christ: „Fortifié par l'élan de l'esprit ... il garde son âme en lui, afin que par elle le Christ triomphât" (1, 29).

Même au delà de la mort se poursuit l'opposition, car bien que vaincus, les persécuteurs ne désarment pas (1, 58). Ils commencent par priver

50

les cadavres de sépulture, croyant en même temps priver les morts du repos éternel. Aussi, les uns „frémissent et grincent des dents contre les martyrs" (1, 60), comme les accusateurs d'Etienne[85]; les autres „raillent et ricanent", comme les passants injuriaient le crucifié[86], „en disant: Où est leur Dieu?"[87]. Bien plus, „les païens croyaient triompher de Dieu lui-même et priver les martyrs de la résurrection" (1, 63), en jetant leurs cendres dans le Rhône. La justification qu'ils donnent de leur croyance est proche du raisonnement que le livre de la Sagesse prête aux impies et offre quelques rencontres textuelles avec lui[88].

Ainsi est illustré par le martyre le paradoxe chrétien: „Qui aura trouvé sa vie la perdra et qui aura perdu sa vie à cause de moi la trouvera"[89].

LES IMAGES DU TRIOMPHE

Entendu ainsi, le martyre est le triomphe de Dieu malgré les apparences extérieures de l'échec. En quelles images se traduit cette victoire? Les plus fréquentes sont celles de la jeunesse, du cortège, de la couronne; plus rares, celles de la bonne odeur et de la noce.

Après les premières tortures, Blandine trouva „une nouvelle jeunesse dans la confession de sa foi" (1, 19). De son côté, Sanctus, que l'épreuve avait rendu semblable au serviteur souffrant d'Isaïe[90], „se redressa au milieu de nouvelles tortures et retrouva, avec son ancienne beauté, l'usage de ses membres, en sorte que cette seconde épreuve fut pour lui, non pas un mauvais traitement, mais une guérison par l'effet de la grâce du Christ" (1, 24). Bien plus, le témoignage donné rend les martyrs heureux au point que „leur visage rayonne de joie, de gloire et de grâce" (1, 35). C'est une expression semblable qu'emploie le psalmiste pour parler du roi d'Israël qui est sur le point d'accueillir sa fiancée[91]. Quand l'hagiographe signale „la nouvelle jeunesse" de Blandine, il se souvient d'un autre psaume où il est dit que, grâce à Dieu, „comme celle de l'aigle se renouvelle sa jeunesse"[92].

L'idée de victoire se traduit une fois dans la Lettre par l'image du cortège triomphal: Pothin y accompagne le Christ (1, 29). Pour Paul, c'est Dieu qui parcourt le monde en triomphateur et associe à sa gloire ceux qui lui sont fidèles[93], mais qui, comme le général romain, y fait aussi figurer les ennemis vaincus[94].

Le thème de la couronne est, en revanche, plus fréquent. C'est ainsi qu'Eusèbe avait désigné la victoire des martyrs (Prol. 4). La Lettre développe l'image de la manière suivante:

Après cela, du reste, le témoignage de leur décès prit les formes les plus diverses: avec des fleurs différentes et des couleurs variées, ils tissèrent une seule couronne qu'ils présentèrent au Père. Il fallait bien que ces généreux athlètes eussent à soutenir un combat multiforme et à gagner de grandes victoires pour obtenir la couronne de l'incorruptibilité (1, 36).

Il en est question une troisième fois spécialement à propos de Blandine qui, „après avoir terrassé l'adversaire en beaucoup d'épreuves, mérita par son combat la couronne de l'immortalité" (1, 42).

Il est remarquable que dans l'extrait qui vient d'être cité la couronne des martyrs soit désignée de deux façons: d'une part, ils la tressent eux-même pour l'offrir à Dieu; de l'autre, ils l'obtiennent grâce à leurs combats et à leur victoire; s'il n'est pas dit de qui, ce ne peut être que de Dieu. Or, les mots couronne et couronner se rencontrent une vingtaine de fois dans le Nouveau Testament, dont une dizaine dans le contexte du combat qui est le sien dans la Lettre: combat de la vie chrétienne[95], dernier combat de Paul[96], et donc spécialement combat du martyre et de la souffrance[97]. Ce combat est récompensé par une couronne qui peut être dite impérissable[98], qui ne flétrit pas[99], qui est celle de la vie[100] ou de la gloire[101]. C'est dans ce même contexte que la couronne d'épines, imposée au Seigneur par dérision[102], est interprétée comme un titre de gloire[103]. Il ne faut donc pas s'étonner de retrouver la couronne dans la littérature martyrologique des deux premiers siècles[104].

LA BONNE ODEUR DU CHRIST

La Lettre lie au thème du triomphe celui de la „bonne odeur du Christ". En effet, alors que les martyrs étaient en route pour leur supplice, „ils répandaient cette bonne odeur, au point que quelques-uns croyaient qu'ils s'étaient oints d'un parfum mondain" (1, 35). „La bonne odeur du Christ", εὐωδία Χριστοῦ, est une citation littérale de 2 Co, 2, 15.

Le thème du parfum se retrouve encore ailleurs chez saint Paul[105], mais alors l'ὀσμὴ εὐωδίας prolonge le „parfum d'apaisement" des textes rituels vétéro-testamentaires[106]. L'εὐωδία Χριστοῦ au contraire ne semble pas avoir d'attaches avec l'Ancien Testament et revêt un sens différent. C'est pourquoi il convient d'expliquer l'expression par son contexte.

En 2 Co 2, 14-17, l'hymne d'action de grâces se résout en un accord apologétique: „Grâces soient rendues à Dieu … car nous ne sommes pas des trafiquants de sa parole, mais c'est en hommes sincères que nous parlons dans le Christ". Pourquoi rendre grâces à Dieu? — „Parce que dans le Christ il nous emmène célébrer son triomphe, ϑεῷ ϑριαμβεύοντι; parce qu'en lui il nous permet de répandre en tous lieux le parfum de sa connaissance, τὴν ὀσμὴν τῆς γνώσεως αὐτοῦ". Et voici maintenant le texte repris par les Lyonnais: „Car nous sommes bien, pour Dieu, la bonne odeur du Christ". On voit donc dans ce qui précède l'équivalence entre „le parfum de la connaissance de Dieu" et „la bonne odeur du Christ": les chrétiens sont et font connaître l'une et l'autre.

Mais voici que, dans le contexte qui suit, Paul indique ce qui résulte du triomphe auquel le chrétien est associé, quels sont les effets du parfum qu'il répand: „Pour les uns, il est une odeur qui de la mort conduit à la mort; pour les autres, une odeur qui de la vie conduit à la vie". En fait, l'apôtre se contente d'exprimer à sa manière une conviction fondamentale de l'Ecriture, à savoir que la parole de Dieu est source de vie [107]. Effectivement, il continue en disant aux Corinthiens à propos de la transmission de la parole: „Qui donc est à la hauteur d'une telle tâche? — Ceux qui, au contraire de la plupart, ne trafiquent pas de la parole de Dieu, mais en hommes sincères la prêchent dans le Christ comme venant de Dieu et en présence de Dieu" [108].

Les martyrs lyonnais, à leur tour, ressemblent aux prédicateurs de la parole: mais leur témoignage est une prédication en actes autant qu'une confession en paroles; pour eux la parole de Dieu procède de la vie et conduit à la vie. Les renégats, en revanche, à qui l'apostasie a fait perdre „leur titre de vie", ont prononcé leur propre sentence de mort: chez eux, cette parole est née de la mort et conduit à la mort. Il ne s'agit pas, on le voit, de vie et de mort physique et temporelle, mais de celle de l'âme et pour toujours.

Pourquoi l'apôtre et son utilisateur lyonnais ont-ils transposé l'image du plan verbal au plan olfactif? On a parfois pensé que Paul avait emprunté „la bonne odeur du Christ" aux usages du triomphe païen, accompagné de fumigations d'encens; mais cette explication n'a pas été retenue [109]. Dans la Lettre lyonnaise, comme je le dirai plus loin, l'expression paulinienne a un sens sûrement différent, car elle caractérise un cortège, non pas triomphal, mais nuptial. En réalité, si l'on tient à lui trouver une raison d'être, je crois qu'il faut, quoi qu'on en ait dit, la rapprocher du „parfum d'apaisement" de l'Ancien Testament. Voici pourquoi. Cette dernière formule naît dans un environnement cultuel monothéiste, mais Ezéchiel la montre aussi appliquée aux sacrifices idolâtriques. C'est d'ailleurs ce détournement de son sens primitif que le prophète qualifie de prostitution. Il oppose donc le culte du vrai Dieu à celui des faux dieux. En 2 Co 2, 15-16, apparaît le contraste entre ceux qui se perdent et ceux qui se sauvent. La portée du passage n'est pas cultuelle, et s'il y a culte, il ne peut s'agir que de celui de la parole. Mais c'est dans la parole de Dieu qu'est le moyen de discerner les sectateurs des adversaires de Dieu. Dans la Lettre on retrouve, par contraste, avec clarté, et pour un motif cultuel, l'opposition entre martyrs et renégats. Aussi n'est-il pas impossible que, en décrivant cette contestation sanglante sur le vrai culte à rendre à Dieu [110], le narrateur lyonnais, sinon l'apôtre Paul, ait interprété „la bonne odeur du Christ" dans un sens sacrificiel en fonction du „parfum d'apaisement" des holocaustes judaïques, en opposant „la bonne odeur du sacrifice du Christ" et celui des martyrs à l'odeur pestilentielle des sacrifices païens.

L'IMAGE DE L'EPOUSE ET DE LA MERE

L'idée que l'Eglise est à la fois l'épouse du Christ et la mère des fidèles est très présente dans la Lettre. Le narrateur l'exprime cependant d'une manière concrète en montrant l'Eglise dans ses membres. Ce sont en effet les martyrs qui vont à leur mort comme à une noce et qui souffrent les douleurs de l'enfantement en ramenant les renégats à la foi.

Le thème de la mère est le plus fréquent des deux. Il est surtout développé à propos du retour des renégats à la foi. On lit une première fois dans la Lettre que pour une dizaine de chrétiens arrêtés la confession de foi „avorta" (1, 11) [111]. Ces renégats reviennent cependant à de meilleurs sentiments grâce à l'intervention des martyrs. Ce retour est pour eux comme une nouvelle naissance. Aussi le rédacteur peut-il écrire:

Par les vivants étaient en effet vivifiés les morts et les martyrs donnaient la grâce à ceux qui ne l'étaient pas: ce fut une grande joie pour la vierge mère, τῇ παρθένῳ μητρί, de recevoir vivants ceux qu'elle avait rejetés morts de son sein. Par eux en effet la plupart des apostats se mesurèrent à nouveau; ils furent une seconde fois conçus et ranimés: ils apprirent à confesser leur foi; et ce fut vivants désormais et affermis qu'ils se présentèrent au tribunal pour y être interrogés par le gouverneur: Dieu ne veut pas la mort du pécheur [112], mais se montre indulgent pour le repentir. Ainsi cette démarche leur fut-elle plus douce (1, 45-46).

La même image est reprise à propos des „entrailles maternelles" que les martyrs avaient pour les repentis:

> *Par les biens dont ils abondaient eux-mêmes, ils vinrent au secours des plus nécessiteux, ayant pour eux des entrailles de mère, et versant pour eux des larmes nombreuses vers le Père, ils lui demandèrent la vie et il la leur donna*[113] *(2, 6).*

C'est encore en ce sens qu'il faut entendre la comparaison faite au sujet d'Alexandre, qui fut parmi ceux qui facilitèrent le retour des renégats:

> *Il se tenait debout auprès du tribunal et par signe il les exhortait à la confession: il paraissait à ceux qui entouraient le tribunal éprouver les douleurs de l'enfantement, ὥσπερ ὠδίνων (1, 49).*

Par contre, lorsque Blandine est comparée à une „noble mère qui a exhorté ses enfants et les a envoyés victorieux avant elle auprès du roi" (1, 55), c'est la mère des sept frères martyrs[114] et non la maternité de l'Eglise, qui est directement en cause.

En somme, la Lettre, en parlant de la „vierge mère", dont les renégats sont les enfants morts-nés, ne pense pas le moins du monde à la vierge Marie (c'est notre théologie accommodatrice d'aujourd'hui qui l'y a introduite); mais elle pense à l'Eglise qui, tout en étant la mère des enfants de Dieu, demeure vierge sous l'action de l'Esprit[115]. Encore faut-il ajouter que cette conception de l'Eglise n'a pas le caractère abstrait et hiérarchique dont la revêtiront les théologiens des IVe et Ve siècles; cette Eglise, ce sont les martyrs, grâce auxquels les apostats sont „conçus et ranimés une seconde fois" (1, 46); les martyrs qui ont pour les repentis des „entrailles maternelles" (2, 6); Alexandre qui souffre „les douleurs de l'enfantement" quand ses coreligionnaires sont appelés à confesser leur foi (1, 49). Le mérite de Karl Delahaye fut de nous avoir aidés à retrouver cette conception concrète de l'Eglise[116].

Or, cette conception est aussi celle de la Bible. Le thème de la mère y occupe une place importante. L'Ancien Testament est riche, en effet, de figures représentatives de mères. Parmi elles, celle des Maccabées occupe une place de choix dans les récits martyrologiques inspirés[117]. Ainsi s'explique que les Lyonnais se réfèrent à leur exemple (1, 55). Ils exploitent cependant aussi une deuxième veine vétéro-testamentaire, où ne paraissent pas des mères réelles, mais des personnifications, soit que μητήρ désigne le peuple d'Israël[118], soit que le mot serve à qualifier l'amour que

Dieu porte à son peuple [119]. Ainsi s'explique aussi que la communauté chrétienne de Lyon puisse être considérée comme la mère de ses membres, ou mieux, que parmi eux ceux qui ont conservé la vie de la grâce puissent la rendre à ceux qui l'ont perdue et avoir envers eux des „entrailles maternelles".

Quant au Nouveau Testament, il peut bien mettre Marie au premier plan parmi les mères [120], ce n'est pas de cette tradition évangélique que se réclame le narrateur lyonnais. Il s'inspire de Paul qui reprend lui-même certains traits prophétiques, en particulier celui de la Jérusalem messianique, féconde après une longue stérilité [121], et qui revendique pour lui-même, en vertu de son apostolat, la paternité spirituelle à l'égard de ceux qu'il a amenés (il dit: engendrés) à la foi [122]. N'oublions pas enfin que la même tradition prophétique trouve sa dernière expression néo-testamentaire dans l'Apocalypse [123]: bien que ce livre ne soit pas expressément cité dans la Lettre à propos du thème maternel, il l'est implicitement avec celui de l'épouse, comme je le dirai bientôt.

On pourrait croire que le thème de l'Eglise-mère a cheminé de la Bible à la Lettre à travers les Pères apostoliques. Ceux-ci parlent en effet parfois de la mère [124]. En réalité, dans aucun de ces textes, il n'est question de la maternité de l'Eglise. On en conclura que les Lyonnais ont puisé leur inspiration directement dans la Bible et qu'ils ont été sans doute les premiers à le faire [125].

Le thème de l'épouse est présupposé par celui de la mère. Il se rencontre trois fois dans la Lettre, et toujours à propos de la fidélité du chrétien à ses engagements (1, 35; 1, 48; 1, 55).

Dans le premier passage, les martyrs se rendent à leur supplice comme à une noce:

Ils s'avançaient en effet souriants; beaucoup de gloire et de grâce se mêlaient sur leur visage, en sorte que même leurs liens les enveloppaient d'une parure seyante, comme pour une mariée dans sa parure frangée et brodée d'or, ὡς νύμφῃ κεκοσμημένη ἐν κροσσωτοῖς χρυσοῖς πεποικιλμένοις (1, 35).

Deux citations se trouvent soudées dans cette description: ὡς νύμφῃ κεκοσμημένη vient d'Ap 21, 2; ἐν κροσσωτοῖς χρυσοῖς πεποικιλμένοις, de Ps 45 (44), 14.

Je commence par la citation psalmique dont le texte est le suivant selon les Septante: πᾶσα ἡ δόξα αὐτῆς θυγατρὸς βασιλέως ἔσωθεν ἐν κροσσωτοῖς χρυσοῖς περιβεβλημένη. Le *codex Sinaiticus* porte pour ce dernier mot πεποικιλμένοις, ce qui accentue le caractère littéral de la citation, si elle a été faite d'après un manuscrit proche du *Sinaiticus*.

Le sens nuptial du passage est clair. Il ressort encore mieux du contexte. L'auteur lyonnais oppose la joie des martyrs à la honte des renégats. Ceux-ci sont „humilés, laids à voir, remplis de toute confusion". Ils restent en effet accusés (comme je l'ai dit), non plus de christianisme – ce qui pour le chrétien est un titre d'honneur et une promesse de vie –, mais de crimes de droit commun. Ceux-là sont „souriants", rayonnants „de gloire et de grâce". Le résultat de cette confrontation est de raffermir les hésitants dans la confession de leur foi. Le contexte de la joie et de la gloire se retrouve dans le psaume: „La fille de Tyr ... déride le visage" de la jeune fiancée, triste de quitter la maison de son père (vv. 13a, 11b), „on amène les compagnes qui lui sont destinées; parmi joie et liesse, elles entrent au palais" de l'époux (vv. 15c, 16a). Déjà le roi a été oint „d'une huile d'allégresse" (v. 8c). Quant à la gloire, elle rutile dans „les ors d'O-phir" (v. 10b), dans „maint joyau serti d'or" (v. 13b), dans les brocarts de la fiancée (v. 13c). Ces atours et cet enthousiasme sont aussi dans le texte lyonnais. C'est pourquoi le cortège de ses martyrs est un cortège nuptial.

La deuxième citation est aussi littérale que la première, sauf que la tournure de l'Apocalypse est transposée au cas voulu par son contexte grammatical nouveau. On lit en effet dans l'Apocalypse que l'Epouse de l'Agneau „s'est faite belle comme une jeune mariée parée pour son époux"[126]. Dans la Lettre, ce sont les chaînes qui sont la parure nuptiale des martyrs. Ils vont donc célébrer leurs noces avec Dieu.

Un autre passage de la Lettre se réfère au thème nuptial. Il y est question du „vêtement de noces" que ne portent pas les renégats impénitents:

> *Restèrent dehors (ἔξω) ceux qui n'avaient jamais eu ni trace de foi, ni conscience de posséder la robe nuptiale, ni pensée de la crainte de Dieu ... c'est-à-dire les fils de la perdition (ὅι υἱοι τῆς ἀπωλείας) (1, 48).*

Epinglons d'abord l'expression „fils de la perdition": l'évangile disait de Judas Iscariote ce que la Lettre affirme des renégats[127], l'impénitence de l'un et des autres les ayant conduits à leur perte. Un autre texte évangélique affleure ensuite à deux reprises dans la Lettre: c'est la parabole du festin nuptial[128]. Car l'ἔνδυμα νυμφικόν de la Lettre équivaut à l'ἔνδυμα γάμου de Mathieu; à l'ἔξω de la première correspond le τὸ

57

ἐξῴτετον du second. Or, dans le récit du festin de noces, Mathieu semble avoir bloqué deux paraboles distinctes à l'origine: c'est de la deuxième que les vv. 11-13 retiennent la conclusion, car pour répondre à l'invitation au festin, on doit porter la tenue de noces et sans elle on est jeté dehors. Cette obligation s'explique par le contexte général du thème nuptial qu'évoque la première parabole (vv. 1-10, 14). Les deux ont un sens symbolique, car les noces signifient l'union de Dieu avec les hommes, et le vêtement nuptial, les dispositions intérieures requises par Dieu de la part de l'homme. Remarquons enfin la similitude des circonstances dans lesquelles il est question, de part et d'autre, du vêtement de noces: dans l'évangile, l'invité qui ne le porte pas est jeté dans les ténèbres du dehors; dans la Lettre aussi les renégats sont au dehors, mais parce qu'ils ne sont jamais entrés pour de bon à l'intérieur.

Il y a encore un dernier passage dans lequel les martyrs lyonnais sont censés prendre part à une noce. C'est à propos de Blandine qui mourut la dernière de tous ses compagnons:

> Elle se hâta vers eux, pleine de joie et d'allégresse de son départ, comme si elle était invitée à un festin de noces, ὡς εἰς νυμφικὸν δεῖπνον κεκλημένη (1, 55).

Si l'ensemble des martyrs (1, 35)[129] était en route pour leur propre mariage, ici Blandine est invitée à des noces qui ne sont pas les siennes. La même différence de perspective se retrouve dans le Nouveau Testament. Selon l'évangile, en effet, les hommes sont invités aux noces du fils du roi, mais il n'est pas dit qui est l'épouse. Paul, de son côté, suggère d'abord de l'identifier[130], puis il l'identifie effectivement[131] avec la communauté des disciples. Mais c'est l'Apocalypse johannique surtout qui montre dans cette communauté, non seulement la Jérusalem nouvelle et le nouveau peuple de Dieu, mais encore l'Epouse de l'Agneau, c'est-à-dire du Christ: „Voici les noces de l'Agneau et son Epouse s'est faite belle"[132]; „Heureux les invités au festin des noces de l'Agneau"[133]; „Et je vis la Cité Sainte, la Jérusalem nouvelle, descendre du ciel de chez Dieu; elle s'était faite belle comme une mariée parée pour son époux ... Alors l'un des sept anges ... vint me dire: Viens voir l'Epouse de l'Agneau ... Et il me montra la Cité Sainte, Jérusalem, qui descendait du ciel de chez Dieu"[134]; „L'Esprit et l'Epouse disent: Viens! Que celui qui écoute dise: Viens!" Et le Voyant répète à son tour: „Oh oui, viens, Seigneur Jésus!"[135].

On voit donc dans le Nouveau Testament aussi deux tendances: l'une considère les hommes comme les invités de Dieu aux noces de son Fils, l'autre fait de leur communauté nouvelle l'Epouse de l'Agneau. Elles subsistent même dans l'Apocalypse. C'est qu'elles se rattachent à une double tradition vétéro-testamentaire, dont l'une est celle du festin messianique auquel Iahvé convoque tous les peuples sur la montagne de Sion[136]; l'autre, celle du mariage d'amour que Dieu a contracté avec son peuple au moment de l'Alliance[137]; mais l'une et l'autre confluent avec le Nouveau Testament dans le thème du festin nuptial de la fin des temps[138]. Ces deux courants ne mêleront jamais complètement leurs eaux, car ils véhiculent en fait deux thèmes qui ne sont pas réductibles, mais doivent être intégrés l'un à l'autre, ceux de l'immanence et de la transcendance de Dieu. Aussi n'est-il pas surprenant qu'ils conservent ce caractère dans la Lettre des Lyonnais.

LE MARTYRE

Les mots grecs désignant le martyre et qui ont été transposés dans nos langues modernes ont donné lieu à d'importantes analyses qu'il n'est pas question de reprendre, encore moins de discuter ici. Il suffira d'en retenir les conclusions communes[139]. Malgré la brièveté de mon propos, l'importance de son objet pour le développement de la littérature martyrologique n'échappera cependant à personne, puisqu'aussi bien, sur ce point encore, la Lettre lyonnaise plonge ses racines dans la tradition biblique. Je commence par faire un relevé statistique des termes en question dans la Lettre:

MOTS	EUSEBE	LETTRE	MARTYRS
μάρτυς (ὸ)	1, 2; 2, 1; 2, 5; 3, 1 4 fois	1, 4; 1, 10; 1, 11; 1, 16; 1, 18; 1, 23; 1, 24; 1, 26; 1, 43; 1, 45 (bis); 1, 48; 1, 62; 2, 1; 2, 2; 2, 3; 2, 5; 2, 6; 3, 3; 19 fois	2, 2 (bis); 2, 3 (ter) 5 fois
μαρτυρία (ἡ) ou μαρτύριον (τὸ) μαρτυρεῖν		1, 9; 1, 11; 1, 29; 1, 30; 1, 34 5 fois 1, 36 1 fois 1, 11 (SCHWARTZ); 1, 18; 2, 2 3 fois	2, 3 (bis); 2, 4 4 fois TOTAL: 40 fois
ὁμολογεῖν		1, 8; 1, 10; 1, 20; 1, 26; 1, 33; 1, 35;	

59

	1, 41; 1, 48 (*bis*); 1, 50 *10 fois*	
ὁμολογία (ἡ)		2, 3 (*1 fois*)
ὁμόλογος(ὁ)		2, 3 (*1 fois*) TOTAL: *12 fois*

Note explicative: Les trois colonnes EUSEBE, LETTRE, MARTYRS contiennent les références aux trois niveaux documentaires de l'analyse qui va suivre. Les mots *bis, ter* indiquent le nombre de fois qu'un terme martyrologique se rencontre dans le chapitre et le paragraphe désignés par les chiffres précédant la mention; les chiffres suivis du mot *fois* représentent le nombre des occurrences de chaque mot aux trois niveaux. Leur total général est indiqué aussi.

Mon relevé ne porte que sur les chapitres de l'*Histoire ecclésiastique* qu'Eusèbe a consacrés aux martyrs de Lyon[140]. Dans cette partie de son œuvre on distingue trois niveaux documentaires. Le plus récent est celui du texte propre à Eusèbe, qui témoigne des habitudes linguistiques et de la mentalité du IVe siècle. Puis il y a le niveau de la Lettre elle-même, qu'Eusèbe cite en larges extraits, mais dont les coupures limitent évidemment la valeur des statistiques qu'on peut faire dans les parties conservées: à ce deuxième niveau, nous atteignons la manière de penser et de parler du rédacteur de la Lettre et, à travers lui, de l'Eglise de son temps. Il y a enfin un dernier niveau, le plus profond, qui est celui des déclarations faites par les martyrs eux-mêmes sur leur propre compte; il se trouve que c'est aussi celui dans lequel se révèle la mentalité la plus archaïque [141].

Il n'y a pas à dire grand chose des habitudes rédactionnelles d'Eusèbe. Etant celles du IVe siècle, elles font apparaître les martyrs avec l'*aura* cultuelle qui les entoure depuis longtemps. Aussi parle-t-il toujours d'eux comme ayant donné, de leur foi, le témoignage du sang et mérité ainsi de figurer dans les annales martyrologiques et historiques de l'Eglise[142].

En ce qui concerne le rédacteur de la Lettre, on peut faire les observations suivantes. Il conserve encore aux mots μάρτυς, μαρτυρία, μαρτυρεῖν une certaine fluidité sémantique. S'il ne les emploie jamais au sens de témoignage juridique, il les utilise cependant parfois au sens courant de témoignage[143].

Plus fréquemment ces mêmes mots ont revêtu un sens chrétien, attaché au témoignage du martyre, et plus précisément, diversifié suivant les divers moments de ce témoignage. Celui-ci est porté une première fois devant le tribunal, lorsque le chrétien se reconnaît comme tel. C'est le cas de Vettius Epagathus qui, y „ayant confessé sa foi d'une voix éclatante", fut, lui aussi, „élevé au rang des martyrs", εἰς τὸν κλῆρον τῶν μαρτύρων (1, 10). Expression reprise à propos de Biblis (1, 26) et des renégats venus à résipiscence (1, 48). Cette confession est appelée ὁμολογία τῆς μαρτυρίας (1, 11)[144]. Ce premier sens est celui qui a été appelé „le sens technique chrétien premier"[145]. La deuxième étape du témoignage martyrial est celui des épreuves et en particulier de la torture. Blandine est qualifiée de „combattante parmi les martyrs", τῶν μαρτύρων μία ἀγωνίστρια, quand elle supporte „les tortures de toutes manières du matin jusqu'au soir" (1, 18). Si ses tortures méritent le nom de μαρτυρία c'est parce que la bienheureuse ne cesse de confesser sa foi: Je suis chrétienne. C'est aussi le cas de Sanctus: quelques jours après une première séance, „les méchants recommencèrent à torturer le martyr" (1, 24). De même Biblis, réveillée par les tortures comme d'un profond sommeil, „se déclara chrétienne et fut ajoutée au nombre des martyrs" (1, 26). A cette deuxième étape, le témoignage du martyre se donne en actes autant qu'en paroles.

La dernière étape du témoignage est la mort. La Lettre le dit expressément de l'ensemble des martyrs lyonnais: „Le témoignage de leur mort, τὰ μαρτύρια τῆς ἐξόδου αὐτῶν, présenta les formes les plus variées" (1, 36). Ce dernier acte des martyrs permet au rédacteur de les appeler „bienheureux martyrs", οἱ μακάριοι μάρτυρες (1, 4), „saints martyrs", οἱ ἅγιοι μάρτυρες (1, 16). C'est évidemment aussi à cette dernière étape que le rédacteur fait allusion, lorsqu'il parle des „cadavres des martyrs", τὰ σώματα τῶν μαρτύρων (1, 60)[146].

En certains cas, le sens est moins clair que dans les passages précédents. Quand les frères „prêtent assistance aux martyrs", συμπαρῆσαν τοῖς μάρτυσιν (1, 11), à quel moment de leur témoignage se situe l'assistance? Rien ne permet de le préciser. L'aide n'a cependant de sens que si elle leur est accordée de leur vivant. Ailleurs il est question de „la modération et humilité desdits martyrs", après qu'ils eurent „rendu le témoignage, non une ou deux fois, mais souvent", πολλάκις μαρτυρήσαντες (2, 2): ce témoignage à répétition peut s'appliquer aux trois étapes qui y ont été distinguées. Enfin, est-il dit par le rédacteur, „ils montrèrent en actes la puissance du martyre, ἡ δύναμις τῆς μαρτυρίας, en ayant à l'égard des païens une complète liberté de langage et en rendant manifeste par leur patience leur noblesse d'âme, leur intrépidité, leur fermeté" (2, 4): la „liberté de langage" des martyrs pourrait caractériser leur confession de foi, leur patience, avoir été mise à l'épreuve dans les tortures. Là encore, „la force de leur témoignage" me paraît compréhensive de ses

61

diverses étapes[147]. En revanche, lorsque „les martyrs donnaient la grâce aux non-martyrs" (1, 45), le contexte antécédent restreint temporellement le témoignage à leur emprisonnement.

Quoi qu'il en soit, ce qui, à mon avis, ressort de cette analyse, c'est non seulement une certaine fluidité, mais encore une évidente plasticité du vocabulaire chrétien du martyre dans l'usage du rédacteur lyonnais. Avant d'en apprécier exactement la portée, il faut prendre en considération ce que les martyrs disent d'eux-mêmes.

A ce troisième et dernier niveau peut se poser une question préalable: comment connaissons-nous les idées que se faisaient les martyrs lyonnais de leur propre situation? − Par un extrait de la Lettre qu'Eusèbe plaça comme un repentir dans son deuxième chapitre. Leurs idées étaient suffisamment différentes des siennes pour qu'il en ait été frappé comme d'une preuve de leur „modestie et humilité" (2, 1) et qu'à ce titre-là il l'ait fait connaître. Mais la position des martyrs était-elle différente aussi de celle du narrateur lyonnais de leur histoire? − C'est ce que nous montrera l'analyse des propos qu'il rapporte d'eux et qui sont toujours distingués de ce qu'il prend à son propre compte.

Pour les martyrs de Lyon, les seuls vrais martyrs sont „ceux que le Christ a daigné prendre dans leur confession, après avoir gravé en eux, par le trépas, le sceau du martyre", ἐπισφραγισάμενος αὐτῶν διὰ τῆς ἐξόδου τὴν μαρτυρίαν (2, 3). En somme, selon eux, pour être martyr, il faut être mort. Dans cette perspective, ils réservent „le titre du martyre", ἡ τῆς μαρτυρίας προσηγορία, à ceux qui sont déjà „sortis de ce monde" (2, 3), après avoir rendu, devant les tribunaux et dans les tortures, le témoignage de leur foi au Christ. C'est ici que nous voyons apparaître, à propos du martyre, les premières références bibliques, alors qu'il n'y en a pas dans le texte propre au rédacteur de la Lettre. En effet, les victimes de la persécution lyonnaise „aimaient à réserver le titre de martyr au Christ, le martyr fidèle et véritable, ὁ μάρτυς ὁ πίστος καὶ ἀληθινός[148]. Dans la même foulée, Etienne est appelé „martyr parfait", ὁ τέλειος μάρτυς (2, 5). Cette fois-ci, c'est apparemment le rédacteur qui parle; mais, consciemment ou non, il a emprunté aux martyrs lyonnais leur façon de s'exprimer. Ceux-ci en effet „exhortaient leurs frères avec des larmes, en leur demandant de prier avec persévérance pour leur consommation", τὸ τελειωθῆναι αὐτούς (2, 3). Cela veut dire qu'ils demandaient à consommer leur témoignage par la mort, afin de devenir, eux aussi, τέλειοι μάρτυρες, des martyrs achevés.

Si je comprends bien les martyrs lyonnais, tant qu'ils n'avaient pas subi l'épreuve de la mort, ils se considéraient comme des martyrs incomplets. Aussi refusaient-ils d'être appelés martyrs. Ici nous pouvons vérifier la fidélité avec laquelle le rédacteur de la Lettre rapporte leur propos. Il commence en effet par rappeler à leur sujet Ph 2, 6: „Le Christ, subsistant en forme de Dieu, n'a pas regardé comme une proie l'égalité avec Dieu". Les martyrs lyonnais sont devenus à ce point „les imitateurs du Christ" qu'ils n'ont pas considéré comme un droit d'être appelés martyrs. Ce refus étonne le rédacteur. Aussi insiste-t-il sur leurs titres de gloire, les brûlures, les meurtrissures, les plaies (2, 2), toutes choses qui, vues sur le corps du diacre Sanctus, l'avaient incité à appeler celui-ci martyr (1, 24). Quant aux martyrs en personne, „non seulement ils ne se proclamaient pas eux-mêmes martyrs, mais ils ne permettaient à personne de les appeler de ce nom", et si quelqu'un le faisait, „ils le reprenaient amèrement" (2, 2). C'est pourquoi, s'ils revendiquaient un titre, c'était celui de „petits et humbles confesseurs" (2, 3).

Je suis tout à fait d'accord avec ceux qui insistent sur l'humilité de ces protestations. Je suis cependant loin de voir „un simple nom verbal" dans une appellation méritée au prix des plus grandes souffrances[149]. De plus, je suis bien d'accord aussi qu' „il n'y a aucun conflit de vocabulaire entre l'auteur de la Lettre et les chrétiens de Lyon, d'une part, et les „témoins" (c'est-à-dire les martyrs), de l'autre[150], mais qu'ils témoignent, chacun à sa façon, de l'évolution que ce vocabulaire est en train de subir[151].

Ceci dit, il faut bien voir où est l'évolution. Elle est d'abord dans le vocabulaire de la confession: le mot ὁμόλογος par lequel les martyrs lyonnais se désignent eux-mêmes est, de leur part, une innovation sans lendemain, puisque c'est le mot ὁμολογετής qui prévaudra par la suite[152]. L'évolution est ensuite dans le vocabulaire du martyre. Du groupe μαρτυρία-μαρτύριον, c'est le premier mot que la Lettre emploie habituellement, alors que le second n'apparaît qu'une seule fois; cependant c'est ce dernier qui l'emportera pour désigner le martyre. L'indice du changement est moindre pour le verbe μαρτυρεῖν dont je n'ai relevé que trois emplois dans la Lettre: deux fois au sens général, une fois au sens de témoignage par le martyre; l'évolution sémantique du mot est néanmoins amorcée. Reste le terme μάρτυς pour lequel je restreins mes remarques au sens chrétien. Les victimes de la persécution l'emploient encore au sens qui s'était fixé avec l'Apocalypse à propos du Christ[153], avec les Actes à propos d'Etienne[154]: eux-mêmes espèrent accomplir un semblable témoignage le jour de leur mort. Pour le rédacteur de la Lettre, en revanche, le martyre s'échelonne sur toute la durée du témoignage, depuis la confession au tribunal jusqu'à la mort dans l'arène. Il est vrai que ce sens extensif résulte, dans l'esprit du rédacteur, d'une espèce de rétroaction. Je m'explique. Quand il écrit sa Lettre, les martyrs sont morts. Ils méritent donc ce titre dans le sens restrictif qu'ils lui ont eux-mêmes imposé. Aussi le rédacteur n'éprouve-t-il aucune difficulté à le leur appliquer à son tour. En cela il est bien d'accord avec eux. Mais à la différence de ce qu'ils font, il le leur applique même avant leur consommation définitive et à toutes les étapes du témoignage de leur foi, parce qu'effectivement, au moment où il écrit, ils ont atteint le terme de leur combat. Sa vue est ainsi à la fois analytique du détail des témoignages quotidiens, et synthétique de la continuité, du progrès et de l'achèvement de ce témoignage. Fondamentalement d'accord avec la pensée archaïsante des martyrs, il anticipe en même temps sur l'avenir.

* * *

Il me reste à conclure cette longue analyse. Elle se justifie cependant, parce que la Lettre marque une étape importante dans la littérature martyrologique paléochrétienne.

Son importance tient d'abord à l'abondance des citations scripturaires. En voici le tableau:

2 M:	1	Is:	2	Lc:	1	Rm:	3	Ga:	5	2 Th:	1
Ps:	5	Ez:	1	Jn:	3	1 Co:	4	Ph:	1	1 Tm:	3
Sg:	1	Mt:	1	Ac:	5	2 Co:	2	Col:	1	Hb:	1
										Ap:	8

Ce relevé permet de constater la très nette supériorité du Nouveau Testament sur l'Ancien dans la proportion de 4 pour 1. Parmi les livres de l'Ancien Testament, le Psautier l'emporte sur les autres avec la moitié des citations. Dans le Nouveau, la palme revient à l'Apocalypse avec huit emprunts; suivent les Actes avec cinq, la 1e aux Corinthiens avec quatre, Jean, les Romains et la 1e à Timothée avec trois, la 2e aux Corinthiens avec deux, les autres avec une mention. La prédominance des citations des Psaumes et de l'Apocalypse est remarquable. Si la première peut trouver une explication immédiate dans le fait que le Psautier est dès cette époque le livre des prières de l'Eglise, celle de l'Apocalypse, dont la primauté est absolue, mérite d'être considérée de près.

Auparavant il convient cependant de compléter l'évaluation chiffrée par un examen des thèmes bibliques que la Lettre a repris. Ils ont été mis en relief dans mon exposé par des titres appropriés. Aussi n'est-il pas nécessaire de les reproduire ici. Je voudrais par contre en montrer l'enchaînement. Le martyre est un combat, parce que la vie chrétienne toute entière l'est déjà. S'il débouche sur une issue sanglante, c'est autant à cause de l'acharnement des adversaires qu'en raison de l'attachement des chrétiens à leur foi. Le martyr vérifie ainsi par son expérience personnelle la prophétie du Christ: Qui n'est pas pour moi est contre moi. Mais le paradoxe de cette lutte est que les victimes en sont les vrais vainqueurs. Bien plus, c'est par la mort de ses partisans que Dieu triomphe de ses adversaires. Cette dialectique chrétienne explique aussi la relecture qui a été faite d'un certain nombre de thèmes vétéro-testamentaires, comme ceux de la parole, de la mère, de l'épouse. Dans cette optique, le martyre n'est pas seulement le plus parfait témoignage de l'amour de Dieu, il devient encore la meilleure manière d'être chrétien. Une telle relecture s'achève dans l'Apocalypse. Nous tenons ainsi une première raison du rôle important que joue ce livre biblique dans la Lettre des Lyonnais.

Une autre est dans la similitude des situations qui virent naître ces deux livres. Dans les deux cas il s'agit d'écrits de circonstance, destinés à relever et affirmer le moral de chrétiens désemparés par la persécution. C'est pourquoi, par delà les vicissitudes de leur existence terrestre, ils sont appelés à élever leur regard vers les promesses éternelles et à apercevoir dans la mort l'inauguration de la parousie. Comme l'Apocalypse, la Lettre des Lyonnais est l'épopée d'une espérance, celui du règne définitif de Dieu.

D'un point de vue enfin plus étroitement historique, cette prédominance de l'Apocalypse dans la Lettre lyonnaise est une parfaite illustration de cette mentalité apocalyptique par laquelle Jean Daniélou définissait le temps des Sévères[155].

NOTES (Chapitre IV)

1 L. V, ch. 1-4. Ed. E. SCHWARTZ, *GCS, Eusebius*, II/1 (Leipzig, 1903), p. 402-433. Ed. et trad. fr. G. BARDY, *SC* 41 (Paris, 1955), p. 4-27. Je me réfère en principe à cette traduction et ne cite la Lettre que par la numérotation des chapitres (1er chiffre) et des paragraphes (2e chiffre). Voir aussi V. SAXER, «Les 'Actes des Martyrs anciens' chez Eusèbe de Césarée et dans les Martyrologes syriaque et hiéronymien», *Analecta bollandiana* 102 (1984) 85-95.

2 Ce seul mot servira habituellement à désigner le document.

3 C'est pourquoi Eusèbe lui-même caractérise fort bien le combat, son enjeu, ses péripéties, son issue (Prol. 4).

4 4 M 6, 10.

5 *Ibid.* 11, 20.

6 E. KAUTZSCH, *APAT* II, p. 160, 167, 172.

7 M. R. JAMES, *Apocrypha anecdota*, p. 106, lin. 15-15.

8 *TWNT* 1, 134-140.

9 Lc 13, 14.

10 1 Co 9, 24-27; 2 Tm 2, 5.

11 1 Th 2, 2.

12 Col 1, 29.

13 1 Tm 6, 12; 2 Tm 4, 7.

14 2 Tm 4, 6.

15 2 Tm 4, 8; Jc 1, 12; Ap 2, 10; 3, 11; 6, 2.

16 2 Tm 4, 6-8; Ph 2, 16-17; 1 Tm 6, 12; Hb 10, 32-34; 11, 33-40; 12, 1-2.

17 CYPR. *Epp.* 6, 2; 58, 10; 76, 7; *Fort.* 13; *Test.* 3, 17; PONT. DIAC. *Vita Cypr.*; Ps.-CYPR. *Laud. mart.* 18. La *Biblia patristica* (CNRS. Paris, 1975, 1977), I 437, II 370, cite en outre IREN. *Haer.* IV, 20, 8; CLEM. ALEX. *Strom.* IV, 7, 44-45; LACT. *Inst. div.* VI, 4, 12. La citation d'Irénée est en dehors du contexte martyrologique. Je n'ai pas trouvé le texte de Lactance à la référence indiquée. Quant à celui de Clément d'Alexandrie, il porte sur le témoignage chrétien en général, y compris celui du martyre.

18 A. BOUCHE-LECLERCQ, *Manuel des institutions romaines*, p. 454-455; G. LANATA, *Atti*, p. 173.

19 1 Co 4, 9.

20 Hb 10, 33.

21 CLEM. ALEX. *Strom.* VII, 20, 4.

22 Ap 13, 1.

23 Ap 12, 3ss.

24 Ap 12, 15.

25 Ap 12, 9; 20, 2.
26 Jb 1, 6-12.
27 Is 27, 1.
28 2 Th 2, 3-4.
29 1 Jn 2, 13; 4, 3; 2 Jn 7.
30 *l. Clem.* 51, 1; *Mart. Polyc.* 17, 1; *Apoc. Esdr.* 40.
31 Sur les ἄνομοι, cf. *TWNT* 4, 1079-1080.
32 Jn 6, 70; 8, 44; 12, 31; 13, 2; 13, 27; 14, 30; 17, 11.
33 Lc 22, 6; 1 Co 2, 8; 1 Jn 3, 8 et 10; Ap 12, 4 et 17; 13, 2 etc.
34 1 Tm 3, 15; Ga 2, 9; Ap 3, 12.
35 *l. Clem.* 5, 2.
36 Ac 18, 25; Rm 12, 4.
37 Jn 15, 13. Cf. aussi 1 Th 2, 8; 1 Jn 3, 16; et H. CROUZEL, „L'imitation et la suite de Dieu", p. 29.
38 2 Co 2, 14.
39 Col 2, 15.
40 1 Tm 6, 14. Cf. supra p. 39-41.
41 *DACL* X, 96, n. 8.
42 Rm 10, 12; 1 Co 12, 13; Ga 9, 27-28; Col 3, 10-11.
43 Ex 17, 1-2.
44 Ex 23, 16.
45 Za 14, 8 (fête des Tabernacles); Ez 47, 1-12 (source du Temple).
46 1 Co 10, 4.
47 Jn 4, 14.
48 Jn 7, 38-39.
49 Jn 19, 34.
50 Ap 21, 6.
51 Ap 22, 1. Cf. H. RAHNER, „Flumina de ventre Christi", p. 269-302, 367-403.
52 Sur le martyre comme charisme de l'Esprit, cf. H. KRAFT, „Die Märtyrer und der Montanismus".
53 Lettre, 1, 2 = Is 53, 5 et 2.
54 On notera en passant une autre réminiscence scripturaire: „en exemple aux autres", 1 Tm 1, 16.
55 Mt 27, 37; Mc 15, 26; Lc 23, 38; Jn 18, 19.
56 Ac 4, 29 et 31.
57 Ga 4, 19.
58 1 Co 1, 26-30.
59 Il y a cependant la possibilité d'une combinaison de divers textes johanniques: Jn 19, 35-37; 3, 14-17.
60 Mt 16, 24; Mc 8, 34; Lc 9, 23.
61 1 Co 2, 2; Ga 6, 14; 1 P 4, 13.
62 M. VILLER, „Martyre et perfection"; „Le martyre et l'ascèse".
63 Cf. supra p. 41-41.

64 Rm 13, 14; Ga 3, 27. Cf. aussi Col 3, 11; Ep 4, 21 et 24; Ga 2, 21.
65 Cf. supra p. 39-41.
66 2 M 7.
67 *TWNT* 2, 34-35.
68 *GCS. Eusebius* II/1, 412, lin. L, 4; 430, lin. 13. Dans les deux cas, le traducteur syriaque a lu avec le manuscrit Σ du texte grec πεπτωκέναι au lieu de πεπωκέναι. Cf. E. NESTLE, *Die Kirchengeschichte des Eusebius aus dem Syrischen übersetzt = TU* XXI/1, 172 et 181. Sur le sens de l'expression cf. supra p. 41-42.
69 Ap 12, 4; 1 P 5, 8.
70 Interdiction caractéristique de la mentalité religieuse vétéro-testamentaire selon laquelle le sang est siège de la vie: Lv 17, 11; Dt 12, 16 et 23. Comme tel il appartient à Dieu, auteur de la vie: Gn 9, 5-6. Tout abattage devient donc un acte rituel et quiconque ne se conforme pas à son cérémonial est exclu de la communauté. Interdiction est faite aussi de manger la chair avec le sang: Gn 9, 4; Lv 1, 5 etc. Le sang humain injustement répandu crie vengeance vers Dieu: Gn 4, 10; Is 26, 21; Ez 24, 7; Jb 19, 18.
71 *SC* 41, 13, n. 19.
72 Les manuscrits portent πρωτομάρτυρες. Edouard Schwartz a corrigé en πρὸς τὸ μαρτυρεῖν: *GCS. Eusebius* II/1, 406, lin. 7-8. La correction a été généralement acceptée.
73 L'expression ἐξέτρωσαν, „ils avortèrent", a été souvent affaiblie dans les traductions. Claude Mondésert la rend par „subir une défaite"; A. Hamman, par „ils faiblirent"; Henri Leclercq de même.
74 Le troisième chef d'accusation, l'athéisme, n'a pas été retenu par le narrateur.
75 *TWNT* 4, 477-514; J. RUYSSCHAERT, „Les martyrs et les confesseurs" cit.
76 *TWNT* 5, 281.
77 JUSTIN, *1. Apol.* 4, 2; CLEM. ALEX. *Quis dives salvetur*, 36.
78 Combat: cf. supra p. 39-41; engloutir, καταπνεῖν, p. 47, n. 6.
79 Ga 6, 4.
80 Ga 5, 22.
81 Ga 5, 24.
82 1 Co 1, 26-30.
83 Ces adjectifs correspondent aux expressions pauliniennes: τὰ ἀσθενῆ, τὰ ἀγενῆ, τὰ ἐξουθενημένα (1 Co 1, 27-28).
84 „Revêtir le Christ": Rm 13, 14; Ga 3, 27.
85 Ac 7, 54.
86 Mt 27, 39; Mc 15, 29; Lc 23, 35; Ps 22 (21), 8.
87 L'objection est déjà rapportée par le psalmiste: Ps 79 (78), 10; 115 (113B), 2.
88 Sg 2, 17-20.

89 Mt 10, 39. Cf. aussi Mc 8, 34; Lc 9, 23; Jn 12, 25.
90 Cf. supra p. 45.
91 Ps 45 (44), 3.
92 Ps 103 (102), 5.
93 2 Co 2, 14.
94 Col 2, 15.
95 1 Co 9, 24-25; 2 Tm 2, 5; 1 P 5, 4.
96 2 Tm 4, 6-8.
97 Jc 1, 12; Ap 2, 10; 3, 11; 6, 2.
98 1 Co 9, 25.
99 1 P 5, 4.
100 Jc 1, 12; Ap 2, 10.
101 1 P 5, 4.
102 Mt 27, 31; Mc 15, 20.
103 Hb 2, 7-9.
104 4 M 17, 15; 2. *Clem.* 7, 3; *Mart. Polyc.* 17, 1; *Mart. Ign. Colbertin.* 5. Sur ce thème cf. K. BAUS, *Der Kranz in Antike und Christentum*, p. 172, 194; *TWNT* 7, 615-635, spécial. 628-630.
105 Ep 5, 2; Ph 4, 18.
106 Gn 8, 21; Ex 29, 18 et 25; Lv 1, 9 et 13; Nb 15, 24; 28, 1; Ez 16, 19; 20, 28 et 41 etc. Cf. *TWNT* 2, 808-810.
107 Dt 8, 3 repris en Mt 4, 4. Cf. aussi Dt 4, 1; 8, 1; 30, 15-20; 32, 46-47; Lv 18, 5 cité en Ga 3, 12; Ba 3, 9; 4, 1; Ps 119 (118) en entier; Ez 39, 15; Jn 5, 39; Ac 5, 20; 7, 38; Rm 10, 15. Dans le Nouveau Testament, la prédication de l'évangile est source de vie: Ac 13, 26; Ph 2, 16; 1 Th 2, 13; Hb 4, 12; 1 P 1, 23. Le Verbe incarné est à plus forte raison parole de vie: 1 Jn 1, 1.
108 2 Co 2, 17.
109 *TWNT* 2, 809.
110 La Lettre 1, 15, cite en effet Jn 16, 2.
111 Cf. supra p. 48 et n. 73.
112 Ez 12, 23; 33, 11.
113 Ps 21 (20), 5.
114 2 M 7, 20ss.
115 J. DANIELOU, *Bible et Liturgie*, p. 67-69.
116 Cf. infra n. 125.
117 2 M 7, 20ss., où la mère est dite „éminemment admirable et digne d'une illustre mémoire"; 4 M 16, 12, où l'éloge est encore plus fort: "sainte et pieuse mère".
118 Is 50, 1; Os 4, 4.
119 Is 49, 15; 66, 13.
120 Cf. surtout Jn 2, 1-3; 3, 5 et 12; 19, 25-26.
121 Ga 4, 26-27.
122 1 Co 4, 5; 1 Th 2, 11; Phm 10, mais surtout 1 Th 2, 7-8, où l'apôtre

exprime une tendresse pour ainsi dire maternelle pour ses enfants spirituels; et Ga 4, 19, dont l'image est reprise par les Lyonnais: Lettre 1, 49.

123 Ap 12, 1-6; 21, 2 et 9-10; 22, 17 et 20.

124 *1. Clem.* 18, 5; 35, 8; POLYP. *Philipp.* 3, 3; HERMAS, *Pasteur,* 3e Vision, 8, 5.

125 J. C. PLUMPE, *Mater Ecclesiae,* p. 35-41; K. DELAHAYE, *Ecclesia mater chez les Pères; TWNT* 4, 645-647.

126 Ap 21, 2.

127 Jn 17, 22.

128 Mt 22, 11-13.

129 Cf. supra p. 38.

130 Rm 7, 4.

131 2 Co 11, 2.

132 Ap 19, 7.

133 Ap 19, 9.

134 Ap 21, 2 et 7-8.

135 Ap 22, 17 et 20.

136 Is 25, 6-10.

137 Os 2, 19; Is 54, 4-10; 62, 4-5; Ez 16 en entier.

138 *TWNT* 1, 651; 2, 33-35.

139 Je renvoie à la bibliographie indiquée par Th. CAMELOT, *Ignace d'Antioche,* p. 243, n. 2; et J. RUYSSCHAERT, „Les martyrs et les confesseurs", p. 155, n. 1.

140 L. V, Ch. 1-3, à l'exclusion du Prologue du livre qui sert d'introduction à tout le livre et à l'ensemble des persécutions attribuées à Marc Aurèle.

141 On pourrait même isoler un quatrième niveau, si on tenait compte des distorsions que fit subir Rufin dans sa traduction latine au texte grec d'Eusèbe: L. NEYRAND, „Le récit de la passion des martyrs de Lyon dans la traduction de Rufin", p. 289-290.

142 Cf. surtout Prol. 2, où Eusèbe explique pourquoi, ayant entièrement transcrit la Lettre dans son *Recueil des anciens martyrs,* il en reproduit des extraits dans son *Histoire ecclésiastique.*

143 Témoin: Lettre 1, 23. Témoin de la vérité: 1, 43. Témoignage: 1, 9.

144 *TWNT* 4, 504-508, 512-513.

145 J. RUYSSCHAERT, „Les martyrs et les confesseurs", p. 161.

146 L'étape des tortures et celle de la mort n'ont pas reçu de qualification spéciale de la part de Mgr Ruysschaert. Il aurait pu les appeler „sens chrétien technique second" et „troisième".

147 Jacques Fontaine, intervenant dans la discussion du rapport de Mgr Ruysschaert, distinguait lui aussi trois sortes de témoignages de la part du martyr: 1) la confession orale, 2) les souffrances endurées, 3) la mort. Cf. *Les martyrs de Lyon,* p. 164.

148 Ap 1, 5; 3, 14.
149 J. RUYSSCHAERT, „Les martyrs et les confesseurs", p. 156, 158.
150 *Ibid.*, p. 157.
151 *Ibid.*, p. 158.
152 *Ibid.*, p. 158, 164.
153 Ap 1, 5; 3, 14.
154 Ac 22, 20.
155 *N.H.E.*, p. 169-176.

CHAPITRE V:
LES MARTYRS SCILLITAINS
(Carthage, 17 juillet 180)

Les Actes des martyrs Scillitains sont le plus ancien document daté de l'Eglise latine. Ils contiennent à ce titre la plus ancienne mention d'une version latine, sinon de la Bible, du moins d'une partie du livre sacré. Il y est en effet question des „livres et épîtres de Paul, homme juste" que le martyr Spératus porte avec lui dans une boîte. Ce dernier détail nous suggère que le texte était transcrit sur un rouleau. Spératus devait y faire sa lecture quotidienne.

Les Actes comportent encore, sans doute, plusieurs allusions bibliques. Une réminiscence évangélique très claire se trouve dans la réponse de Donata: „Nous honorons César comme César", où l'on perçoit l'écho de la fameuse parole du Christ[1]. Quant à la profession de foi des martyrs, elle contient peut-être aussi des allusions aux déclarations monothéistes de la Bible. La réponse de Spératus: „Je sers ce Dieu qu'aucun homme ne peut voir de ses yeux" semble se référer à Jean[2]. Celle de Cittinius, en revanche: „Nous ne craignons personne, si ce n'est le Seigneur notre Dieu qui est au ciel" est d'allure trop générale pour que des références précises soient possibles.

Ce document est un de ceux qui sont restés les plus proches de leur forme originelle. Les apprêts littéraires y sont inexistants. Son texte fait à peine écran entre les martyrs et nous. Nous les voyons préoccupés de leur lecture quotidienne de l'apôtre Paul. Nous entendons dans leurs réponses les résonances scripturaires. La Bible est le livre de leur vie[3].

1 Mt 22, 21; Mc 12, 17; Lc 20, 25.
2 Jn 1, 18.
3 J. A. ROBINSON, *The Passion of St. Perpetua*, p. 112-116; H. DE-
   LEHAYE, *PM*, p. 47-49, 278-283; *DACL* XV 1014-1021; F. CORSA-
   RO, „Note sugli Acta martyrum Scillitanorum"; R. FREUDENBER-
   GER, „Die Akten der Scillitanischen Märtyrer als historisches Dokument"; V. SAXER, *Saints anciens*, p. 31-34.

CHAPITRE VI

APOLLONIUS DE ROME
(vers 185)

Le Martyre d'Apollonius nous est parvenu en trois versions grecque, arménienne et latine. En outre, Eusèbe de Césarée a résumé les faits. Lorsque les deux premières versions et le résumé eusèbien concordent, il y a de grandes chances que nous soyons en présence du texte primitif[1]. Restitué de cette façon, celui-ci nous apprend qu'Apollonius a souffert le martyre à Rome en 183, après avoir comparu devant Pérennis, préfet du prétoire[2], et avoir présenté sa défense devant une assemblée de sénateurs et de notables. Il fut condamné à la peine capitale conformément au décret du Sénat[3], selon lequel les chrétiens n'avaient pas droit à l'existence. Du procès furent faits des actes officiels[4], mais sans doute aussi une sténographie privée, due à une initiative chrétienne. Cette dernière a été plus vraisemblablement utilisée par l'hagiographe qui rédigea une première fois le Martyre sous la forme qu'Eusèbe lui connut[5]. Si l'on tient compte du fait que la langue latine commença à concurrencer la grecque comme langue ecclésiastique au cours du IIIe siècle et que le grec cessa d'être employé comme telle au siècle suivant[6], on est confirmé dans l'idée que la rédaction primitive avait été faite en grec à une époque haute. Par contre, la version grecque conservée et la version arménienne sont postérieures à Eusèbe.

Comment dans ces conditions se présentent les citations scripturaires du Martyre?

I. LES CITATIONS DES HAGIOGRAPHES POSTERIEURS A EUSEBE

Mettons tout de suite à part les citations du prologue. Elles sont différentes dans les versions grecque et arménienne et sont le bien propre de chaque rédacteur.

Le remanieur grec[7] identifie Apollonius avec l'Apollos du Nouveau Testament[8], sans se rendre apparemment compte de l'anachronisme qu'il commet. Il s'inspire des Actes des apôtres pour qualifier indûment le martyr de „citoyen d'Alexandrie", d' „homme prudent et craignant Dieu", mais ses citations ne sont pas littérales.

Le traducteur arménien, au contraire, continue à appeler Apollonius de son nom véritable et à le considérer comme romain. Mais il remplit son prologue de lieux communs scripturaires, comme la „couronne de justice", le „bon combat mené avec persévérance"[9], „Dieu qui ne ment pas"[10], le „beau témoignage" rendu par le martyr[11]. On peut passer rapidement sur ces développements: ils sont devenus banals aux IVe - Ve siècles à force d'avoir été répétés.

II. LA PREMIERE AUDIENCE: LA PROFESSION DE FOI

Le procès d'Apollonius s'est déroulé au minimum en deux audiences. La première comporte la profession de foi du martyr:

> *Je suis chrétien. Aussi est-ce le Dieu qui a fait le ciel et la terre, la mer et tout ce qu'ils contiennent, que je sers et que je crains (2).*

Dans cette déclaration on reconnaît d'abord les textes scripturaires qui font partie obligatoire de la profession de foi monothéiste et qui définissent comme objet de cette foi le Dieu créateur[12]. A ce Dieu seul le chrétien voue son service et sa vénération: σέβομαι καὶ φοβοῦμαι. Isolés, ces deux mots sont courants dans l'Ancien Testament pour désigner, l'un comme l'autre, mais jamais l'un et l'autre, le culte du vrai Dieu[13]. Dans le Nouveau Testament on s'achemine, mais sans y parvenir, vers leur usage simultané. Encore n'y a-t-il qu'un exemple de cette évolution dans les Actes des apôtres, où l'on donne au centurion Corneille le double qualificatif d'εὐσεβῆς καὶ φοβούμενος τὸν θεόν[14]: les deux verbes sont présents dans la qualification du prosélyte, mais le premier seulement dans un mot composé. L'évolution est, en revanche, achevée dans les Oracles sybillins, où se lit la même formule que chez Apollonius[15].

A cette profession de foi du martyr, le préfet répond en demandant à celui-ci un serment sur la fortune de l'empereur. Apollonius s'explique alors sur son refus de prêter serment. Il en appelle, pour se justifier, au commandement du Christ[16]. Il dit en effet:

> *Nous avons reçu de lui l'ordre de ne jamais jurer, mais de toujours dire la vérité (6).*

Comme Pérennis insiste en lui demandant de sacrifier, le martyr répond maintenant au sujet du sacrifice. Les chrétiens, dit-il, n'en pratiquent qu'un, qui est pur et non-sanglant. Lui et tous les chrétiens l'offrent au Dieu tout-puissant, maître du ciel et de la terre et de tout ce qui respire. Ce sacrifice consiste en prières pour ceux que la divine providence a

76

établis comme rois et qui sont l'image raisonnable de sa puissance:

C'est pourquoi, chaque jour, conformément au décret de son ordonnance, nous prions celui qui habite dans les cieux pour l'empereur Commode qui règne sur cette terre (9).

La troisième réponse d'Apollonius est saturée de réminiscences bibliques. La θυσία καθαρά (8) est celle de Malachie. Elle est offerte au Dieu tout-puissant par les chrétiens, mais l'expression κύριος παντοκράτωρ revient comme un refrain dans le même texte du prophète[17]. Cette offrande euchologique est aussi appelée non-sanglante et spirituelle dans la littérature paléochrétienne[18], alors qu'Apollonius se borne à la dire pure et non-sanglante. Mais dans tous ces cas, l'expression continue à désigner la prière. Ce n'est que plus tard que les textes liturgiques la reprennent pour l'appliquer à l'eucharistie[19]. Quant à l'origine divine du pouvoir royal, l'apôtre l'avait déjà affirmée et avait fondé sur elle le devoir du chrétien de prier pour ses détenteurs[20]; il est de tradition dans l'apologétique chrétienne du IIe siècle d'insister sur ce devoir[21]. Il est significatif de retrouver le thème dans l'apologie d'Apollonius (9). Le problème est de savoir s'il y est d'origine ou d'introduction postérieure.

III. LA DEUXIEME AUDIENCE: LA CRITIQUE DE L'IDOLATRIE

La deuxième audience eut lieu trois jours après la première en présence de sénateurs et de notables. Apollonius y fit une défense indirecte du christianisme en critiquant le culte idolâtrique des divinités païennes. Il dit:

Si je suis devenu adorateur de Dieu, c'est pour ne plus adorer des idoles faites de main d'homme, εἴδωλα χειροποίητα *(14).*

C'est le premier point de sa critique: se prosterner devant les statues des dieux est un acte d'idolâtrie. Qu'elles soient d'or ou d'argent, de bronze ou de fer, de bois ou de pierre, ce ne sont que de prétendus dieux, puisqu'en réalité il s'agit d'ouvrages d'ébénistes, d'orfèvres, de tourneurs, façonnés de main d'homme, γλυφαὶ χειρῶν ἀνθρώπων (*Ibid.*). On a reconnu le thème biblique des idoles faites de main d'homme[22]. Dans la version des Septante se rencontre même expressément l' „idole chéropite"[23]. Quels que soient la matière dont elles sont faites et l'artisan qui les a faites, on voit que ces idoles sont constamment réprouvées dans la Bible comme objets de fabrication humaine, alors que Iahvé est le Dieu par qui tout a été fait, y compris l'artisan des idoles.

La deuxième critique est adressée aux idoles en tant que faux dieux. Elles ne trompent cependant que ceux qui veulent bien se laisser tromper:

> *Ceux-ci prient les statues des démons, lesquelles n'entendent pas comme nous, ne peuvent ni réclamer ni accorder. Elles ont des oreilles et n'entendent pas, des yeux et ne voient pas, des mains et ne touchent pas, des pieds et ne marchent pas[24]. Leur apparence ne trompe pas sur leur réalité (19).*

La diatribe se développe suivant un schéma psalmique connu et d'ailleurs cité. Mais les mêmes traits sont encore ailleurs dans les livres inspirés[25]. Aussi bien s'agit-il d'un thème fondamental de la polémique anti-idolâtrique de la Bible.

Mais la critique d'Apollonius s'étend au culte rendu par les païens aux êtres vivants, plantes et animaux. Les Athéniens sont égratignés au passage à propos de leurs serments sur le platane, mais c'est aux Égyptiens surtout que vont les sarcasmes. En adorant les produits de la nature, oignon, ail comme à Péluse, ils adressent leurs hommages à ce qui passe par le ventre et finit au cloaque (20). Notons en passant cette citation évangélique[26]. Ils ne sont pas mieux inspirés en adorant poisson, colombe, chien, cynocéphale, crocodile, bœuf, serpent ou loup (20-21). On retrouve dans cette charge les traits déjà utilisés par l'auteur de la Sagesse[27].

En quatrième et dernier lieu, Apollonius s'en prend à la divinisation des hommes:

> *Ils appellent dieux des personnages qui étaient d'abord des hommes, ainsi que l'atteste leur propre mythologie: Dionysos écharpé, Héraclès brûlé vif, Zeus enseveli en Crète. On cherche à expliquer leurs noms en conséquence. C'est par leurs mythes que nous connaissons leurs noms (23).*

Voilà que, pour finir, Apollonius recourt à l'évhémérisme dans sa démonstration du mal-fondé de la religion païenne: les dieux des païens sont des hommes divinisés. Or, la même démarche dialectique est déjà esquissée dans le dernier livre de la Bible, la Sagesse[28]. L'apologétique chrétienne l'a systématisée.

Il est en effet intéressant de le noter: cette critique du paganisme et bon nombre de citations bibliques qui ont été relevées dans l'apologie d'Apollonius, figurent encore dans les apologies chrétiennes du IIe siècle[29]. Il est, du reste, évident que les deux sortes d'ouvrages, Apologies et Martyres, sont nés dans le même climat hostile au christianisme et du même besoin, ceux-ci pour encourager les chrétiens dans leur persévérance, ceux-là pour défendre la foi contre les attaques. Il est alors d'autant plus intéressant de relever les interférences qui se sont produites entre les deux genres littéraires. Il résulte, en effet, assez clairement de nos analyses que l'apologie présentée par Apollonius pour sa propre défense offre de nombreux points de contact avec les écrits que les apologistes ont composés au cours du même siècle pour la défense de leur foi. Le problème qui se pose par conséquent à propos de celle d'Apollonius est triple. Ce n'est pas seulement de savoir s'il a connu cette apologétique et s'en est inspiré: c'est probable, s'il est ce personnage cultivé que le Martyre met en scène; c'est encore de savoir si c'est en elle qu'il a puisé son argumentation biblique: ce qui est directement notre propos mais exigerait une enquête systématique dans les Apologies du temps; c'est même de savoir si notre martyr et ses contemporains apologistes n'ont pas tous les deux puisé leurs citations dans des recueils exprès, en d'autres termes s'ils se sont servis de *testimonia*: ce qui me paraît vraisemblable et n'exclut d'ailleurs pas la possibilité d'un recours direct à la Bible à l'aide de ces espèces de guides de lecture.

En définitive, pour en revenir à notre texte hagiographique, il est curieux de voir que les attaques d'Apollonius restent sans réponses de la part des païens. Dans quelle mesure ces attaques doivent-elles alors être attribuées au martyr ou sont-elles de la plume du rédacteur? Si elles sont d'Apollonius, restèrent-elles sans réponses dans la réalité? ou la réponse aux objections a-t-elle été volontairement omise par l'hagiographe auquel nous devons le texte actuel, voire celui qui écrivit la relation primitive? – Il est difficile de le dire. On remarque néanmoins que ni le remanieur grec ni le traducteur arménien n'en font état, si bien que se pose le problème des amplifications littéraires que le Martyre a subies.

IV. UNE TROISIEME AUDIENCE? JUGEMENT UNIVERSEL ET OEUVRE DU CHRIST

Quoi qu'il en soit, après la critique du paganisme, la discussion reprend sur la religion chrétienne. Ce changement de perspective est peut-être l'indice que nous sommes arrivés à une troisième et de toute façon dernière audience. Le texte, il est vrai, ne le dit pas. Mais c'est aussi la partie dans laquelle il a été le plus sujet aux accidents de transmission qui ont été relevés[30]. Est-ce un accident de ce genre qui nous masque le changement de décor? Je pose la question sans pouvoir la résoudre ici.

Une remarque de Pérennis fait rebondir le débat. Un décret du Sénat, que le préfet rappelle à l'accusé, refuse aux chrétiens l'existence légale, χριστιάνους μὴ εἶναι (23)[31], et leur impose de se conformer aux usages religieux de l'empire. Apollonius, en écho à Ac 5, 29, répond qu'il n'est „pas possible au décret de Dieu de se plier à celui des hommes" (Ibid.). Il ajoute une considération ad hominem qui présage l'apologétique (ou s'en inspire?) de Tertullien: semen est sanguis christianorum[32], en disant:

> Plus vous tuerez ceux qui croient en Dieu ... et plus croîtra
> leur nombre grâce à Dieu (24)[33].

C'est alors qu'Apollonius affirme la venue du jugement universel:

> Je veux que tu saches une chose, Pérennis: tous les hom-
> mes, rois, sénateurs, puissants de ce monde, riches et pauvres,
> libres et esclaves, grands et petits, sages et simples, sont
> soumis par décret de Dieu à la mort; tous aussi après la mort
> le seront au jugement, ἕνα θάνατον ὥρισεν ὁ θεὸς ἐπὶ
> πάντων καὶ δίκην μετὰ θάνατον ἔσεσθαι ἐπὶ πάντας
> ἀνθηρώπους (25).

Dans la conclusion de son discours à l'Aréopage d'Athènes, Paul avait pareillement annoncé le jugement de Dieu[34]. Dans l'attente de ce juge-ment, continue Apollonius, les chrétiens s'efforcent de vivre „selon les commandements de Dieu", car „en mourant chaque jour aux plaisirs" (26), ils n'estiment „pas difficile de mourir pour le vrai Dieu": l'essentiel n'est-il pas à leurs yeux „de ne pas mourir de mauvaise mort"? (27). On a noté dans ce passage l'écho de la pensée de l'apôtre: „Je meurs chaque jour"[35]. Aussi Apollonius peut-il achever son raisonnement en citant expressément un autre mot de l'apôtre: „Que nous mourions ou que nous vivions, c'est au Seigneur que nous appartenons" (28)[36]. Tout en se pré-parant à la mort, ajoute-t-il, les chrétiens aiment la vie, „mais la vie éter-nelle, ζωῆς δὲ τῆς αἰωνίου ἥτις ἐστὶν ἀθανασία τῆς ψυχῆς, qui est immortalité de l'âme" (30). L'expression vient aussi de saint Paul, af-firmant que l'homme est promis „à la vie éternelle", εἰς ζωὴν αἰώνιον.

C'est ainsi qu'Apollonius est amené à préciser sa foi chrétienne et christologique. Selon le texte grec actuel, le préfet, passant par dessus l'in-tervention du philosophe cynique (33-34), aurait repris une réflexion d'Apollonius:

> Nous aussi nous savons que le verbe de Dieu engendre
> l'âme et le corps des justes, lui qui a parlé et enseigné comme
> il est agréable à Dieu (35)[37].

C'est ce qui donne au martyr l'occasion d'exposer la doctrine chrétienne du Verbe. Sans autre préambule, il identifie le Verbe avec Jésus-Christ: οὗτος ὁ σωτὴρ ἡμῶν Ἰησοῦς Χριστός.

> *Il s'est fait homme en Judée, vivant en tout comme un juste et rempli de la sagesse de Dieu, pour nous faire connaître le Dieu de l'univers et l'idéal de vertu qui convient aux âmes désireuses d'une vie sainte (36).*

Vie sainte qui est décrite par la suite (38). Elle se caractérise en particulier par ,,l'obéissance au roi et l'adoration réservée au Dieu immortel''. Il est assez significatif, je crois, que la mission pédagogique du Verbe fait homme ne se rencontre, parmi les apologistes du IIe siècle, que chez Justin[38], avant d'être reprise avec l'éclat que l'on sait par Clément d'Alexandrie dans son *Pédagogue*. Voilà, ce me semble, un indice du milieu dans lequel Apollonius a puisé son inspiration apologétique. Là encore, en tout cas, il reprend le langage néo-testamentaire. Son κατὰ πάντα δίκαιος (36) a été rapproché du: πληρῶσαι πᾶσαν δικαιοσύνην[39]; mais le rapprochement me paraît plus verbal que de fond. Plus loin, en revanche, il est difficile de ne pas reconnaître un passage pétrinien[40] dans le βασιλέα τιμᾶν, θεὸν σέβειν μόνον ἀθάνατον, en soulignant toutefois que la citation est adaptée au contexte anti-païen et monothéiste de l'exposé du martyr.

Remarquons aussi comment est présentée la mort du Christ: c'est celle du juste en butte à l'hostilité de ceux qui sont injustes. Si l'idée est exprimée par la Bible[41] dans un texte expressément cité par Apollonius (39), notre apologiste s'applique encore à la retrouver dans l'œuvre de Platon[42] et dans la mort de Socrate (40-41). Mais le martyr revient aussitôt à l'histoire d'Israël en rappelant qu'avant le Christ les prophètes avaient subi le même sort que le philosophe athénien (41). On sait que c'est là un thème de la toute primitive polémique chrétienne contre le judaïsme[43]. C'est en effet Etienne le premier qui, dans son discours aux juifs, non seulement leur reproche le sort des prophètes et du Christ, mais encore nous rappelle leurs prédictions sur le juste souffrant. C'est donc probablement ce dernier texte biblique qui est présent à la pensée d'Apollonius, puisqu'il continue en parlant du Christ annoncé par les prophètes:

> *Un homme devait venir, juste et vertueux en tout, qui, en répandant ses bienfaits sur tous les hommes, les persuaderait par sa vertu de servir le Dieu de l'univers (42).*

Le Christ ,,qui répand ses bienfaits'' sur tous est déjà, avec des mots un peu différents, dans les Actes des apôtres[44] et ,,le Seigneur de l'univers'' se retrouve dans le même contexte[45]; cependant, il faut le remarquer, ces échos scripturaires sont plutôt assourdis dans le discours d'Apollonius. Je relève, en revanche, une citation beaucoup plus explicite dans la dernière déclaration du martyr:

> *J'espérais, dit-il à Pérennis, que mes pieuses explications éclaireraient les yeux de ton esprit (44).*

„Eclairer les yeux de l'esprit" est une expression paulinienne, quand l'apôtre demande à Dieu pour les Ephésiens: „Puisse Dieu illuminer les yeux de votre cœur"[46]. Là encore il y a sans doute, dans le remplacement du „cœur" biblique par le mot „esprit", plus compréhensible à un homme auquel le langage biblique est étranger, un effort pour mettre celui-ci à la portée d'une intelligence non-sémitique[47].

Finalement, Apollonius fait sa profession de foi chrétienne sous une forme qui nous est familière, quand il remercie Pérennis de la condamnation dont il vient d'être l'objet:

> *Je rends grâces à mon Dieu avec tous ceux qui confessent le Dieu tout-puissant et l'Unique Jésus-Christ et le Saint-Esprit (46).*

Mais j'avoue sans détour que cette profession de foi trinitaire aussi classique me surprend beaucoup dans la bouche d'un homme du IIe siècle et je préfère y voir une addition, due au remanieur, à l'action de grâces traditionnelle du martyr qui vient d'être condamné. Sinon, on aurait pu disserter sur la désignation du Père comme Dieu tout-puissant, du Christ comme Monogène, et trouver à ces expressions leurs racines bibliques[48].

L'épilogue (47), par contre, qui est du remanieur, est de nouveau pourvu des clichés traditionnels du genre hagiographique: „la victoire sur le mauvais", „le prix de la victoire" sont, certes, des expressions bibliques, mais elles se retrouvent partout dans les Passions des martyrs de l'époque du remanieur. On peut se dispenser de revenir ici sur elles.

* * *

Un tableau peut résumer les citations bibliques relevées au cours de l'analyse. Je n'y tiens pas compte de celles qui se trouvent dans le prologue et dans l'épilogue de chaque version.

Ex: 1	Is: 2	Ml: 2	Rm: 2	1 Tm: 1	TOTAL:	33
Ps: 3	Jr: 1	Mt: 4	1 Co: 1	Tt: 1	A.T.:	15
Sg: 5	Ba: 1	Ac: 7	Ep: 1	1 P: 1	N.T.:	18

Si dans ce relevé on essayait de mettre à part les citations scripturaires qui ont pu appartenir à la recension primitive, on risquerait de s'exposer à des mécomptes. Une chose est, en effet, de déterminer ses thèmes, autre chose, de préciser leur équipement scripturaire, et cela sur la seule base de la critique textuelle et historique de notre Martyre. L'entreprise ne me paraît pouvoir être tentée que sur celle, plus large, édifiée à l'aide de la confrontation de nombreux textes hagiographiques. Elle seule peut permettre la reconstitution des habitudes de nos hagiographes en cette matière. Nous renvoyons cet essai aux chapitres de synthèse. En attendant, prenons le tableau comme il est, c'est-à-dire comme il est après Eusèbe de Césarée.

Les citations vétéro- et néo-testamentaires témoignent d'un équilibre entre les deux Testaments, auquel les autres textes hagiographiques ne nous ont pas habitués; ils ne manquent pas de poser un problème que nous aurons aussi à aborder plus tard. Mais regardons mieux ce tableau pour le moment. On y remarque d'abord quelques chiffres élevés, les Actes avec sept, la Sagesse avec cinq, Mathieu avec quatre, et les Psaumes avec trois citations.

Les citations de Sg s'expliquent pour une raison précise: c'est la place qu'elles occupent dans la controverse anti-païenne. Elles proviennent en effet toutes des chapitres 13, 10-15, 19, qui sont consacrées, dans ce livre de la Bible, à la critique de l'idolâtrie. La fréquence de ces citations confirme l'importance relative du thème auquel elles se rapportent.

La fréquence des citations de Mt et Ac s'explique pour la même raison, qui n'est pas dans l'emploi massif d'un passage de ces livres pour un thème déterminé; mais au contraire dans le recours fait à eux pour des sujets variés. Ce choix est significatif dans la mesure où les Actes sont utilisés surtout dans les discours d'Etienne et de Paul et révèlent une pensée chrétienne encore proche du kérygme primitif et où Mathieu est cité à l'exclusion des autres évangélistes.

Quant au Psautier, il est peu utilisé en comparaison des autres textes hagiographiques. Il faut même dire que son rôle est insignifiant, si on enlève du dossier la citation de Ps 115 (113B) qui ressortit à la polémique anti-idolâtrique. Aussi bien le Martyre d'Apollonius est-il beaucoup moins le reflet de la prière que de l'apologétique chrétienne.

Restent les citations pauliniennes. Groupées, elles atteignent le total de six. Ce qui confirme l'importance des lettres de l'apôtre dans la pensée chrétienne primitive.

La place occupée par l'apologétique chrétienne dans le Martyre d'Apollonius pose le problème de ses sources et, du point de vue particulier qui est ici le nôtre, le problème du canal par lequel les citations se sont déversées dans le texte hagiographique. En ce qui concerne les sources, j'ai relevé dans le Martyre des thèmes de controverse voisins de ceux de l'apologétique du IIe siècle et proches surtout de Justin. Comment expliquer cette proximité?

L'explication normale serait de penser à une proximité chronologique: dans ce cas, le Martyre remanié conserverait telles quelles la substance et l'argumentation de la version primitive. Mais on a élevé contre cette manière de voir des objections sérieuses, surtout si l'on compare le Martyre d'Apollonius avec ses congénères: Les développements polémiques qu'il contient caractérisent habituellement les Passions tardives du IVe siècle et des siècles suivants. A ce moment-là, les citations bibliques elles-mêmes ne révèlent plus une argumentation du temps des apologistes, mais de celui du remanieur. Changement de perspective considérable! Si le remanieur a gardé aux procès-verbaux des audiences leur teneur primitive et que les développements apologétiques fassent partie de la plus ancienne rédaction, les citations bibliques peuvent avoir pénétré dans le Martyre primitif par le canal des apologistes ou par celui des florilèges qu'ils ont utilisés; si en revanche les procès-verbaux ont été interpolés de toutes les parties apologétiques, la documentation biblique peut fort bien avoir été démarquée de textes hagiographiques analogues mais tardifs, voire des apologies du IIe siècle elles-mêmes.

Y a-t-il un moyen de sortir du dilemme? Je pense qu'au terme de nos analyses, un critère pourra en être dégagé, forgé à l'aide du matériel biblique sur la base de son utilisation différentielle suivant les époques. C'est dans cette même perspective, je l'espère, que pourra être évaluée l'utilisation proportionnelle des deux Testaments ou des différents livres bibliques et résolus les problèmes critiques que je soulevais au début de cette conclusion.

NOTES (Chapitre VI)

1 Versions *BHG* 149 (grec), *BHO* 79 (arménien), RUFIN, *H.E.* 5, 21,
   2-5 (latin), EUSEBE, *H.E.* 5, 21, 2-5 (résumé). Etudes: G. LANATA,
   Atti, p. 145-157, et la documentation indiquée *ibid.*, p. 145-146; V.
   SAXER, «Martyrium Apollonii Romani: analyse structurelle et problèmes d'authenticité», *Rendiconti della Pontificia Accademia Roma-
   na di Archeologia*, à paraître.
2 Tigidius Pérennis, préfet du prétoire de Rome en 183-185: PW XI
   952-956; F. GROSSO, „La lotta politica al tempo di Commodo".
3 Sur ce décret cf. G. LANATA, *op. cit.*, p. 156; V. SAXER, «Martyrium Apollonii Romani» cité.
4 Le préfet ordonne de lire les „actes d'Apollonius" (11).
5 EUS. *H.E.* 5, 21.
6 Th. KLAUSER, „Der Übergang der römischen Kirche von der griechischen zur lateinischen Liturgiesprache".
7 Le remaniement n'est pas romain, car il place les évènements en Asie-
   Mineure sous le proconsulat inexistant de Pérennius.
8 Ac 18, 24; 1 Co 1, 12; 3, 4-11, 22; Tt 3, 13.
9 2 Tm 4, 8 et 7.
10 Nb 23, 19; Tt 1, 2; Hb 6, 18.
11 1 Tm 6, 13.
12 Ex 20, 11; Ac 4, 24.
13 *TWNT* 7, 171; 9, 197ss.
14 Ac 10,2.
15 *Or. sybill.* 3, 5.
16 Mt 5, 34 et 37.
17 M1 1, 6-14 *passim.*
18 *Test. Lev.* 6, 2; ATHENAG. *Leg.* 13, 2; ORIG. *C. Cels.* 8, 21.
19 F.E. BRIGHTMAN, *Eastern Liturgies*, p. 46, lin. 356; p. 47, lin. 31-
   34; p. 466, lin. 4; p. 507, lin. 32. Elle est souvent appelée ἀναίμακτος
   θυσία καὶ λογικὴ λατρεία.
20 Rm 13, 1ss.; Tt 3, 1; 1 P 2, 13-16; 1 Tm 2, 1-2.
21 *DTC* I 1595.
22 Ps 115 (113B), 4; 135 (134), 15; Is 46, 6; Sg 13, 10; 15, 16.
23 Sg 15, 8.
24 Ps 115 (113B0, 3-7; 135 (134), 16-17.
25 Is 44, 18-19; 46, 7; Jr 10, 5; Ba 6, 7, 23, 25-26; Sg 15, 15.
26 Mt 15, 17.
27 Sg 15, 14-19.

28 Sg 14, 14-19.
29 *DTC* 1, 1589-1591.
30 H. DELEHAYE, *PM*, p. 96.
31 Cf. supra n. 3.
32 TERT. *Apol.* 50, 13. Ici se pose à nouveau le problème de savoir si cette réflexion appartient au martyr ou à l'hagiographe. Dans le second cas elle est un écho et non une annonce de l'apologétique de Tertullien.
33 *TWNT* 2, 176-184.
34 Ac 17, 31.
35 1 Co 15, 31.
36 Rm 14, 8.
37 H. DELEHAYE, *PM*, p. 95-96, propose d'attribuer à Apollonius la réflexion que le Martyre place dans la bouche de Pérennis en raison d'une modification du texte original. Le passage est en outre diversement rapporté en grec en arménien.
38 J. RIVIERE, *Saint Justin et les apologistes du IIe siècle*, p. 230ss.
39 Mt 3, 15.
40 1 P 2, 17.
41 Is 3, 10 SEPT.: Emprisonnons le juste car il nous gêne.
42 PLATON, *République*, II, p. 361-362 (coll. Budé, *Platon, Oeuvres complètes* VI 55). Là où Platon dit ἀνασχινδυλεύειν, on lit ἀνασκολοπίζειν dans le Martyre d'Apollonius, mais les deux verbes signifient crucifier. Voir V. SAXER, «Le 'juste crucifié' de Platon à Théodoret», *Rivista di storia e letteratura religiosa*, XIX (1983) 189-215.
43 Mt 23, 31, 34-35, Ac 7, 52.
44 Ac 10, 38.
45 Ac 10, 36.
46 Ep 1, 18.
47 La même différence existe entre les „yeux du cœur" de *1. Clem.* 36, 2; 59, 3, et les „yeux de l'esprit" d'ORIG. *C. Cels.* 7, 39.
48 Th. CAMELOT, en *SC* 10, 233.

CHAPITRE VII:
LA PASSION DE PERPETUE
ET COMPAGNONS
(en 203)

On s'accorde pour voir un document composite dans la Passion de Perpétue et on y distingue trois parties: 1) les visions de Perpétue (3-10), 2) celle de Saturus (11-13), 3) l'introduction, le récit du martyre et la conclusion (1-2, 14-21). On tient les visions pour être de la main des martyrs, et le reste, de celle du compilateur; mais on ne peut assurer que ce dernier n'ait pas retouché les éléments qu'il incorporait à sa composition. On pense aussi que ce travail de compilation date encore des premiers temps du IIIe siècle, alors que l'analyse stylistique, en particulier celle des clausules métriques, révèle que l'auteur de ce travail n'est pas Tertullien. Il résulte aussi de cette analyse que la langue originale des visions de Perpétue a été le latin, et celle de Saturus, le grec[1].

C'est sur cette base philologique et littéraire que se fonde mon propre examen des citations bibliques susceptibles de se trouver dans la Passion. Je les examinerai d'abord selon ce qui revient à chaque auteur et dans la langue qu'il a employée. J'ajouterai ensuite quelques observations à propos de citations qui posent des problèmes de critique textuelle.

I. LES VISIONS DE PERPETUE

Dans les visions de Perpétue, il s'agit d'allusions plutôt que de citations bibliques. Elles concernent l'échelle, le dragon et l'au-delà.

Perpétue voit une échelle dans sa première vision: elle se dresse jusqu' au ciel comme celle de Jacob[2]; mais à la différence de celle-ci, ce ne sont pas les anges qui s'en servent, mais les martyrs qui y grimpent pour aller au ciel.

Au pied de l'échelle veille un dragon qui veut les empêcher d'y accéder. Ce dragon, que nous avons déjà vu dans la Lettre des martyrs de Lyon, est la personnification du diable. Il est aussi à identifier avec le serpent des origines, qui a fait expulser les premiers parents du paradis[3]. Ces identifications, qui remontent au livre de la Sagesse[4], sont reprises par les apocryphes[5]. C'est pourquoi, dans la Passion aussi, le dragon est identique au diable. Aussi bien cette dernière fait-elle une allusion précise à la Genèse[6] dans le fait que Perpétue marche sur la tête du dragon (4, 7).

La troisième allusion biblique est dans une autre vision de Perpétue, quand elle voit son frère Dinocrate souffrir dans l'au-delà. Elle dit en effet: „Une grande distance me séparait de lui; ni l'un ni l'autre nous ne pouvions la franchir" (7, 6). La vision se continue près d'une fontaine à laquelle Dinocrate ne parvient pas à se désaltérer. Or ces deux détails se lisent aussi dans la parabole du mauvais riche[7]: entre ce dernier et le pauvre Lazare, „un grand abîme a été fixé", que l'on ne peut franchir ni d'un côté ni de l'autre, en sorte que Lazare n'est pas en mesure de rafraîchir la langue du mauvais riche.

II. LA VISION DE SATURUS

Les textes bibliques auxquels se réfère Saturus sont au nombre de deux, l'un d'Isaïe, l'autre de Daniel. Quand le martyr et ses compagnons sont introduits auprès de Dieu, ils entendent chanter à l'unisson et sans interruption: Saint, saint, saint. Puis ils voient assis au milieu „comme un homme âgé, dont les cheveux était d'un blanc de neige et le visage jeune" (12, 2-3). Les textes bibliques cités proviennent de la vision inaugurale d'Isaïe et de celle du fils de l'homme par Daniel[8]. L'adverbe „comme" est aussi tirée de Daniel[9], où il est appliqué, non pas à l'ancien des jours, mais au fils d'homme.

Ici se pose le problème de savoir comment ces deux textes ont pénétré ensemble dans la Passion de Perpétue. Quelques auteurs pensent que ce fut par l'intermédiaire de la liturgie du Sanctus[10]. On sait en effet que ces textes sont pareillement unis dans les anaphores anciennes[11]. D'où l'interêt de la Passion de Perpétue où le Trishagion est aussi associé à la vision de Daniel: on en a conclu que l'usage du chant était d'origine apostolique[12]. On est effectivement frappé par l'allure liturgique de la scène décrite dans la Passion: vêtements blancs, chant du Trishagion, présidence du vieillard, baiser de paix, acclamation par le *Deo gratias* (6). Si l'on ajoute que le chant est aussi connu de Tertullien[13], ne tient-on pas suffisamment de raisons pour penser que la scène de la Passion reflète un acte liturgique réel en ce début du IIIe siècle?

Il faut craindre néanmoins qu'on ait pris ses désirs pour des réalités, au moins en ce qui concerne la Passion de Perpétue et son contemporain Tertullien. L'une et l'autre, en effet, ont pu trouver les deux textes déjà associés dans un auteur qui les a précédés, à savoir Clément de Rome dans sa lettre aux Corinthiens[14]. On y lit:

Des myriades et des myriades se tenaient autour de lui et mille milliers le servaient et criaient: Saint, saint, saint le Seigneur Sabaoth ... Toute la création est remplie de sa gloire. Et nous donc, réunis dans la concorde et du fond de notre conscience, crions vers lui comme d'une seule voix avec insistance, qu'il nous fasse participer à ses grandes et glorieuses promesses (1,4).

C'est dans ce texte que, sans chercher plus loin, nos Africains auront puisé leur inspiration. Quant à savoir quels rapports la lettre de Clément offre avec la liturgie, c'est un problème qui a été traité, il suffit de renvoyer à l'étude qui en a été faite[15].

III. LE TEXTE DU COMPILATEUR

Les citations bibliques du compilateur sont les plus nombreuses. Celles de l'introduction servent à fonder la thèse selon laquelle le martyre a pris le relais de la prophétie comme charisme de l'Esprit, voire qu'il est un charisme plus grand que la prophétie, ,,puisque, venu en dernier lieu, il témoigne de ce débordement de grâces, prédit pour les derniers temps du monde" (1, 3). A ces derniers mots se rattache la citation qui, pour cette raison, a été prise dans les Actes plutôt que dans Joël[16]. On a remarqué que la citation ne correspondait exactement ni au texte de la Vulgate ni à celui des Septante, mais qu'il se rapproche de celui du *codex Bezae* et coïncide presque avec une citation de Tertullien[17].

Pour deux autres citations bibliques, on ne peut faire des comparaisons avec Tertullien, car chez celui-ci l'une est simplement allusive, l'autre inexistante. Il faut donc raisonner sur ces textes bibliques tels qu'ils se présentent dans la Passion et à partir de leur seul contexte. Leur sens n'y présente pas de difficultés. C'est de savoir de quel passage scripturaire provient la dernière qui pourrait en offrir. Le *pro(ut) unicuique distribuit Dominus* est paulinien et provient de sa lettre aux Romains et non de la Première aux Corinthiens[18], car c'est dans le premier passage que se rencontrent les charismes dont il est aussi question dans la Passion: la Vulgate appelle *donationes*[19] ce que la Passion nomme *donatiua* (9)[20]. L'autre citation est longue: *Quod audiuimus et contrectauimus, annuntiamus et uobis ... uti et uos ... communionem habeatis cum ... Iesu Christo*[21]. Le *contrectauimus* provient du v. 1 de la I^e lettre de Jean. Quant au mot *communionem*, il s'y lit *societatem* selon la Vulgate. Sur ce point aussi la version biblique dont se servait le compilateur différait donc de la Vulgate. D'ailleurs les deux mots *communionem* et *societatem* correspondent au grec κοινωνίαν des Septante.

Le texte le plus long du compilateur est le récit qu'il fait du martyre. Dès les premières lignes on relève deux allusions bibliques. La première: *de saeculo ... euocauit non sine gratia* (14,2), n'offre qu'une résonance scripturaire très assourdie. Seul Van Beek l'a relevée, et encore seulement pour la version grecque de la Passion[22]; elle y est effectivement un écho littéral de saint Paul: τῆς κλήσεως ἐξιώϑη[23]. On peut donc se demander si elle était déjà dans l'esprit du compilateur latin ou si elle est seulement le fait du traducteur grec. On ne peut se prononcer sur l'alternative en raison d'un seul cas. Il faut donc surseoir à la solution de ce petit problème.

La deuxième allusion scripturaire est aussi discrète dans le texte latin que dans la version grecque: *gladium tamen, etsi non anima, certe caro eius agnouit* (14, 3). On y a reconnu le *tuam ipsius animam pertransibit gladius*[24]. Que le *codex Bezae* porte ici *pertransiet* pour *pertransibit* n'affecte pas le texte de la Passion dans laquelle le mot ne trouve pas sa place.

Le *Petite et accipietis* (19, 1) est une citation littérale de l'évangile de Jean[25]. Les passages parallèles des synoptiques[26] ont en effet une formulation différente. Il est remarquable de nouveau que la même citation johannique se retrouve à deux reprises chez Tertullien[27].

Le compilateur attribue à une instigation du diable le fait que Perpétue fut exposée à une vache furieuse et l'explique en raison de sa jalousie à l'égard du sexe féminin (20, 1). Il faut sans doute voir dans cette manière de s'exprimer une réminiscence de la parole biblique: „Je mettrai une inimitié entre toi et la femme, entre ton lignage et le sien"[28]. Quant aux recommandations de Perpétue à son frère et au catéchumène qui l'accompagne, elles sont un tissu de réminiscences néo-testamentaires. La martyre dit en effet: „Restez stables dans la foi, aimez-vous les uns les autres, ne vous scandalisez pas de nos souffrances" (20, 10). A chaque membre de phrase on peut trouver un ou plusieurs équivalents dans le Nouveau Testament[29]. Le dernier contient une citation plus allusive et n'est pas un lieu commun de la parénèse chrétienne primitive. Elle est cependant bien en situation dans l'évangile comme dans la Passion, là comme recommandation du Christ se préparant à sa passion, ici comme parole de Perpétue affrontant la sienne.

Une dernière citation me paraît propre au texte grec. Quand le compilateur montre les martyrs se rendant à l'arène pour leur dernière épreuve, il dit que les martyrs s'embrassèrent „pour achever leur martyre par le rite de la paix" (21, 7). Le grec traduit: ἵνα τὸ μυστήριον διὰ τῶν οἰκείων τῆς πίστεως τελειώσωσιν. L'expression οἱ οἰκεῖοι τῆς πίστεως est paulinienne[30] au sens de „frères dans la foi". Or, le texte grec commet une erreur de traduction ailleurs en remplaçant le mot „martyre" par „mystère". La sagacité des éditeurs s'est exercée sur ce problème textuel. Le *codex Hierosolymitanus*, qui est du début du Xe siècle, porte en effet bien μυστήριον. Pio Franchi de' Cavalieri conjecturait la lecture μαρτύριον dans son apparat critique; Oscar von Gebhardt transporta carrément ce mot de l'apparat dans le texte et reléguait μυστήριον en bas de page[31]. A défaut d'un manuscrit de contrôle it faut maintenir μυστήριον dans le texte et l'y interpréter comme une faute de traduction. Mais dans ce cas le texte grec a pu se tromper aussi sur la première expression: διὰ τῶν οἰκείων τῆς πίστεως De toute façon, le texte latin, lui, ne comporte à cet endroit aucune citation biblique.

IV. REMARQUES DE CRITIQUE TEXTUELLE

J'ajoute quelques observations provoquées par d'autres variantes textuelles et que je glane dans les ouvrages qui traitent de celles-ci[32].

La première particularité est dans deux expressions concernant la détention des martyrs en prison, *optio* et *nervus*.

L'*optio* est à l'origine un sous-officier ou un simple soldat de première classe dont le titre avec le grade ont été étendus de la cavalerie aux autres armes[33]. La traduction des Actes des apôtres qu'on lit dans le *codex Bezae* fait de l'*optio* un gardien de prison[34]. La version grecque du même livre canonique parle ici de δεσμοφύλαξ et la Vulgate de *custos*. C'est dans le même sens que le mot est employé et une fois expliqué dans la Passion de Perpétue (9, 1; 16, 4). Il semble donc que le mot ait été utilisé par le compilateur de la Passion parce qu'il figurait dans la version africaine des Actes.

On peut en trouver une confirmation dans l'usage du mot *nervus*. Il signifiait prison à l'époque classique, ceps ou entraves au temps de Perpétue. En ce dernier sens il se lit dans des citations des Actes, faites par Lucifer de Cagliari et Jérôme[35]. Perpétue désigne apparemment avec l'expression: *die quo in nervo mansimus* (8, 1) ce qu'ailleurs elle appelle cachot de la prison (3, 6). Or, les mots *optio* et *nervus* ont reçu un traitement différent dans le texte grec de la Passion. Une périphrase équivaut à *optio*: ὁ τῆς φυλακῆς προϊστάμενος (9. 1), ὁ τῆς φυλακῆς προϊστώς (16, 4). Quant au mot *in nervo*, il est simplement transcrit par ἐν νέρβῳ (8, 1), expression par ailleurs inconnue en grec.

On a donc l'impression, non seulement que ces mots figuraient dans la version latine des Actes des apôtres utilisée par le compilateur africain, mais encore qu'il les a expressément retenus pour accroître la ressemblance entre les martyrs et les apôtres en prison.

Le dernier cas dont je veux parler pose un difficile problème de critique textuelle, littéraire et historique, sur lequel j'espère pouvoir jeter quelque lumière grâce à la Bible. Il s'agit de la vision dans laquelle Saturus évoque le paradis et où il voit des arbres dont les feuilles posent notre problème. Je donne le texte de ce passage selon les deux versions:

$$\mathring{\alpha}\kappa\alpha\tau\alpha\pi\alpha\acute{\upsilon}\sigma\tau\omega\varsigma\ \delta\mathring{\epsilon}\ \kappa\alpha\tau\epsilon\varphi\mathring{\epsilon}\rho\epsilon\tau o\ \tau\mathring{\alpha}\ \varphi\mathring{\upsilon}\lambda\lambda\alpha\ \alpha\mathring{\upsilon}\tau\tilde{\omega}\nu,$$
folia cadebant sine cessatione (11, 6).

Dans le texte grec (que nous connaissons, je le répète, à travers un seul manuscrit du Xe siècle), les éditeurs ont parfois supprimé les mots $\tau\mathring{\alpha}\ \delta\mathring{\epsilon}\nu\delta\rho\alpha$, à la fois pour l'aligner sur le texte latin et pour le rendre plus coulant; de plus, un critique a proposé de remplacer $\kappa\alpha\tau\epsilon\varphi\acute{\epsilon}\rho\epsilon\tau o$, qui semblait étrange comme équivalent de *cadebant*, par $\kappa\alpha\tau\epsilon\sigma\epsilon\acute{\iota}\epsilon\tau o$ ou quelque chose de semblable, au sens de secouer, agiter. Or, ni la suppression de l'un, ni la substitution de l'autre n'arrangent totalement la phrase, même si elles lui donnent un sens finalement acceptable.

Le texte latin n'est pas mieux loti. Si ses témoins manuscrits sont plus nombreux et leur témoignage concordant ou presque, il y en a néanmoins un qui donne *ardebant* au lieu de *cadebant*. Or, si *ardebant* a paru erroné à tout le monde, *cadebant* ne donne pas un sens meilleur, car on ne voit pas les feuilles d'un arbre tomber sans interruption. Aussi a-t-on cherché à corriger ce verbe malheureux. La correction proposée par Robinson dans son apparat critique: *canebant*, a été à peu près universellement acceptée, au point de passer parfois dans le texte et de reléguer en note le *cadebant* des manuscrits[36]. Mais tous ces remaniements apparaissent finalement comme des replâtrages artificiels, si bien que même Ake Fridh laisse échapper cet aveu: „Il faut renoncer à une solution sûre et convaincante"[37].

Cela est encore beaucoup plus vrai, si l'on essaie de débrouiller l'écheveau des traductions dont la Passion et la vision de Saturus en particulier furent l'objet. On admet de nos jours que la vision de Saturus a été rédigée en grec à l'origine par le martyr lui-même et traduite presque tout de suite en latin, quand le compilateur l'incorpora à sa composition, c'est-à-dire encore au début du IIIe siècle. Or, de ce texte latin fut faite une traduction grecque. Le problème est donc de savoir à quelle époque on la fit. Si elle a été faite immédiatement après la compilation elle-même et qu'elle lui soit à peu près contemporaine, on peut penser que la vision de Saturus, qui existait en grec dès l'origine, a été incorporée telle quelle dans la version grecque des parties primitivement latines et n'y a pas subi de modifications substantielles. Si, en revanche, la version grecque de ces parties latines est tardive, par exemple du IVe siècle, il est probable que le texte original de Saturus n'était plus à la disposition du traducteur. Dans ce cas, le texte grec que nous avons n'est pas celui de Saturus, comme on le croit généralement; c'est une rétroversion faite à partir du latin. Ce problème devrait pouvoir être étudié au moyen d'une comparaison stylistique attentive du texte grec de la vision de Saturus, d'une part, des visions de Perpétue et des parties propres du compilateur, d'autre part. Il n'est pas de mon ressort et ce n'est pas le lieu ici de l'examiner. Mais s'il devait se révéler que le texte grec de la Passion est tardif, il est évident qu'on ne peut s'en servir pour corriger le latin, à plus forte raison pour retrouver l'original de Saturus. C'est pourquoi, il vaut mieux, en attendant, renvoyer dos à dos les deux versions et entreprendre une autre démarche, que je limite, bien entendu, à la citation faite en 11, 6, et qui est l'objet de mon propos ici.

J'en rappelle le contexte. Selon la vision de Saturus, les martyrs viennent de quitter „le premier monde"[38] et d'arriver au paradis. Celui-ci a l'aspect traditionnel d'un jardin:

> *Il ressemblait à un parc planté de rosiers et de fleurs de toutes sortes. Les rosiers avaient la taille des cyprès dont les feuilles tombaient sans interruption (11, 5-6).*

Ces feuilles qui tombent sans interruption sont, certes, surprenantes dans un contexte de vie et de joie, alors qu'elles signifient la décrépitude de l'automne et l'acheminement vers la mort. Mais je suis tout aussi surpris que Robinson n'ait pas cherché dans les textes parallèles qu'il cite de l'Ancien Testament la solution de son problème[39]. Car il y en a qui évoquent semblablement le jardin eschatologique. Je cite d'abord le plus important:

> *Au bord du torrent, sur chacune de ses rives, croîtront toutes sortes d'arbres fruitiers dont le feuillage ne flétrira pas et dont les fruits ne cesseront pas, car cette eau vient du sanctuaire. Et les fruits seront une nourriture et leurs feuilles un remède[40].*

Le thème de l'arbre dont le feuillage ne flétrit pas et qui porte du fruit en toute saison se retrouve ailleurs[41] et signifie soit le peuple soit le juste d'Israël. Mais il est surtout repris presqu'à la lettre dans l'Apocalypse[42] où, comme dans Ezéchel et la Passion de Perpétue, il évoque le paradis des origines et sert de séjour à l'homme admis en la présence de Dieu. C'est pourquoi, il convient de supposer dans notre passage hagiographique ces représentations de la Bible et interpréter en ce sens les feuilles paradisiaques dont il y est question.

Dans cette perspective se présentent entre autres deux possibilités. Ou bien on met à la place de *cadebant-κατεφέρετο* un verbe désignant le feuillage toujours vert (*virebant-ἐθάλλετο*) de ces arbres. Ou bien, opération plus délicate, on suppose dans le texte une lacune que l'on essaie de combler, en ajoutant, à côté des feuilles qui ne tombent jamais, la mention des fruits toujours renouvelés. S'il est vrai cependant que le paradis de Saturus est un parterre de rosiers et de fleurs, c'est à la première hypothèse qu'il conviendrait de s'arrêter car elle touche aussi le moins au texte. Quoi qu'il en soit, bien que sortant des sentiers battus, une démarche de ce genre méritait d'être tentée; mais pour laisser à la solution proposée son caractère hypothétique, je préfère ne pas la solidifier en proposant un texte latin et grec de remplacement.

* * *

Il reste à conclure, en dressant d'abord la liste des citations relevées:

Gn	3, 15	Mt	26, 31	Ac	16, 23-24
–	28, 12	Lc	16, 24-26	Rm	12, 3
Is	6, 3	Jn	16, 24	1 Co	16, 13
Ez	47, 12	Ac	2, 17-18	2 Th	1, 11
Dn	7, 6	–	14, 22	1 Jn	1, 1

Je n'ai pas fait figurer dans cette liste les nombreuses citations possibles pour le „aimez-vous les uns les autres": elles risquaient de fausser les proportions. Il en est de même pour celles qui concernent „les feuilles qui ne flétrissent pas". Ceci dit, il faut souligner la prépondérance du Nouveau Testament sur l'Ancien dans la proportion de 2 à 1, et dans le Nouveau, la place qui revient aux Actes et aux lettres de saint Paul avec chaque fois trois, aux écrits johanniques avec deux mentions. Les autres livres ne sont représentés chacun qu'une seule fois. Si la relative abondance des textes pauliniens est bien dans la tradition africaine[43], celle des Actes me paraît, en revanche, une nouveauté significative.

Au niveau des versions utilisées, il est remarquable que, dès le début du IIIe siècle, ait existé une version latine de la Bible propre à l'Eglise d'Afrique. Ce fait n'est pas une nouveauté, ni pour les historiens de cette Église, ni pour les spécialistes des versions anciennes[44]. Il convenait néanmoins de le rappeler à propos d'un de ses témoins les plus anciens et de rappeler en outre la concordance du texte utilisé par le compilateur avec celui dont disposait Tertullien.

La recherche des citations bibliques nous a fait entrer à plusieurs reprises dans les problèmes de la critique et de l'histoire du texte de la Passion. Que les citations bibliques de celle-ci offrent un texte identique à celui de la Bible de Tertullien ne signifie nullement que Tertullien soit l'auteur de la Passion, mais seulement que le compilateur de celle-ci et Tertullien utilisaient la même version de la Bible. Cette rencontre a d'ailleurs son poids pour la datation de la Passion, si l'on se souvient que la version biblique de Tertullien n'était plus en usage en Afrique au temps de Cyprien et avait été remplacée par une autre. La Passion a donc bien été compilée au minimum dans la première moitié du IIIe siècle.

Il arrive aussi que la Bible permette d'orienter le choix des variantes qui ont le plus de chances d'avoir figuré dans le texte original: Robinson, Duchesne, Fridh ont réuni à ce sujet un dossier important; j'ai essayé, pour ma part, de l'enrichir sur un point, en proposant une méthode plutôt qu'une solution pour corriger le lieu en question. Quant à l'histoire du texte, l'étude des citations bibliques montre parfois un progrès dans la précision des citations, quand on passe du latin au grec: ce fait me paraît corroborer l'antériorité du texte latin au texte grec dans les limites qui ont été indiquées au cours de cet exposé.

1 J.A. ROBINSON, *The Passion of St. Perpetua*; L. DUCHESNE, „En quelle langue ont été écrits les Actes des SS. Perpétue et Félicité?", p. 39-54; P. FRANCHI DE' CAVALIERI, „La Passio SS. Perpetuae et Felicitatis", p. 104-148; O. von GEBHARDT, *Acta martyrum selecta*, p. 61-95; H. DELEHAYE, *PM*, p. 49-55; VAN BEEK, *Passio SS. Perpetuae et Felicitatis*; A. FRIDH, *Le problème de la passion des SS. Félicité et Perpétue*; V. SAXER, *Saints anciens*, p. 39-57.
2 Gn 28, 12.
3 Gn 3, 1ss.
4 Sg 2, 24.
5 Cf. supra p. 42.
6 Gn 3, 15.
7 Lc 16, 24-26.
8 Is 6, 3; Dn 7, 6.
9 Dn 7, 13.
10 Excellent état de la question depuis F. Probst jusqu'en 1950 par W.C. VAN UNNICK, „1 Clement 34 and the Sanctus".
11 Sur le Sanctus dans les liturgies orientales cf. v. gr. F.E. BRIGHTMAN, *Eastern Liturgies*, p. 18, 50, 86, 132, 176, 231, 284, 323-324, 385, 403, 436, 465, 474, 482, 505, 522. Ce chant est à distinguer du Trishagion byzantin de la Grande Entrée qui n'apparaît pas avant le IVe-Ve s.: cf. *Ibid.* p. 77, 155, 218, 345, 369, 481, 527, 531, 535; A. BAUMSTARK, „Trishagion und Qedusha".
12 F. PROBST, *Liturgie der drei ersten Jahrhunderten*, p. 8; P. CAGIN, *L'anaphore apostolique et ses témoins*, p. 40; A.G. MARTIMORT, *L'Eglise en prière*, p. 389-391.
13 TERT. *Orat.* 3, 3.
14 *1. Clem.* 34, 6.
15 Cf. n. 10.
16 Jl 3, 1-2 (Vulg. 2, 28-29) = Ac 2, 17-18.
17 TERT. *Marc.* 5, 8, 5; *Res. carn.* 63. Cf. ROBINSON, *Op. cit.* p. 47-48; FRIDH, *Op. cit.* p. 49. De cette coïncidence Robinson concluait que Tertullien était l'auteur de la Passion de Perpétue.
18 Rm 12, 3; 1 Co 7, 17.
19 Rm 12, 6.
20 Je remarque que Tertullien emploie aussi ce mot: *Marc.* 5, 8, 5, encore qu'il le fasse en référence au Ps 68 (67), 19, et non à Rm 12, 6.
21 1 Jn 1, 3.
22 VAN BEEK, *Op. cit.* p. 37.

23 2 Th 1, 11.
24 Lc 2, 35.
25 Jn 16, 24.
26 Mt 7, 7; Mc 11, 24; Lc 1, 9.
27 TERT. *Orat.* 10; *Praescr.* 8, 11.
28 Gn 3, 15.
29 „Restez stables ...": Ac 14, 22; 1 Co 16, 13; „Aimez-vous ...": Jn 13,
    34; 16, 12, 17; Rm 12, 10; 13, 8; 1 P 1, 22; 1 Jn 3, 12; 4, 7, 11 et
    12; „Ne vous scandalisez pas ...": Mt 26, 31.
30 Ga 6, 10.
31 *Röm. Quartalschrift*, Supp. Heft 5, p. 147 n.; O. von GEBHARDT,
    Op. cit. p. 94 et n.
32 VAN BEEK, *Passio*, Noviomagi 1936, p. 4-52; *Florilegium patristi-
    cum*, fasc. 43.
33 A. BOUCHE-LECLERCQ, *Manuel des institutions romaines*, p. 278,
    283 n. 5, 334.
34 Ac 16, 23; *Codex Bezae Cantabrigensis*, Tom. poster. (Cantabrigiae,
    1899), f. 484. Cf. aussi AMBROSIAST. *In Eph.* 4, 11 (*PL* 17, 410A).
35 Cf. FRIDH, *Op. cit.* p. 58.
36 *Ibid.* p. 59-61.
37 *Ibid.* p. 61.
38 Est-ce le premier monde des apocryphes? (cf. FRIDH, *Op. cit.* p. 78-
    80). Ou simplement celui d'Ap 21, 1.
39 ROBINSON, *Op. cit.* p. 38-39.
40 Ez 47, 12.
41 Ps 1, 3; Pr 11, 28; Jr 17, 8; Dn 4, 9.
42 Ap 22, 2.
43 Cf. supra p. 73.
44 P. MONCEAUX, *Histoire littéraire de l'Afrique chrétienne* t. 1,
    p. 94ss.; A. AMELLI, *Liber psalmorum*, p. xxxiii.

CHAPITRE VIII:
CARPUS, PAPYLUS ET AGATHONICE
(en 161-180 ou 250)

Les Actes de Carpus, Papylus et Agathonicé présentent, dans la série des Actes anciens, „le cas le plus désespéré ... dans lequel la refonte a été poussée si loin qu'il est peut-être impossible, dans l'état actuel de la documentation, d'en reconstruire le texte original en plusieurs passages essentiels"[1].

Ce jugement sévère ne touche pas d'abord les problèmes historiques qui se posent à propos de ces Actes et dont il faut pourtant dire un mot pour commencer. On est généralement d'accord pour placer à Pergame les évènements rapportés[2]. Mais leur date reste indécise entre le règne de Marc Aurèle, pour lequel penchent ceux qui accordent leur confiance à Eusèbe de Césarée, et la persécution de Dèce, à laquelle pensent ceux qui font crédit aux Actes latins. Le dernier critique qui se soit intéressé à la question semble trouver plus de crédibilité à la deuxième hypothèse, encore qu'il ne se soit pas résolu à en examiner le texte avec les autres Actes de ce temps, mais avec ceux du IIe siècle[3]. Quant au nombre, au nom, à la fonction des martyrs, ils sont sujets à des variations et à des incertitudes dans les versions et leurs manuscrits, alors que le nom du magistrat qui dirigea leur procès résulte sûrement d'une méprise du traducteur latin et demeure finalement inconnu.

Le jugement cité pour commencer concerne en réalité d'abord le texte lui-même de ces Actes. Il nous est parvenu en plusieurs versions dont les deux plus anciennes seules doivent retenir notre attention et ont reçu les sigles *A* pour celle qui est en grec et *B* pour l'autre qui est en latin[4]. Ces deux versions, à côté de nombreux passages divergents, en offrent néanmoins qui leur sont communs. On a supposé que c'est dans les parties communes que devait pouvoir se retrouver le procès-verbal de l'audience au cours de laquelle les martyrs furent condamnés à mort et que la comparaison avec des documents analogues devait permettre de délimiter avec une suffisante probabilité. A cette fin, dans la dernière étude critique, les deux versions ont été mises en colonnes parallèles: les passages propres à chaque version ont été soulignés; ceux qui ne le sont pas représentent ce qui leur est commun[5]. Or, les rencontres verbales se continuent au delà des limites du procès-verbal d'audience reconstitué. Cela veut dire, me semble-t-il, que le texte commun équivaut encore à autre chose qu'à cette sténographie, à savoir à l'état des Actes avant qu' ils se soient diversifiés en recensions conservées, grecque et latine. Cet état antérieur aux versions actuelles *A* et *B* ne serait-il pas celui qu'Eusèbe avait connu?[6] S'il en était ainsi, on ne peut cependant affirmer qu'il soit passé intact dans les remaniements.

Dans ces conditions, il faudrait imaginer comme suit la formation des Actes de Carpus et compagnons. A l'origine se place le procès-verbal de l'audience durant laquelle Carpus et Papylus comparurent devant le magistrat et furent condamnés à être brûlés vifs. Le procès-verbal est intégré plus tard dans une composition ecclésiastique, complétée par une narration des faits qui suivirent l'audience, en particulier le martyre volontaire d'Agathonicé: c'est l'état des Actes antérieurs à Eusèbe, à reconstituer d'après le texte commun *A-B*. Postérieurement à Eusèbe ont été remaniés ces Actes primitifs pour donner naissance aux versions conservées *A* et *B*. Que l'on se garde cependant de considérer cette esquisse comme une certitude. C'est tout au plus une hypothèse de travail destinée à clarifier les problèmes complexes que posent les Actes dans l'esprit de quiconque s'en occupe de plus près et de celui, en particulier, qui pèse la valeur des citations bibliques qu'ils comportent et qui seront répertoriées ici en fonction des diverses couches rédactionnelles qu'on a cru y discerner.

I. LES CITATIONS DU TEXTE COMMUN *A-B*

Dans le texte commun aux deux versions *A* et *B*, voici d'abord les citations qui semblent avoir appartenu au procès-verbal de l'audience.

La première est dans une réponse de Carpus au proconsul qui lui a demandé de sacrifier aux dieux. Carpus répond:

> *Les dieux qui n'ont pas fait le ciel et la terre, qu'ils périssent (A 10-B 3).*

Cette réponse est une citation de Jr 10, 11. Le même texte scripturaire se retrouve en d'autres textes hagiographiques[7], ainsi que chez des auteurs chrétiens des IIe et IIIe siècles[8]. Chez ces derniers, la citation est plus complète: „Les dieux qui n'ont pas fait le ciel et la terre, qu'ils périssent sur terre et sous les cieux" (SEPT.). Cette manière de citer relève sans doute d'une tradition littéraire différente de celle des hagiographes. Quant à ceux-ci, on a remarqué qu'ils en usent généralement dans les Actes de la dernière persécution; on en a conclu que l'usage n'appartenait pas à l'époque précédente[9]. Il conviendrait cependant d'être sans doute moins affirmatif, dans la mesure où le texte commun *A-B* reflète une rédaction plus ancienne, voire une sténographie d'audience. Cette possibilité nous interdit de fermer la porte à l'hypothèse que Jr 10, 11, ait pu être cité pour la première fois vers le milieu du IIIᵉ siècle.

Une deuxième expression du texte commun est à examiner. Le proconsul qualifie l'attitude de Carpus et Papylus comme une ὑπερβάλλουσαν ὑπομενήν (*A* 36). Ce qui correspond dans le texte latin à la redondance *perseverantiam et tolerantiam* (*B* 26). Ici le grec est sans doute plus proche de l'original que le latin. Or, le mot ὑπομονή a un sens différent dans le langage courant et dans le langage chrétien. Le proconsul l'a employé au sens d' „une obstination dépassant les bornes", comme l'*obstinanter perseuerauerunt* des martyrs scillitains[10]. Le rédacteur chrétien, au contraire, l'a comprise comme une „extraordinaire persévérance"[11]. Il l'a fait d'autant plus facilement que le verbe ὑπομένειν se lit déjà dans ce sens dans l'évangile, et précisément dans un contexte de persécution[12]. C'est pourquoi, ce passage de nos Actes me semble pouvoir s'interpréter comme une relecture chrétienne, faite par l'auteur qui les écrivit avant Eusèbe, d'une expression que les actes proconsulaires avaient recueilli de la bouche du magistrat dans son sens ordinaire.

Cette deuxième réminiscence scripturaire confirme donc la possibilité qu'une première fois déjà la Bible ait pu être citée dans le procès-verbal primitif.

S'il est vrai que, dans les recensions conservées, la matière fournie par le procès-verbal d'audience s'arrête en *A* 36-*B* 26, la suite du texte continue cependant à présenter des parties communes aux deux versions. Il est difficile de les interpréter autrement que comme des passages conservés de la recension primitive, du moment qu'ils ne sont pas non plus dépendant l'un de l'autre.

Il n'est pas toujours possible de tirer parti des rencontres verbales de *A* 37-*B* 31, *A* 41-*B* 32, *A* 47-*B* 41 avec l'évangile[13], quand les martyrs sont dits „rendre l'esprit". L'expression est d'un usage trop courant pour qu'on puisse y voir autre chose habituellement qu'une formule du langage de tous les jours. Qu'elle ait pu cependant être reprise comme une citation scripturaire, ressort du contexte biblique dont elle est alors entourée, comme je le montrerai sous peu.

En revanche, malgré les accidents qui semblent avoir affecté la transmission de *A* 35-47-*B* 27-42, on peut y relever d'autres concordances avec la Bible. Pour désigner Papylus, l'hagiographe se sert de l'expression traditionnelle: γενναῖος ἀθλητής (*A* 35)-*fortis athleta* (*B* 24), qui se trouve déjà dans la Lettre des Lyonnais[14] et qui reprend l'éloge d'Eléazar. Plus loin selon le texte grec, c'est Carpus, dans la version latine, c'est

Papylus qui sourit en contemplant la gloire de Dieu, une fois qu'il est dressé sur le bois de son supplice:

> – *Pourquoi souris-tu, lui demandent les badauds?*
> – *J'ai vu la gloire du Seigneur (A 39), de mon Dieu (B 29), répond-il, et je m'en suis réjoui (A-B).*

La réponse est un rappel des Actes des apôtres, où Etienne „vit la gloire de Dieu" en des circonstances semblables[15], et de Jean, où Abraham „s'est réjoui" d'avoir vu le jour du Christ[16], et Isaïe sa gloire[17]. Quant au „jugement véritable de Dieu" qu'attend Carpus en *A* 40, Papylus en *B* 30, il est aussi un souvenir de nombreuses expressions semblables de la Bible. Parmi elles celles du Nouveau Testament désignent particulièrement le jugement eschatologique[18]. Peut-être faut-il aussi entendre un écho de l'évangile dans l'expression: „Sur ces paroles, il rendit l'esprit" (*A* 41- *B* 32), car ici deux passages scripturaires sont juxtaposés[19]. Finalement l'appel au secours, lancé par Agathonicé, hissée à son tour sur le bûcher, peut certes différer selon les versions, celles-ci s'accordent à le présenter comme un cri de détresse: Κύριε, κύριε, κύριε, βοήθει μοι (*A* 46) – *Domine Jesu Christe, adiuva me* (*B* 41). Il ressemble à ceux du même genre, qui retentissent nombreux dans la Bible et surtout dans les Psaumes[20], pour qu'il n'y ait pas lieu de s'étonner, si on le retrouve sur les lèvres de la martyre.

On voit donc, non seulement que le texte commun *A-B* se poursuit au delà des limites du procès-verbal d'audience et qu'il pourrait être le reflet de la recension qui l'a le plus anciennement comporté, mais encore comment les allusions bibliques y restent généralement discrètes et se limitent à quelques expressions de la prière et de l'hagiographie chrétiennes primitives. Ces caractéristiques apparaissent encore plus clairement, mises en parallèle avec les habitudes propres aux remanieurs en matière de citations bibliques.

II. LES CITATIONS PROPRES A LA VERSION A

Les citations propres à la version *A* augmentent sensiblement le nombre de celles du texte commun.

Carpus, avant de faire sa profession de foi, a commencé par discourir sur les effets opposés de l'idolâtrie païenne et du monothéisme chrétien. Les idolâtres finissent par ressembler à leurs idoles et périront avec elles dans la géhenne, alors que les adorateurs du vrai Dieu participeront à la vie éternelle (*A* 6-7).

L'idée que l'homme finit par devenir semblable au Dieu qu'il adore est biblique. L'hagiographe cite en effet clairement un verset psalmique pour appuyer ses dires: ὅμοιοι αὐτοῖς γίνοιντο οἱ ποιοῦντες αὐτά[21]. Cependant, en passant du Psautier dans nos Actes, le verset change de sens: dans le premier, il s'applique aux artisans qui fabriquent les idoles; dans les seconds, aux hommes qui les adorent. C'est pourquoi, comme son idole, l'idolâtre devient κίβδηλος et μάταιος, faux et sot, alors que dans le psaume l'artisan n'était menacé que de maux physiques. L'hagiographe développe la comparaison amorcée par le psalmiste: ayant identifié les idoles aux démons, il met tout bonnement leurs sectateurs en enfer avec elles: σὺν αὐτοῖς ἀπόλλυνται ἐν γεέννῃ (A 7), et ce faisant, il cite l'évangile[22]. Inversement

> les vrais adorateurs ... qui adorent Dieu en esprit et en vérité, deviennent semblables à la gloire de Dieu; ils seront immortels comme lui, en participant, grâce au Verbe, à la vie éternelle (A 7).

Ici, l'inspiration du remanieur est nettement johannique. En effet, il donne d'abord une citation littérale du quatrième évangile: οἱ ἀληθινοὶ προσκυνηταὶ ... οἱ ἐν πνεύματι καὶ ἀληθείᾳ προσκυνοῦντες τῷ θεῷ[23]. Mais il la prolonge, en situant ce culte en esprit et vérité dans la théologie johannique de la vie éternelle, dont le Verbe est le révélateur[24], le principe[25] et le médiateur[26]. Ces développements ont été jugés d'époque tardive par la critique[27]. Aussi n'appartiennent-ils qu'au remanieur grec postérieur à Eusèbe de Césarée.

Le même Carpus, au moment de mourir, remercie le Christ de l'avoir jugé digne du martyre:

> Sois béni, Seigneur Jésus-Christ, Fils de Dieu, de m'avoir jugé digne, bien que pécheur, de cette part qui est la tienne. Et sur cet mots, il rendit l'esprit (A 41).

La part du Christ qui est devenue celle du martyr, c'est mourir comme le Christ en témoin de Dieu pour partager avec lui la gloire de Dieu: la communion à la mort conditionne la participation à la gloire. Plusieurs textes bibliques, surtout néo-testamentaires, viennent confluer dans le passage. De Paul d'abord vient le thème du remerciement adressé à Dieu pour la part qu'il accorde[28]. En Luc la part de Marie qui est „la meilleure"[29] n'est pas précisée. Son contenu apparaît en revanche dans celle que le Christ réserve à Pierre: ce contexte est, d'une part, la trahison de Judas[30], de l'autre, la mort de Jésus[31]. C'est à cette dernière que Pierre sera associé[32]. Mais c'est encore „la part des saints" dont il était déjà question dans Paul[33] et qui est aussi celle des martyrs selon l'Apocalypse: „Ceux qui furent décapités pour le témoignage de Jésus et pour le Parole de Dieu et tous ceux qui refusèrent d'adorer la Bête et son image ... reprirent vie et régnèrent avec le Christ ... c'est la première résurrection ... Heureux et saint celui qui a une part dans la première résurrection!"[34]. Dans cette perspective eschatologique, les affirmations vétéro-testamentaires selon lesquelles Dieu est la part de son peuple[35] sont dépassées: certes, Dieu reste la part de son peuple; mais il l'est dans et par le Christ; il l'est surtout pour chacun dès l'instant où la mort a scellé son destin de juste. Il en est ainsi de Carpus qui meurt comme le Christ.

Le récit de la mort d'Agathonicé est pareillement augmenté de quelques citations nouvelles de l'Ecriture. Remarquons cependant d'abord, en passant, que le rédacteur de A conserve ici l'ordre des faits mieux que celui de B: dans son récit, en tout cas, Agathonicé, qui est d'abord simple spectatrice de la mort de ses deux frères dans la foi, est émue par „la gloire du Seigneur que Carpus disait avoir contemplée". A ce signe, elle se reconnaît elle-même appelée au même „héritage céleste" et s'écrie:

> Ce banquet est préparé pour moi, je dois donc manger ma part de ce glorieux festin (A 42).

La phrase Τὸ ἄριστον τοῦτο ἐμοὶ ἡτοίμασται est une citation littérale, à peine adaptée, de l'évangile[36]; elle l'est encore davantage si, au lieu de comparer la phrase des Actes avec le texte reçu de Mathieu, nous le rapprochons de quelques rares manuscrits dont la tradition remonte au Ve siècle commençant[37]. Aussi est-ce d'après la version propre de ces manuscrits que l'hagiographe pourrait avoir cité la parabole du festin nuptial. Quoi qu'il en soit, Agathonicé est une martyre volontaire, qui considère sa mort comme une participation au banquet eschatologique, dont elle cite explicitement la parabole[38]. Finalement, quand elle crie au secours: „Seigneur, Seigneur, Seigneur, aide-moi", le remanieur lui fait ajouter: „car c'est vers toi que j'ai fui" (A 46). L'addition provient du Psautier[39].

En conclusion, ce qui caractérise le remaniement grec en comparaison du texte commun, c'est que celui-ci, tout en pouvant être considéré comme un texte complet en lui-même, reçoit des amplifications de caractère rhétorique. De cette manière est doublé aussi le nombre des citations scripturaires.

III. LES CITATIONS PROPRES A LA VERSION *B*

Les citations bibliques de la version latine sont beaucoup plus nombreuses que dans les autres recensions antiques, non parce qu'elles s'appliquent à un plus grand nombre de passages, mais parce que dans un même passage hagiographique plusieurs citations sont accumulées. Voici celles que j'ai relevées.

Papylus[40] justifie son refus de sacrifier aux idoles païennes en expliquant qu'il „s'immole lui-même chaque jour au Dieu vivant et vrai, qui exerce le pouvoir sur toute chair" (*B* 34). „S'immoler soi-même" est une expression paulinienne. L'apôtre présente son apostolat auprès des païens comme un sacerdoce grâce auquel ceux-ci deviennent „une offrande agréable, sanctifiée par l'Esprit-Saint"[41]. Quand, plus tard, il envisage l'éventualité d'une mort violente, il la considère comme une libation qui s'ajoute au sacrifice spirituel que représente la foi des Philippiens[42]. Mais le texte le plus significatif est sans doute dans une lettre à Timothée[43] : Paul voit alors son martyre tout proche, il l'appelle de nouveau une „libation", il s'apprête à la répandre incessamment. Il transfère ainsi au culte spirituel chrétien, mais dans un sens métaphorique, l'usage des libations réelles que pratiquent païens et juifs. Le martyr Papylus parle le même langage que Paul.

Il continue en disant que le sacrifice est offert „chaque jour au Dieu vivant et vrai". Alors que l'expression „chaque jour" provient plutôt d'un formulaire liturgique[44], la Bible qualifie souvent Dieu de „vivant"[45], quelquefois de „vrai„[46], une seule fois de „vivant et vrai"[47]. C'est donc probablement de ce dernier lieu biblique que l'expression est passée dans nos Actes, aussi bien d'ailleurs que dans la phraséologie liturgique et patristique. Quant au qualificatif final de Dieu „qui exerce son pouvoir sur toute chair", il est emprunté sans doute à Daniel[48].

Plus loin Papylus répond à une intervention du proconsul lui disant: „J'ai peine à te voir tant souffrir" (*B* 24). Le martyr explique alors le sens chrétien de la souffrance (*B* 25). Je n'affirmerais pas que la première partie de la réponse: „Ces souffrances ne sont rien", soit un écho de Rm 8, 18 (bien que l'idée soit partiellement la même), parce que la perspective des deux textes est différente. En revanche, l'insensibilité du martyr dans les tourments est un lieu commun de la littérature hagiographique[49]. Elle est ici expliquée par la présence du Christ qui agit et souffre dans et à la place du martyr. Il agit en lui en le fortifiant dans la souffrance: *Est qui me confortat* (*B* 25). L'affirmation de Papylus est reprise de saint Paul[50]. Mais le Christ souffre aussi lui-même dans les martyrs. Le même apôtre l'explique par la doctrine du corps du Christ dont les fidèles sont les membres et lui le chef[51]: „Un membre souffre-t-il? tous les membres souffrent avec lui"[52]. On sait que, tout en utilisant l'apologue classique depuis les stoïciens de la société comparée à un corps, Paul a trouvé le principe de sa foi dans l'expérience du chemin de Damas[53]: de même qu'il persécutait le Christ dans ses fidèles, conformément d'ailleurs à l'enseignement du Christ lui-même[54], ainsi le Christ continue-t-il en eux sa passion. Cette conviction est commune aussi à de nombreux martyrs et hagiographes[55]. La déclaration de Papylus s'inscrit dans cette tradition.

Quand la sentence a été prononcée, Papylus en remercie le Seigneur:

Je te rends grâces, Seigneur Jésus: alors que j'étais un vase de déshonneur, tu as voulu faire de moi un vase d'honneur (B 27).

Cette phraséologie est typiquement sémitique et paulinienne. L'image de la vaiselle à usages divers est dans Paul[56]. Elle ne semble pas avoir été utilisée par les Pères avant Cyprien.

La sentence est alors exécutée et Papylus commence à brûler. Il adresse aux gens de Pergame un discours qui reprend l'idée du jugement de Dieu, déjà énoncée dans le texte commun, mais ici développée au moyen de réminiscences bibliques (B 30). Le „vrai jugement" devient „vrai et perpétuel". Or, le „jugement éternel" n'est mentionné qu'une fois dans la Bible[57], où il est alors compté parmi les articles de l'enseignement élémentaire de la foi. Par contre, le thème du „feu éternel et qui ne peut s'éteindre" fait partie de la prédication évangélique primitive[58]. Le lien entre jugement et feu se noue chez saint Paul[59] et dans les épîtres catholiques[60]. Quant au feu qui consumera „mer, montagnes et forêts", il a sans doute été imaginé à partir des visions de l'Apocalypse[61].

Reste le récit de la mort des martyrs. Celui des deux premiers, Carpus et Papylus, subit divers accroissements et modifications dans la version latine. Alors qu'en *A* 37 Papylus meurt en faisant une prière muette, en *B* 31 il la fait à haute voix en citant une parole de l'Écriture[62]. De son côté, Carpus s'exprime aussi en termes différents selon *A* 41 et *B* 32. Nous lisons dans cette dernière version:

Il cria d'une voix forte en disant: Seigneur Jésus, tu sais que c'est à cause de ton nom que nous souffrons ces maux. Et sur ces paroles, il rendit l'esprit.

L'expression *propter nomen tuum haec patimur* se trouve équivalemment dans le Nouveau Testament[63]. Elle est encadrée par des citations empruntées aux récits de la mort du Christ[64]. Une variante de la formule *propter nomen tuum haec patimur* est mise dans la bouche d'Agathonicé mourante: *propter te ista sustineo* (*B* 41).

* * *

Pour conclure, commençons par faire le compte de nos citations selon les couches rédactionnelles que nous voyons se dégager et les versions anciennes qui nous sont parvenues.

TEXTE COMMUN. – *A* 10-*B* 3: Jr 10, 11; *A* 36-*B* 26: Mt 10, 22 (procès-verbal d'audience); *A* 35-*B* 24: 4 M 6, 10; *A* 39-*B* 29: Ac 7, 55+Jn 8, 56; *A* 40-*B* 30: *mult.*; *A* 46-*B* 41: *mult.* TOTAL: 6 passages à citations.

VERSION *A*. – *A* 6: Ps 115 (113B), 8 = 135 (134), 18; *A* 7: Mt 10, 22: Jn 4, 23+*mult.*; *A* 32: Lc 23, 46+Jn 19, 30; *A* 41: Col 1, 12+Ap 20, 4-6; *A* 42: Mt 22, 4; *A* 46: Ps 145 (144), 9. TOTAL: 7 lieux à citations.

VERSION *B*. – *B* 23: 1 Tm 4, 6+*et al.*, 1 Th 1, 9, Dn 14, 5; *B* 25: Ph 4, 13, 1 Co 12, 26; *B* 27: Rm 9, 21-24+2 Tm 2, 20; *B* 30: Hb 6, 2+ *mult.*; *B* 31: Ac 7, 59; *B* 32: Mt 27, 50, Mc 15, 37+Jn 19, 30; *B* 41: *mult.* TOTAL: 7 lieux à citations.

Ce relevé appelle une explication préalable. A côté des références au texte hagiographique, on lit parfois: *mult.* ou *et al.* Il faut lire *multae* ou *et aliae citationes*. Cela veut dire qu'en ces endroits du texte hagiographique de nombreuses citations bibliques ou simplement d'autres ont été faites, entre lesquelles on ne voit pas comment choisir et qui ont d'ailleurs pu être toutes présentes à l'esprit de l'hagiographe d'une manière plus ou moins consciente. Elles doivent alors être considérées comme un tout indissociable en ses éléments et être comptabilisées comme des unités. Il faut distinguer de ces passages ceux dans lesquels sont juxtaposées plusieurs citations scripturaires, qui demeurent cependant distinctes. Les éléments de ce deuxième groupe s'ajoutent les uns aux autres par le signe +.

Compte tenu de ces remarques, on peut dire que la statistique donne l'impression d'une apparente égalité entre les versions: 6, 7, 7. L'égalité devient parfaite, si on fait réintégrer leur place dans les versions différentes *A* et *B* aux citations qui ont été isolées comme étant celles du texte commun *A*-*B*: 6+7 en *A* et 6+7 en *B*. Regardons cependant le relevé de plus près et nous verrons apparaître des nuances. Le texte commun *A*-*B* comporte une citation unique trois fois, deux citations juxtaposées une fois, des réminiscences multiples deux fois. Dans la version *A*, il y a quatre citations simples[65], deux citations juxtaposées, une allusion multiple. La version *B* enfin offre un seul cas de citation simple, un seul autre de citation à éléments juxtaposés, mais cinq de citations à possibilités multiples.

Comment interpréter ces faits?

Au niveau de la transmission du texte biblique, je n'ai relevé qu'un exemple de discordance entre la citation faite par nos Actes et la κοινή des Septante. Cette particularité me paraît plus significative pour la datation de *A* auquel elle appartient que pour la diffusion de la leçon aberrante.

Au niveau du texte hagiographique, bien que la citation biblique ne puisse, en principe, servir de critère de datation pour les Actes, il est quand même intéressant de voir l'usage différent qui en est fait dans les différents états de ceux-ci: la citation unique prédomine en *A-B* et en *A*, les citations juxtaposées l'emportent de loin en *B*, la citation indéterminable est minoritaire en *A-B* et en *A*, majoritaire en *B*. Cela veut dire que la version grecque *A* est beaucoup plus proche du texte commun *A-B* et la version latine *B* beaucoup plus éloignée de lui. Utilisé conjointement avec l'analyse textuelle, le critère de la citation biblique confirme les conclusions de cette analyse. Non seulement elle fait postuler l'existence d'une version grecque antérieure aux versions conservées *A* et *B*, mais elle invite encore à la voir dans le texte commun *A-B*. Dans ces conditions, *A-B* pourrait effectivement être identique aux Actes connus d'Eusèbe, *A* devrait être des environs de l'an 400 en raison du témoignage de la leçon discordante de Mt 22, 4, *B*, être postérieur à cette date, et peut-être sensiblement, en raison de l'emploi massif des citations juxtaposées. Cette hypothèse est notablement différente de celle de Pio Franchi de' Cavalieri et d'Hippolyte Delehaye, mais s'accorde, me semble-t-il, en la prolongeant avec celle de Giuliana Lanata, à condition d'élargir la problématique, en allant de la recherche des éléments ayant appartenu au procès-verbal primitif proconsulaire, à la détermination du contenu des Actes les plus anciens de nos martyrs de Pergame.

A un dernier niveau qui est celui de la citation elle-même, ce qui me paraît ici important, c'est moins l'emploi prédominant qui est fait des épîtres pauliniennes, que la manière même dont les citations ont été faites. Les passages des Actes dans lesquels sont venus confluer des citations devenues indiscernables l'une de l'autre révèlent la formation d'une mentalité chrétienne collective qui s'exprime en un langage entièrement pétri de substance biblique. Ceux, au contraire, où les citations se juxtaposent sans se mélanger sont plutôt un procédé de composition hagiographique et témoignent d'un esprit de métier ou d'école. On voit ainsi comment, avec le temps, le métier tend à se substituer à la piété.

NOTES (Chapitre VIII)

1 G. LANATA, *Atti*, p. 35-36. Cf. *ibid*. p. 109-110 la bibliographie concernant ces Actes.
2 H. DELEHAYE, „Les martyrs de Pergame".
3 G. LANATA, *Op. cit.*, p. 109-116.
4 H. DELEHAYE, *Op. cit.*, p. 150-153 (*B*), 154-157 (*A*). C'est d'après cette édition que seront citées les deux versions *A* et *B*.
5 EUS. *H.E.* 4, 15, 48.
6 G. LANATA, *Op. cit.* p. 110-112.
7 P. FRANCHI DE' CAVALIERI, „Di una nuova recensione del martirio dei SS. Carpo, Papilo e Agatonice", p. 21.
8 IREN. *Haer.* 3, 6, 3; CYPR. *Test.* 3, 59.
9 P. FRANCHI DE' CAVALIERI, *loc. cit.*
10 *Act. Scillit.* 14.
11 *Mart. Polyc.* 3, 1; *Act. Iustin.* 5, 2.
12 Lc 21, 19.
13 Mt 27, 50; Jn 19, 30.
14 Cf. supra p. 40, 46-47: 4 M 6, 10.
15 Ac 7, 55.
16 Jn 8, 56.
17 Jn 12, 41.
18 Ps 19 (18), 10; Tb 3, 5; Dn 3, 27; Jn 8, 16; Ap 16, 7; 19, 2. Cf. *TWNT* 1, 249-251.
19 Lc 23, 46 (τοῦτο εἶπον); Jn 19, 30 (ἀπέδωκεν τὴν ψυχήν).
20 Ps 70 (69), 2; 79 (78), 9; 109 (108), 26; 119 (118), 86 et 107. Cf. *TWNT* 1, 627.
21 Ps 115 (113B), 8; 135 (134), 18.
22 Mt 10, 28.
23 Jn 4, 23.
24 Jn 1, 18.
25 1 Jn 1, 1-3.
26 Jn 1, 17.
27 G. LANATA, *Op. cit.*, p. 114.
28 Col 1, 12.
29 Lc 10, 42.
30 Jn 13, 2 et 11.
31 Jn 13, 3, 33, 36.
32 Jn 13, 36.
33 Col 1, 12.
34 Ap 20, 4-6.

35 Nb 18, 20; Ps 17 (16), 5; 74 (73), 26; Lam 3, 24.
36 Mt 22, 4.
37 Ms. grec: MONT-ATHOS, XVe s., sigle ALAND 954; Mss. syriaq. de l'édition Cureton, Ve s., et de la recension de Rabboulas d'Édesse (411-435).
38 Mt 22, 11-14.
39 Ps 145 (144), 9.
40 Papylus est toujours appelé *Pamfilus* en *B*.
41 Rm 15, 16.
42 Ph 2, 17.
43 1 Tm 4, 6.
44 Ps 68 (67), 20; 145 (144), 2; Te Deum, v. 25: Per singulos dies benedicimus te.
45 Ps 42 (41), 3; 84 (83), 3; Mt 10, 16; 26, 13; Jn 11, 37; Rm 9, 26; 2 Co 3, 3; 6, 16; 1 Tm 3, 15; 4, 10; Hb 3, 12; 1 P 1, 23; Ap 7, 2.
46 2 Ch 15, 3; Sg 15, 1; Jr 10, 10; 17, 3; 1 Jn 5, 2. Le *verus* de la Vulgate est traduit par „fidèle" dans la Bible de Jérusalem.
47 1 Th 1, 9.
48 Dn 14, 5.
49 Lettre des Lyonnais, 1, 56; *Pass. Perp.* 4, 17.
50 Ph 4, 13.
51 1 Co 12, 12-30.
52 I Co 12, 26.
53 Ac 9, 4ss.
54 Mt 10, 40 etc.
55 Lettre des Lyonnais, 1, 23; *Pass. Perp.* 15.
56 Rm 9, 21-24; 2 Tm 2, 20.
57 Hb 6, 2.
58 Mt 3, 12; Lc 3, 17; Mc 9, 44.
59 1 Co 3, 13-15; 2 Th 1, 8-9.
60 1 P 3, 7; Jud 7.
61 Ap 14, 10; 17, 16; 18, 8; 20, 9.
62 Ac 7, 59.
63 Ac 5, 41; 9, 16; 1 P 3, 14; 4, 19 etc.
64 Mt 27, 50; Mc 15, 37; Jn 19, 30.
65 Ps 115 (113B), 8, et Ps 135 (134), 18, doivent être considérés comme un seul et même texte.

CHAPITRE IX

PIONIUS DE SMYRNE
(en 250)

On s'accorde ordinairement à voir dans le Martyre de Pionius[1] un document de valeur pour l'histoire de la persécution de Dèce, ainsi que pour la topographie, l'administration et l'hagiographie de la ville de Smyrne. Ce qui n'empêche pas d'y remarquer en même temps des traces de l'intervention du rédacteur qui donna à ce document la forme que nous lui connaissons. Il a, en particulier, non seulement pourvu le texte des éléments indispensables à un récit ordonné: introduction, transitions, compléments divers et conclusion, mais il a encore adapté, voire interpolé les sources dont il disposait et qu'il a insérées dans sa composition[2]. Ici comme ailleurs, il faut donc distinguer les différentes couches documentaires du Martyre, pour apprécier correctement l'usage qui y est fait de la Bible. J'en étudierai les citations dans l'ordre des divers éléments qu'on a reconnus dans ce texte: 1) le fragment autobiographique (2-8, 10-18), 2) les procès-verbaux d'audience devant le néocore (9) et le proconsul (19-20), 3) les parties attribuables au compilateur (1, 21-23). En conclusion se posera le problème des remaniements plus profonds que le compilateur a pu faire subir à ses sources.

I. LE FRAGMENT DIT AUTOBIOGRAPHIQUE

Hippolyte Delehaye a décelé dans le fragment autobiographique émanant de Pionius lui-même des traces de remaniements dûs au compilateur des Actes. Celui-ci a transposé le fragment de la première personne à la troisième et lui a fait perdre ainsi quelque chose de la spontanéité du témoignage direct[3]. Cette observation pose le problème que nous venons d'évoquer à la fin de notre introduction: le fragment n'a-t-il pas été affecté par des retouches plus profondes? dans quelle mesure les citations bibliques ont-elles été touchées par ces modifications? Dans ces conditions, il convient d'examiner séparément les parties narratives et les discours du fragment, pour savoir comment y ont été traitées les citations bibliques et ce que ce traitement révèle des procédés rédactionnels mis en œuvre.

1. Le récit

Voici d'abord les citations du récit. Celui-ci peut se diviser en deux épisodes: les évènements de la première séance sur l'agora, d'une part, et de l'autre, ceux du temps de l'incarcération des martyrs.

Le gardien du temple Polémon était venu chez Pionius et ses compagnons le jour du grand sabbat, pour les avertir des dispositions du décret impérial ordonnant le sacrifice à tous les sujets de l'empire et pour les inviter à s'y conformer. Pionius répondit par une allusion au code de l'Alliance[4]:

> *Nous connaissons les commandements de Dieu, ordonnant*
> *de n'adorer que lui seul (3, 3).*

Arrivés sur l'agora, les chrétiens s'entendent réitérer l'invitation au sacrifice, assortie cette fois, en cas de refus, de menaces de châtiment. Pionius motive alors son refus de sacrifier dans un long discours à la foule assemblée. Pour en obtenir le silence, il lève la main, ἐκτείνας τὴν χεῖρα (4, 2). De ce geste, les éditeurs donnent une référence biblique[5], selon laquelle Paul l'avait fait, quand il fut appelé à se défendre devant le roi Agrippa. Il est cependant inutile de lui chercher une justification scripturaire: la main sert tout naturellement à appuyer la parole, la main levée peut même requérir l'attention et imposer le silence, au point que, dans les arts figuratifs, elle désigne l'orateur[6].

Le discours est suivi par un débat dans lequel tout le monde intervient pour fléchir le martyr et qui tourne parfois à la joute oratoire. On dit à Pionius: le vie est belle, la lumière agréable à voir. Il réplique: Mais oui, la vie est belle, il y en a cependant une meilleure; de même la lumière, „mais la vraie" (5, 4). Cette „vraie lumière" est celle du prologue de Jean[7]. Les autres d'insister: ἐκείνων πολλὰ παρακαλούντων αὐτόν (6, 4). On a relevé ici une nouvelle réminiscence néo-testamentaire[8]. Pionius laisse même échapper ce voeu: „Si je pouvais vous persuader de devenir chrétiens!" (7, 3). Une réflexion analogue est dans les Actes des apôtres[9]. Puis c'est le tour de Sabine à être prise à parti: Tu souris? — „Si Dieu le veut ainsi", oui, je souris. Les mots entre guillemets sont une nouvelle citation biblique[10]. La martyre explique de se réjouir dans la joie éternelle (7, 5). On a voulu voir dans cette réponse un rappel de la première béatitude[11]. La séance à l'agora se termine enfin avec la profession de foi de Pionius. On lui demande: Quel est ton Dieu?

> *— Le Dieu tout-puissant, créateur du ciel et de la terre,*
> *de tout ce qu'ils contiennent et de nous tous. Il nous donne*

tout avec largesse. Nous le connaissons par son Verbe le Christ (8, 3).

Cette déclaration est une marquetterie de textes bibliques plus ou moins précisés. Le Dieu tout-puissant est nommé dans les livres saints[12]. La formule „créateur du ciel et de la terre et de tout ce qu'il contiennent" est l'article fondamental de la foi monothéiste des deux Testaments[13]. L'expression suivante „Il nous donne tout avec largesse" est paulinienne[14]. La finale enfin résume divers passages évangéliques, mais dans une formulation déjà théologique[15]. Etant donné le caractère composite de ces citations, il est possible que la profession de foi ne soit pas le produit de l'inspiration directe du martyr au moment où il la prononça, mais soit l'écho d'une formule en usage dans l'Eglise de Smyrne[16], soit une réélaboration de cabinet. De tout façon, l'usage de la Bible serait alors indirect.

Après un interrogatoire selon les règles, la séance à l'agora se termine et les confesseurs sont conduits en prison. On leur fait escorte et il y a échange de propos aigres-doux. A l'objection de la faim dont Pionius avait eu à souffrir comme tout le monde durant une famine, il répond: Moi, ce fut avec l'espérance en Dieu (10, 8). La réponse pourrait être empruntée à saint Paul comparaissant devant le procurateur romain[17]. Une fois en prison, Pionius refuse les offrandes des fidèles: encore comme l'apôtre, il ne veut être à charge à personne[18]. Dans leur cachot, les prisonniers chantent les louanges de Dieu (11, 5; 18, 12). Ce détail a un équivalent dans les Actes des apôtres[19], mais il n'est pas possible d'affirmer que le Martyre s'y réfère sûrement. Lorsqu'enfin les chrétiens sont traînés de force hors de leur prison pour sacrifier sur l'agora et qu'ils s'y refusent à nouveau de toutes manières, s'engage une autre discussion sur le Dieu des chrétiens:

> – *Quel dieu adorez-vous? leur demande-t-on.*
> – *Celui qui a fait le ciel, la terre, la mer, et tout ce qui s'y trouve, répond Pionius.*
> – *Est-ce le crucifié?*
> – *C'est celui que Dieu a envoyé pour le salut du monde (16,3-4).*

On reconnaît dans la réponse de Pionius, d'une part, les termes de la confession de foi traditionnelle selon la Bible, de l'autre, un écho de l'entretien de Jésus avec Nicodème[20].

Le récit comporte donc plusieurs professions de foi indépendamment de celles que nous relèverons dans les discours. Les unes sont négatives (3, 3; 5, 2) et se trouvent être les premières du récit, les autres sont positives (8, 3; 16, 3-4) et sont placées en second lieu. Je souligne la multiplicité de ces déclarations et la progression de leur ordonnance et ne puis m'empêcher d'y voir une certaine recherche dans la composition. Le tout est de savoir si celle-ci doit être attribuée au martyr quand il met par écrit ses déclarations orales ou au rédacteur quand il retouche le document autobiographique[21]. Même les citations bibliques, beaucoup plus diversifiées, confirment cette impression de science et de recherche dans le récit.

2. Les discours

Si déjà le récit trahit une certaine recherche littéraire, à plus forte raison les discours ne sont-ils pas exempts de rhétorique. Dans quelle mesure l'usage de la Bible confirme-t-il ou infirme-t-il ce préjugé?

Le premier discours, qui a été tenu par Pionius sur l'agora, est l'objet d'une mise en scène soigneusement décrite. Le martyr s'adresse aux citoyens de Smyrne, mais prend à parti les juifs de la ville (4, 2 et 5). Ainsi se comprennent les nombreux renvois à la Bible. Il y en a de tout à fait généraux „au livre des Rois, des Juges et à l'Exode" (4, 12); deux autres le sont à peine moins, à la Genèse à propos du déluge (4, 23) et de Gomorrhe et Sodome (4, 16). Les autres sont précis.

Pionius reproche, en effet, aux juifs de ne pas se conformer aux prescriptions de leur Loi (4, 5-6). Même à l'endroit des chrétiens qu'ils regardent comme leurs ennemis et envers les renégats dont la chute les réjouit, ils devraient se souvenir des recommandations bibliques[22]. Le Christ lui-même leur avait déjà fait ce reproche (4, 7)[23]. Pionius développe ce thème néo-testamentaire, en opposant les défaillances des apostats, qui ont cédé à la peur ou à la torture, aux transgressions juives, qui ne furent le résultat d'aucune violence. Il y a donc entre elles toute la différence qu'il y a entre une faute involontaire et un péché délibéré (4, 10). Cette distinction est bibliquement fondée[24]. Elle explique à son tour la violente diatribe contre les péchés juifs de l'histoire sainte.

Sont énumérés comme tels le culte de Béelphégor et les offrandes faites aux morts[25], la prostitution avec les filles païennes[26], les sacrifices d'enfants[27], les murmures contre Dieu et la rébellion contre Moïse[28], l'adoration du veau d'or[29]. Ces listes de péchés se trouvent déjà constituées dans la Bible et y alimentent un thème traditionnel. En témoignent les discours de Moïse dans le Deutéronome, sous forme de confession nationale le Ps 106, comme acte d'accusation le discours d'Étienne[30]. Les écrivains chrétiens eux-mêmes ne se font pas faute de le développer[31]. On voit ainsi par quel chemin il a pu entrer dans le Martyre de Pionius.

A cette diatribe se relient les thèmes du van et de la nasse. Ceux-ci annoncent et symbolisent en effet le jugement (4, 14-15). Le van vient directement de l'évangile[32] et n'est pas fréquent dans les Actes des martyrs[33]. La nasse aussi provient de l'évangile[34] et est encore moins fréquente dans ces documents hagiographiques. Ils signifient l'un et l'autre, non pas le jugement eschatologique au jour du Seigneur, mais la discrimination présente opérée par la persécution entre les bons et les mauvais. Le „van de la persécution" est abondamment attesté et commenté dans la littérature paléochrétienne[35], la nasse un peu moins[36]. Il va de soi, pour l'apologiste qui sommeille en Pionius ou dans son biographe, que les bons sont à identifier aux chrétiens demeurés fidèles même dans la persécution: d'où une citation biblique explicite[37]; si le juste a tant de peine à se sauver, où se montreront l'impie et le pécheur? (4, 16). Toutes ces épreuves actuelles annoncent le jugement futur, et toutes les catastrophes partielles qui dévastent le monde[38] anticipent sur le cataclysme universel (4, 23). Aussi Pionius peut-il conclure:

> *En conséquence, nous vous l'assurons: il se fera par le feu, le jugement de Dieu à venir; il sera prononcé par son Verbe Jésus-Christ. Voilà pourquoi, nous ne servons pas vos dieux et n'adorons pas leurs statues d'or (4, 24)*[39].

Il semble que le jugement par le feu, non seulement soit une réminiscence paulinienne[40], mais appartienne encore à cette tradition dont les Pères témoignent jusque vers le IVe siècle[41]. Cette perspective, en tout cas, les encourage fortement à une vie conforme aux commandements de Dieu et les invite surtout à refuser le culte des idoles. Or, la déclaration finale du discours, dont l'importance est soulignée par le fait qu'elle est répétée par Pionius, évoque en fait un texte biblique précis: au nom de ses deux compagnons, Daniel avait déjà refusé dans les mêmes termes de se plier aux ordres de Nabuchodonosor[42].

Dans leur prison, les martyrs reçoivent la visite de païens et d'apostats. Ces derniers venaient chercher auprès d'eux consolation et appui pour leur éventuelle réintégration dans l'Eglise dont leur apostasie les avait exclus. C'est à eux que Pionius adresse son second discours (12-14). Il est tissé de souvenirs et de thèmes bibliques.

Ces apostats repentants, Pionius les appelle „ses petits enfants" (12, 4 et 13). Ainsi avait déjà fait le Christ avec les apôtres[43] et l'apôtre Jean avec ses disciples[44]. Pionius pour les apostats, comme Paul pour les Galates, „souffre à nouveau les douleurs de l'enfantement, jusqu'à ce que le Christ soit formé en eux" (12, 5)[45]. On sait que ce texte paulinien est, depuis la Lettre des martyrs de Lyon, le lieu biblique classique pour désigner les efforts dépensés par les chrétiens pour faire revenir les apostats a la foi[46].

Le discours lui-même se présente d'abord comme une lamentation sur les ravages que la persécution vient de faire dans l'Église avec la chute des apostats. Cette lamentation commence avec des effets oratoires: la quadruple anaphore avec νῦν (12, 5-7) et deux interrogations (12, 8-9); elle se termine par une confession des fautes au nom des apostats. La période oratoire comporte une douzaine de citations scripturaires: les premières sont comme des prophéties de tous les malheurs présents[47]. Elles annoncent que l'heure du jugement est venue[48]. Suit une réflexion de l'orateur en réponse à une objection que la persécution avait sans doute inspirée aux chrétiens: Non, le Seigneur n'a pas perdu sa puissance; c'est nous qui l'avons perdue (12, 13). Cette double affirmation reçoit une justification. Car le Seigneur est toujours le même et capable de sauver[49], mais nos péchés, à savoir le mépris et le manque de charité mutuels, l'empêchent de le faire, alors que notre justice aurait dû dépasser celle des scribes et des pharisiens. Une première citation est dans les „morsures" qu'inflige ce manque de charité[50]. Quant au texte sur „la justice des scribes et des pharisiens", il est de l'évangile[51].

La deuxième partie du discours est destinée à prévenir les apostats des dangers qu'ils courent et à les prémunir contre eux: J'apprends, dit Pionius, que plusieurs d'entre vous sont invités par les juifs à fréquenter leurs synagogues (13, 1). En s'y rendant, ils commettraient un péché encore plus grand, d'abord parce que volontaire cette fois-ci[52], ensuite parce que irrémissible en tant que péché contre l'Esprit[53]. Ainsi commence une nouvelle critique du judaïsme, intimement liée à la défense du christianisme. Les deux aspects du développement sont successivement traités.

L'apologie du christianisme est déjà une attaque indirecte du judaïsme et commence par l'avertissement prophétique aux chefs d'Israël: ils sont ces chefs de Gomorrhe et Sodome aux mains pleines de sang[54]. Puis l'invective continue à la manière chrétienne: ils ont en effet tué les prophètes[55] et crucifié le Christ[56]. Les apostats, au contraire, doivent „se rappeler ce qu'ils ont entendu et le mettre en pratique" (13, 2-3). Pareille recommandation est répétée à satiété dans le Deutéronome[57] dont Pionius s'inpire ici. Une preuve de la mission divine de Jésus, niée par les juifs, se trouve pour lui dans les „merveilles", μεγαλεῖα, que Dieu opère dans son Église (13, 6), semblables à celles de la Pentecôte et de l'Ancien Testament[58].

L'attaque du judaïsme devient plus directe, sans jamais pourtant cesser d'être une défense de la foi chrétienne, avec un épisode biblique destiné, moins à prouver la réalité de la résurrection de Jésus qu'à mettre les contradicteurs juifs dans l'embarras: c'est l'épisode de Saül demandant à la nécromancienne d'Endor d'évoquer l'ombre de Samuel[59]. De deux choses l'une: ou bien Samuel a été réellement évoqué et alors Jésus lui aussi est revenu des morts; ou bien ce sont les démons qui ont pris l'apparence de Samuel et Jésus non plus n'est pas ressuscité. Tout en acceptant le premier terme de l'alternative, les juifs ne peuvent admettre comme corollaire la résurrection de Jésus; en admettant le second, il se condamnent à s'associer au diable. Toute cette argumentation repose sur l'Écriture: Samuel défunt reposait „dans le sein d'Abraham"[60] et ne pouvait être réellement évoqué (14, 7); qu'un diable ait pris sa place en apparaissant à Saül, comment s'en étonner si „Satan lui-même se déguise en ange de lumière" et que „ses suppôts se travestissent en ministres de la justice"[61], et si „l'antichrist lui-même doit prendre un jour l'apparence du Christ"[62]? Si l'apparition avait été réelle, Saül, conformément à la promesse reçue, aurait dû se trouver après sa mort en compagnie du prophète[63]: or, il est impossible que l'idolâtre soit avec le juste dans le sein d'Abraham (14, 12-13). Mais si l'apparition de Samuel n'était pas réelle, qu'en serait-il de celles du Christ ressuscité que ses disciples ont vues et ne peuvent renier[64]? Cette dernière réflexion, on le voit, est destinée à affirmer la foi des apostats plutôt qu'à servir à ébranler les croyances juives. D'où la recommandation finale de ce discours:

N'acquiescez pas à leurs erreurs sous l'effet du désespoir, frères, mais que votre conversion au Christ devienne définitive (14, 16).

Ces exhortations à la fidélité se retrouvent plusieurs fois sur les lèvres de Paul[65] et peuvent avoir trouvé leur écho ici.

J'ai fait remarquer le caractère rhétorique des discours. Cette caractéristique n'a rien que de normal. Elle explique aussi suffisamment, à mon avis, l'abondance des citations scripturaires. Ce qui, par contre, est nouveau dans les discours en comparaison du récit, c'est la présence de certaines séquences bibliques: celle de 14, 11, et de 12, 3-9, me paraissent très significatives. Elles accentuent le caractère oratoire des discours. Démontrent-elles le métier de l'orateur? Portent-elles seulement la trace des florilèges utilisés? Sont-elles la preuve de l'intervention du remanieur?

On retrouve effectivement quelques citations, faites par le Martyre de Pionius, dans les traités nés de la persécution de Dèce et des difficultés qu'elle suscita dans l'Eglise à propos des *lapsi*; mais elles sont encore plus nombreuses dans les florilèges bibliques substitants[66]. C'est pourquoi il est probable que les séquences bibliques signalées dans le Martyre de Pionius proviennent d'un florilège biblique qui a particulièrement servi pendant la persécution. Une deuxième conclusion serait alors celle-ci: les séquences bibliques du Martyre témoignent en faveur d'un remaniement, fait à tête reposée, des discours que le martyr prononça dans le feu de l'action.

II. LES PROCES-VERBAUX D'AUDIENCE

Des deux procès-verbaux d'audience (9, 19-20), le premier, dans lequel intervint le néocore, n'est sans doute pas la transcription d'une sténographie, officielle ou non, mais la relation qu'en fit Pionius lui-même en prison d'après ses souvenirs personnels[67]. Il est dès lors d'autant plus remarquable que ce passage du Martyre soit si sobre en références bibliques. Je n'en ai relevé qu'une qui soit reconnaissable. Elle est dans la profession de foi de Sabine, que cette dernière modèle d'ailleurs étroitement sur celle qu'avait faite Pionius à l'agora (8, 3). On y retrouve condensés les textes classiques de la Bible en la matière[68]. En voici le texte:

J'adore le Dieu tout-puissant, qui a fait le ciel, le terre et nous tous, et que nous connaissons grâce à son Verbe Jésus-Christ (9, 6).

La deuxième audience est présidée par le proconsul qui est arrivé à Smyrne dans l'intervalle. Il est expressément dit qu'un procès-verbal en fut dressé (19, 1). Celui-ci comporte deux déclarations de Pionius offrant des éléments de profession de foi, dans laquelle se retrouvent des textes bibliques connus. Le proconsul demande à Pionius: Quelle piété enseignais-tu?

– *Celle qu'on a pour Dieu, père et créateur de l'univers (19, 8).*

A une autre question du proconsul il répond:

– *Je ne suis pas attaché à l'air, mais à celui qui l'a fait avec le ciel et tout ce qui s'y trouve (19, 11).*

Ces déclarations sont plutôt modestes en comparaison de celles faites à l'agora. Serait-ce l'indice qu'elles ont été abrégées pour ne pas faire double emploi avec les premières? Si oui, l'abréviation devrait être le fait du compilateur. Si, au contraire, elles ont conservé leur forme originelle, ce sont celles de l'agora qui ont été amplifiées par le compilateur. Quoi qu'il en soit, les sources bibliques de ces confession brèves sont les mêmes que celles des longues et il n'y a pas lieu de s'y attarder.

118

III. LES PARTIES ATTRIBUABLES AU COMPILATEUR

Après le fragment autobiographique et les procès-verbaux des deux audiences, restent les parties du Martyre qui ne doivent rien au martyr ou à un sténographe et qui sont de la plume du compilateur. Il les a ajoutées à ses sources de son propre fonds ou sur la base de souvenirs personnels ou communautaires. Il s'agit du prologue et de l'épilogue (1, 21-23).

Le prologue comporte deux citations scripturaires, l'une recommandant aux fidèles de communier au souvenir des martyrs, la seconde justifiant la commémoraison par les titres personnels de Pionius à rester dans la mémoire des survivants. C'est avec la première citation que le compilateur commence son œuvre:

> *L'apôtre, dit-il, recommande de communier au souvenir des saints (1, 1).*

On sait que Rm 12, 13, comporte une double version selon les manuscrits. La leçon μνείας = *memoriis*, au lieu de χρείαις = *necessitatibus*, est propre à certains manuscrits grecs tels que le *Claromontanus* et le *Boernerianus* et aux versions latines pré-hiéronymiennes. Il convient de noter l'accord du compilateur avec ces témoins. C'est d'ailleurs sans doute à cause du caractère aberrant de la variante, qui n'était pas à la disposition de tout le monde, que ce texte paulinien est rarement entré dans nos Passions hagiographiques[69].

Si le premier titre de Pionius à rester dans la mémoire de ses frères est son martyre, le second est le souci qu'il eut de la conversion des apostats dont „il ramena beaucoup de leur erreur" (1, 2). Dans cet éloge on a noté un rappel biblique. L'épître de Jacques, elle aussi, en effet, exhorte ses correspondants à se préoccuper du pécheur: „Celui qui ramène un pécheur de son égarement sauvera son âme de la mort"[70]. Mais à travers l'épître retentit l'écho du psaume: „Aux pécheurs j'enseignerai tes voies, à toi seront ramenés les égarés"[71]. Que cette particularité dans l'attitude de Pionius soit soulignée dès le prologue, avant d'être longuement mise en relief dans le second discours, est sans doute un indice du temps où le narrateur écrivait, à savoir la persécution de Dèce. En effet, non seulement les apostats y furent nombreux: *maximus fratrum numerus*, dit Cyprien[72]; mais encore, durant la persécution déjà, on se préoccupa des conditions dans lesquelles ils pourraient être réadmis à la communion de l'Église et les confesseurs jouèrent un rôle important dans le processus de leur réadmission[73]. Ces réalités devaient être encore présentes dans la mémoire du compilateur quand il élabora les sources dont il disposait.

Le récit du martyre est sobre en citations bibliques. Au moment de mourir, Pionius prononce la prière du protomartyr Etienne: „Seigneur, reçois mon esprit"[74]. Quant à l'éloge final du martyr, il s'exprime aussi en termes d'Écriture. Jésus-Christ, vers qui sa pensée a toujours été tendue, est appelé „médiateur de Dieu et des hommes" selon une formule paulinienne[75]. Le „grand combat" dont il sort vainqueur (22, 1) est celui de tous ceux que le baptême a illuminés[76], surtout celui du martyr qui entre dans la lumière „par la porte étroite"[77]. C'est pourquoi l'hagiographe peut décerner à Pionius le titre d'„athlète" (22, 2): le martyr le méritait aussi à cause de l'état exceptionnel dans lequel le feu laissa son corps.

* * *

Les citations bibliques se répartissent de la manière suivante dans les diverses couches rédactionnelles du Martyre: 44 dans le fragment autobiographique (12 dans le récit, 14 dans le premier discours, 18 dans le second), 2 dans les procès-verbaux, 5 dans les parties propres au compilateur.

La disproportion est considérable entre la masse des citations dans le fragment autobiographique, d'une part, et leur relative rareté dans les autres sections du document. Si l'on tient compte du volume de ces couches, on ramène la disproportion à des chiffres plus modestes, mais significatifs: le fragment autobiographique, avec ses 333 lignes[78], offre une citation toutes les 7,58 lignes; les procès-verbaux comptent 53 lignes et une citation toutes les 26,5 lignes; le compilateur a écrit 49 lignes et cite l'Ecriture toutes les 9,8 lignes. La densité la plus grande reste donc celle du fragment autobiographique, la plus faible, celle des procès-verbaux d'audience. Entre ces deux extrêmes, la densité du compilateur est plus proche de celle du fragment autobiographique que de celle des procès-verbaux.

Comment interpréter ces données?

L'interprétation la plus facile est celle des procès-verbaux. Leur pauvreté en citations scripturaires s'explique par la nature du document. L'audience devant le magistrat municipal ou le gouverneur de la province ne se prête guère au déploiement des connaissances bibliques. Le texte sacré n'apparaît que sur les lèvres des confesseurs: le contraire nous eût paru suspect. Encore seules les confessions de foi sont-elles habituellement faites avec des termes bibliques: ce fait à peu près constant se vérifie aussi dans le Martyre de Pionius.

Les connaissances bibliques du compilateur sont bonnes, mais il n'en fait pas étalage. Une seule fois, en effet, il annonce une citation comme telle: c'est au début du prologue. Toutes les autres sont implicites. Ces données semblent de bon aloi; elles plaident en faveur d'une certaine ancienneté de la compilation.

C'est suivant le même critère du degré d'explicitation des textes scripturaires qu'il faut juger les citations beaucoup plus nombreuses de l'autobiographie. Elles sont annoncées huit fois par une formule appropiée: „Moïse vous prescrit" (4, 5), „Il faut écouter Salomon" (4, 6), „ainsi s'accomplit la parole du Seigneur" (12, 9), „pour que s'accomplisse cette autre (parole)" (12, 10), „dit-il (le Seigner)" (12, 14), „il est écrit que" (14,2), „l'apôtre dit"(14, 10), „la même Écriture nous enseigne" (14, 12). Beaucoup plus souvent cependant, les citations ne sont pas annoncées, mais simplement énoncées. Elles peuvent alors être littérales[79] ou allusives[80]. Il faut donc à l'autobiographe de sérieuses connaissances scripturaires et une certaine variété dans leur mise en œuvre.

Mais on peut encore préciser ces classifications et ces distinctions dans l'autobiographie. On remarque, en effet, que la partie narrative n'y compte aucune citation annoncée, mais en compte six littérales, toutes groupées dans le récit de la première séance tenue à l'agora, et quatre allusions réparties, au contraire, à travers tout le récit. Dans le premier discours, on note deux citations annoncées, une littérale, huit allusives. Le deuxième discours, en revanche, offre six citations annoncées, douze littérales, deux allusives. Ces différences relèvent-elles du genre littéraire ou dénotent-elles des différences rédactionnelles? J'aborde ainsi dans son ensemble un problème qui s'était plusieurs fois posé au cours de l'analyse.

L'orateur que révèle l'autobiographie a une évidente capacité d'adaptation à l'auditoire. C'est ainsi que me semblent devoir s'expliquer les différences dans la manière de citer l'Ecriture entre le premier et le second discours. Les citations expresses, annoncées ou littérales, sont l'exception, et les allusions, majoritaires dans le premier discours. Aussi bien s'adresse-t-il à un auditoire non-chrétien. Encore faut-il ajouter que les deux citations annoncées interpellent les juifs de l'assistance, seuls capables de les vérifier. Si, par contre, ce même discours comporte tant d'allusions, c'est sans doute un signe de la culture biblique de l'orateur. Le deuxième discours, lui, est pour les apostats, c'est-à-dire pour des chrétiens: d'où l'abondance des citations précises, annoncées et littérales, aux dépens des deux seules allusions. Aux auditeurs de reprendre en mains ces textes bibliques pour en méditer la leçon. Quant à savoir à quel moment de l'histoire du texte attribuer ces citations précises: à l'orateur au moment où il parle, au même personnage au moment où il met par écrit son texte parlé, ou au compilateur quand il retouche le texte écrit de l'orateur, il n'est pas possible de le dire à partir du seul critère de l'usage de la Bible. Il y a cependant des chances qu'elles appartiennent à une des deux étapes écrites du texte.

Qu'en est-il maintenant du narrateur que nous montre l'autobiographie? Du seul point de vue de la citation biblique, on pourrait être tenté d'identifier le martyr au narrateur. Ce point de vue se révèle cependant trop étroit et doit être élargi. J'ai noté, dans le récit, une certaine recherche dans la composition[81]. A quoi s'ajoutent les dialogues entre Pionius et ses adversaires, qui truffent le récit. Pour cette double raison, la rhétorique tend à envahir la narration et à la rapprocher des discours proprement dits. On pourrait même tirer argument dans le même sens des citations bibliques du narrateur lui-même. Si, parmi elles, on ne compte aucune qui soit annoncée, cela tient peut-être simplement au genre littéraire du récit. Les autres, dont les littérales sont à peine plus nombreuses que les allusives, pourraient avoir une double signification: les premières, témoigner en faveur d'une révision d'un récit primitif, les secondes, en faveur de la culture biblique du réviseur. De cette manière, les citations bibliques pourraient, à leur tour, confirmer le caractère rhétorique du récit.

Dans ces conditions, ce sont sans doute les procès-verbaux qui ont le plus de chances de provenir du document primitif sans modifications substantielles.

1 O. von GEBHARDT: „Das Martyrium des hl. Pionius".
2 H. DELEHAYE, *PM*, p. 26-33; M. SIMONETTI, *Studi agiografici*, p. 9-51; G. LANATA, p. 162-177.
3 H. DELEHAYE, *Op. cit.*, p. 31.
4 Ex 20, 3.
5 Ac 26, 1.
6 *TLL* 8, 344-345; *RlAC* 10 (1978) 898.
7 Jn 1, 9.
8 Mc 5, 10.
9 Ac 26, 28.
10 Jc 4, 15.
11 Lc 6, 21.
12 Am 4, 13 SEPT.; Ap 1, 8.
13 Ex 20, 11; Ac 4, 24; 14, 15.
14 1 Tm 6, 17.
15 Mt 11, 27 = Lc 10, 27; Jn 14, 7.
16 Cf. A. HAHN, *Bibliothek der Symbole*, p. 56. La profession de foi des presbytres réunis à Smyrne contre Noët est évidemment dirigée contre l'hérétique et conditionnée par son patripassianisme. C'est la raison pour laquelle il n'y a pas de rencontres verbales entre elle et la profession de foi de Pionius, laquelle de surcroît est séparée d'elle de plus d'un siècle.
17 Ac 24, 15.
18 2 Co 12, 16.
19 Ac 16, 25.
20 Ex 20, 11; Ac 4, 14; Jn 3, 17.
21 H. DELEHAYE, *Op. cit.* p. 31.
22 Ex 23, 5; Pr 24, 17.
23 Mt 15, 3.
24 Hb 10, 26.
25 Nb 25, 3; Ps 106 (105), 28.
26 Ez 16, 28. Ici le polémiste restreint le sens de πορνεύειν aux relations sexuelles. Le prophète, au contraire, se réfère à 2 R 21, 1-18, et 2 Ch 33, 1-10, et entend le mot de l'idolâtrie conformément à la tradition patristique. Le transfert sémantique s'explique en raison de la prostitution sacrée. Cf. *TWNT* 6, 586-587.
27 Jr 7, 31; Ez 23, 39.
28 Ex 15, 24; 16, 2; Nb 14, 27; 21, 5.

29 Ex 32, 1ss.; Ac 7, 41.

30 Ac 7, 2-53.

31 JUSTIN, *Dial.* 18, 19, 21; TERT. *Iud.* 1; EUS. *Dem. ev.* 1, 2; MAX. TAURIN. *Tract. c. Iud.*

32 Mt 3, 12 = Lc 3, 17. Cf. déjà cependant Is 41, 16; Jr 15, 7.

33 Il ne semble se trouver que dans le Martyre de Pionius.

34 Mt 13, 47-50.

35 *Act. Pauli*, éd. C. SCHMIDT, p. 24; *Ep. App.* éd. DUENSING, ch. 49, p. 154; IREN. *Haer.* 4, 33, 1 et 11; 5, 28, 4; 5, 31, 1, éd. SC 10, 804 et 826; 152-153, 388, 360; CLEM. ALEX. *Eclogae* 25, 1, 3, éd. *GCS* 12, 139; *Exc. ex Theodot.* éd. *SC* 23, 362; *Paed.* 1, 83, 4; 3, 83, 4, éd. *GCS* 17/2, 143-144; TERT. *Fug.* 1, 4, éd. *CC* 1, 1136; *Praescr.* 3, 8, éd. *CC* 1, 189.

36 *Ev. Thom.* 8, éd. GUILLAUMONT, p. 5; *Act. Ioh.* 103, éd. LIPSIUS-BONNET, p. 208; CLEM. ALEX. *Strom.* 6, 95, 3, éd. *GCS* 52, 479; *Paed.* 1, 91, 1, *ibid.* 12, 143; TERT. *Anim.* 35, 3, éd. *CC* 1, 837.

37 Pr 11, 31 SEPT. = 1 P 4, 18.

38 Ici Pionius cite comme exemples la Mer Morte (Cf. *DB* 4, 1289-1311), l'Etna et la Sicile (*PW* 1, 1111-1112), la Lydie avec Smyrne (*Ibid.* 13, 2129: „Smyrna ist wohl die erdbebenreichste Stadt Kleinasiens"), la Lydie (*Ibid.* 2271-2272).

39 La dernière partie de la citation: „Voilà pourquoi ... statues d'or" est répétée en 5, 2.

40 2 Th 1, 8.

41 L. ATZBERGER, *Geschichte der christlichen Eschatologie*, p. 405-504 *passim.*

42 Dn 3, 18.

43 Jn 13, 33.

44 1 Jn 1, 12; 2, 28; 3, 7; 4, 4.

45 Ga 4, 19.

46 Cf. supra p. 56, n. 122, p. 115. On notera d'ailleurs un détail de Ga 4, 19, qui accroît encore la similitude entre les textes hagiographique et biblique. Certains manuscrits de l'Ep. Gal. portent τεκνία. Si donc la lecture τεκνία est assurée dans le Martyre de Pionius, 4, 13, il s'ensuit que le texte biblique cité par lui portait aussi la leçon τεκνία en Ga 4, 19. Il se pourrait alors que ce soit chez Paul et non chez Jean qu'il a trouvé l'usage de ce mot.

47 Mt 7, 6; Ap 12, 4; Ps 80 (79), 6-17; Dn 13; Est 3, 15; Am 8, 11; Mt 25, 5.

48 Lc 18, 8; Mt 10, 21; Lc 22, 31; Mt 3, 12 = Lc 3, 17; Mt 5, 13 = Lc 14, 34.

49 Is 59, 1-2 = 50,2.

50 Ga 5, 15.

51 Mt 5, 20.

52 Hb 10, 26.
53 Mt 12, 31 = Mc 3, 29 = Lc 12, 10.
54 Is 1, 10-15.
55 Mt 23, 29-36 = Lc 11, 49-51.
56 Ac 2, 14-16. 1 Th 2, 14-16, réunit les deux griefs.
57 Dt 5, 27 etc.
58 Ac 2, 11; Ps 71 (70), 19; 72 (71), 18.
59 1 S 28, 8ss.
60 Lc 16, 22.
61 2 Co 11, 14-16.
62 Mt 24, 24.
63 1 S 28, 19.
64 Ac 1, 9.
65 Ac 11, 23; 13, 43; 14, 22.
66 CYPR. *Laps.* 21: Is 5à, 1; *Unit.* 3: 2 Co 11, 14-15; *Unit.* 26: Lc 18, 8; *Test.* 1, 24: Is 1, 15; 2, 4: Is 59, 1; 3, 3: Ga 5, 15; 3, 28: Mc 3, 29. Il me paraît cependant peu probable que l'hagiographe smyrniote, à plus forte raison le martyr Pionius, aient pu disposer des œuvres de Cyprien.
67 G. LANATA, *Atti*, p. 175.
68 Ex 20, 11; Ac 4, 24; 14, 15, d'une part; de l'autre, Mt 11, 27 = Lc 10, 22; Jn 14, 7.
69 La *Biblia patristica* du C.A.D.P. de Strasbourg ne signale que notre Martyre de Pionius.
70 Jc 5, 20.
71 Ps 51 (50), 15.
72 CYPR. *Laps.* 7.
73 V. SAXER, *Vie liturgique et quotidienne*, p. 145-188 *passim*.
74 Ac 7, 59.
75 1 Tm 2,5.
76 Hb 10, 32.
77 Mt 7, 13 = Lc 13, 24.
78 Lignes comptées dans l'édition de KNOPF-KRÜGER[3].
79 4, 16; 5, 2, 4; 8, 3; 10, 8; 11, 3, 5; 12, 3-8, 11-12, 15-16; 13, 1-3, 6; 14, 7, 10; 21, 9; 22, 1*bis*.
80 4, 8, 10-11, 14-15, 18, 23-24; 6, 4; 8, 3, 5; 14, 15-16; 16, 4; 18, 12.

CHAPITRE X:
CYPRIEN EVEQUE DE CARTHAGE
(258)

Comme les Actes des martyrs scillitains, ceux du martyre de Cyprien se caractérisent par leur grande sobriété[1]. Mêmes les citations scripturaires y sont rares. Elles n'y interviennent que dans un seul passage, lorsque l'évêque de Carthage fait sa profession de foi chrétienne. Le proconsul Aspasius Paternus vient de lui demander de se conformer aux décrets impériaux en sacrifiant. Cyprien répond alors:

> *Je suis chrétien et évêque. Je ne reconnais pas d'autres dieux en dehors du Dieu unique et vrai, créateur du ciel et de la terre et de tout ce qu'ils contiennent. C'est lui que nous servons, nous autres chrétiens, lui que nous prions jour et nuit pour tous les hommes et pour le salut des empereurs eux-mêmes (1, 2).*

Cette déclaration contient plusieurs allusions scripturaires, associées les unes aux autres et qu'il faut isoler.

„Le créateur du ciel et de la terre et de tout ce qu'ils contiennent" est l'article fondamental de la foi monothéiste, car le vrai Dieu se manifeste à tous dans sa création. La formule fait partie du code de l'Alliance auquel font écho de nombreux livres bibliques[2]. On la retrouve en particulier sur les lèvres de ceux qui sont mis en demeure d'adorer d'autres dieux, mais veulent rester fidèles au Dieu des Écritures[3].

Le corollaire de la foi monothéiste est le service du seul Dieu: „C'est lui que nous servons", dit Cyprien en écho à d'innombrables textes scripturaires[4].

La prière instante „de jour et de nuit" dont il est question dans la profession de foi est caractéristique des épîtres pauliniennes de la captivité[5]. Quant à celle qui est faite „pour tous les hommes, mais en particulier pour le salut des empereurs", elle se conforme à la recommandation de l'apôtre à Timothée[6].

Il n'est pas inutile de rappeler que Cyprien avait enseigné auparavant ce qu'il déclarait au proconsul; qu'en jouant sa vie sur sa déclaration, il pratiquait ce qu'il avait enseigné[7]. Il devenait ainsi lui-même ce qu'il avait appelé „un martyr conforme à l'évangile"[8].

1 *Acta Cypriani, PL* 3, 1497-1506, CSEL 3/3, cx-cxiv; P. MONCEAUX, *Histoire littéraire de l'Afrique chrétienne*, t. 2, p. 179-197; G. LANATA, *Atti*, p. 184-193, 242-247; V. SAXER, *Vie liturgique et quotidienne*; Ch. SAUMAGNE, *Saint Cyprien*; V. SAXER, *Saints anciens*, p. 82-86.

2 Ex 20, 11; Ne 9, 6; Ps 146 (145), 6; Ac 4, 24; 17, 24; Ap 10, 7; 14, 7.

3 Dn 14, 5; 2 M 7, 28; Ac 14, 15.

4 Je relève entre autres les textes suivants: Dt 6, 13; 10, 20; 11, 13; Jos 24, 21, 24; Jg 10, 16; 1 R 7, 3-4; 12, 14; Tb 14, 14; Ps 2, 11; 100 (99), 2; Jr 30, 9; Dn 6, 20; Mt 4, 10; 1 Th 1, 9; Hb 9, 14 etc. Il y a des chances que Cyprien se réfère directement à Mt 4, 10, et à travers lui à Dt 6, 13.

5 1 Th 3, 10; 5, 5; 2 Tm 1, 3.

6 1 Tm 2, 1.

7 V. SAXER, *Vie liturgique et quotidienne*, p. 273-274; *Saints anciens*, p. 67, 79.

8 V. SAXER, *Vie liturgique et quotidienne*, p. 316 et n. 182.

CHAPITRE XI:
AGAPE, CHIONE ET IRENE
(Thessalonique, 304)

Les trois sœurs Agapé, Chioné et Irène moururent à Thessalonique en 304. Pour fuir la persécution, après avoir caché dans leur maison de nombreux livres des Saintes Écritures, elles se réfugièrent dans la montagne. La faim ou le froid les contraignit finalement à revenir en ville et à réintégrer leur maison. C'est là qu'elles furent arrêtées comme chrétiennes et accusées en un second temps de recel de Livres Sacrés. Elles furent condamnées toutes les trois et exécutées. Leur Passion fut compilée par un hagiographe postérieur aux faits: il cousit ensemble deux procès-verbaux primitifs, qu'il fit précéder d'un exorde et suivre du récit du martyre et de quelques mots de conclusion[1]. Pour cette raison, il convient de traiter séparément les citations bibliques que contiennent les procès-verbaux et celles qui se trouvent dans les additions du compilateur.

I. LE PROCES-VERBAL DE L'AUDIENCE D'IRENE

En fait, seul le procès-verbal de l'audience d'Irène contient deux allusions scripturaires.

Répondant à une première question du gouverneur, elle refuse de manger des viandes immolées aux idoles et de sacrifier aux dieux païens. Elle appuie son refus sur la grâce du „Dieu tout-puissant, créateur du ciel, de la terre, de la mer et de tout ce qu'ils contiennent" (5, 2). Cette formule appartient en d'autres Actes de martyrs à la profession de foi chrétienne, laquelle, tout aussi bien, pouvait se trouver à cet endroit. Peut-être s'y trouvait-elle effectivement et le compilateur a-t-il modifié sa source sur ce point. Dans la formule conservée, on reconnaît de toute façon une citation scripturaire classique[2].

Lorsqu'ensuite Irène s'explique au sujet les Livres Saints qu'elle a soustraits à la confiscation, elle affirme que personne, en dehors de Dieu, ne savait où ils étaient cachés. Elle s'était gardée de le révéler à quiconque pour éviter une dénonciation. Car, dit-elle, „nous regardions nos proches comme nos pires ennemis" (5, 4). Si la citation n'est pas textuelle, elle est néanmoins réelle, puisqu'il s'agit d'un texte prophétique repris par l'évangile[3] et qui a été employé ailleurs dans la littérature hagiographique pour caractériser des situations semblables[4].

129

II. LES CITATIONS DU COMPILATEUR

Sous la plume personnelle du compilateur, les citations bibliques sont plus nombreuses.

Relevons d'abord deux citations qui proviennent de la Première Épître aux Thessaloniciens et qui réactualisent, dans l'esprit du compilateur, l'éloge que faisait saint Paul de ses correspondants. Lorsqu'éclata la persécution, „les trois saintes femmes quittèrent précipitamment Thessalonique, dont le très sage apôtre Paul avait loué la foi et la charité en disant: En tout lieu votre foi en Dieu s'est répandue; puis, au sujet de son amour des frères: il n'est pas besoin qu'on vous écrive, car vous avez appris personnellement de Dieu à vous aimer les uns les autres" (1, 2). Dans ce passage du Martyre, deux extraits de l'épître paulinienne sont rapprochés, qui comportent d'ailleurs en commun une cheville: ὥστε μὴ χρείαν ἔχειν = οὐ χρείαν ἔχετε[5]. Il s'en faut cependant que l'éloge de la ville soit entièrement en situation dans le Martyre, car, si la persécution donne effectivement aux fidèles l'occasion de témoigner de leur foi, elle ne donne pas aux concitoyens celle de l'amour fraternel. Aussi faut-il voir dans ces deux premières citations une pointe d'esprit de clocher et l'indice que le compilateur est thessalonicien.

En laissant leur patrie et leurs biens par amour de Dieu et dans l'espérance des biens célestes, les martyres méritent d'être comparées à Abraham que la Bible montre quittant son pays pour celui que Dieu lui promet (1, 2)[6]. Après cette allusion très générale, le texte du Martyre se poursuit avec une citation de nouveau explicite. Car en fuyant leur ville, les trois femmes obéissent à un précepte du Seigneur: „Elles fuient, en effet, leurs persécuteurs" (1, 2)[7].

Les trois sœurs sont finalement arrêtées[8], pour „accomplir le reste des commandements du Seigneur et aimer Dieu jusqu'à la mort" (2, 1). Leur nom donne alors lieu à des explications étymologiques, appuyées de citations scripturaires. Le nom de Chioné, on le sait, avait été porté par une fille de Borée, selon la mythologie antique, et dérive du mot χιών, la neige. Or, la martyre de ce nom avait gardé la pureté et l'éclat de son baptême, selon la parole du saint prophète: Lave-moi, et je serai plus blanc que neige" (2, 2). On reconnaît dans ce jeu de mots une citation psalmique[9]. Pour Irène, l'explication de son nom surprend moins, bien qu'elle soit amenée d'une manière un peu forcée. Elle avait, dit l'hagiographe, „gardé en elle le don de notre Sauveur et Dieu ... selon la sainte parole: Je vous donne ma paix. Aussi tout le monde l'appelait Irène" (2, 2-3). Ici, le jeu de mot entre le nom propre et le nom commun est assorti d'une citation johannique[10]. Pour le nom d'Agapé, qui signifie charité, les citations bibliques ne manquaient pas. L'hagiographe s'est arrêté à un texte: „Elle possédait, en effet, la plénitude de la charité pour avoir accompli jusqu'au bout les commandements, conformément à cette parole de l'apôtre: Le but des commandements, c'est de promouvoir la charité[11]. Aussi portait-elle le nom significatif d'Agapé" (2, 3).

C'est ainsi que toutes les trois martyres méritèrent de „vaincre le diable et l'armée diabolique qui est sous le ciel et d'obtenir la couronne impérissable de gloire" (2, 4). Cette couronne est celle dont parle l'apôtre Pierre et qui est réservée à ceux qui sont restés fidèles au Christ jusqu'au jour de sa parousie[12].

* * *

Les citations scripturaires du Martyre sont inégalement réparties suivant qu'elles figurent dans les procès-verbaux d'audience utilisés par le compilateur ou dans son propre texte: quatre dans les procès-verbaux, huit chez le compilateur. Cette disproportion est encore accrue, si l'on tient compte de la longueur relative de ces deux sortes de textes: 146 lignes pour les premiers, 40 pour le second. Cela veut dire que les citations bibliques sont six fois plus nombreuses chez le compilateur que dans les procès-verbaux.

La citation tourne au système chez le compilateur. Le procédé littéraire apparaît dans la manière d'introduire les citations: selon la parole du prophète, de l'apôtre ou du Seigneur. Aussi bien sommes-nous en présence de genres littéraires différents: le procès-verbal est une relation de questions et de réponses qui se prête mal à la citation, il est écrit selon un formulaire juridique qui de plus n'en comporte pas; chez le compilateur elle est destinée à mettre en relief le caractère providentiel du martyre comme accomplissement de la volonté de Dieu. Avec l'emploi systématique de ce procédé, nous assistons à la naissance d'un genre hagiographique nouveau, celui de la Passion-panégyrique.

NOTES (Chapitre XI)

1 P. FRANCHI DE' CAVALIERI, „Il testo greco originale degli Atti delle SS. Agape, Irene e Chione", p. 3-14 (étude), 15-19 (texte); H. DELEHAYE, *PM*, p. 141-143; LANATA, *Atti*, p. 208-220.
2 Ex 20, 11 etc.
3 Mi 7, 6; Mt 10, 36.
4 *Mart. Polyc.* 6, 2.
5 1 Th 1, 8; 4, 9.
6 Gn 12-14.
7 Mt 10, 23.
8 Sur le lieu de leur arrestation: dans la montagne? ou en ville?, voir P. FRANCHI DE' CAVALIERI, *Art. cit.*, p. 4.
9 Ps 51 (50), 9.
10 Jn 14, 27.
11 1 Tm 1, 5.
12 1 P 5, 4.

CHAPITRE XII:
EUPLUS DE CATANE
(en 304)

Les Actes d'Euplus nous sont parvenus en plusieurs rédactions grecques et latines[1]. La plus ancienne a été désignée par le sigle *A*. C'est d'elle que dérivent directement ou indirectement toutes les autres, la plus répandue étant une élaboration savante de César Baronius[2]. Je m'en tiendrai à la version ancienne *A*, me contentant de relever dans les autres anciennes leurs développements scripturaires.

Auparavant, voici quelques brèves indications sur les faits. Ils se sont passés à Catane, le 29 avril et le 12 août 304, devant le „clarissime correcteur de Sicile" Calvisianus[3]. Quant à Euplus, Pio Franchi de' Cavalieri le tient pour un martyr volontaire, qui se présenta de lui-même au tribunal du magistrat et porta les évangiles avec lui comme preuve de son christianisme. Une première audience eut lieu privément dans le *secretarium* ou bureau du magistrat, le 29 avril; une deuxième, au tribunal, fut publique, le 12 août. Dans l'intervalle Euplus fut sans doute incarcéré. Il fut condamné à mort et exécuté le 12 août 304.

De ces deux audiences, les procès-verbaux ont été dressés sans doute en latin. Leur traduction grecque en *A* fut faite à l'usage chrétien, comme le montrent quelques particularités rédactionnelles et les additions relatives à la sentence et à son exécution.

Je dégagerai donc l'usage de la Bible: 1) des procès-verbaux d'audience; 2) des additions de l'hagiographe qui rédigea *A*, 3) des versions dérivées de *A*.

I. LES PROCES-VERBAUX D'AUDIENCE DE *A*

Dans les procès-verbaux d'audience, on n'a relevé qu'une allusion biblique[4]. Euplus est d'abord interrogé sur les livres qu'il porte avec lui.

> Le *corrector* Calvisianus dit: *Tu les a portés de chez toi?*
> *Euplus dit: Je n'ai pas de chez moi, le Seigneur le sait (1, 2).*

Cette dernière incise: Τοῦτο καὶ ὁ κύριος οἶδεν, est une de ces affirmations courantes dans la Bible et chères aux chrétiens[5]. On dit au-

133

jourd'hui dans le même sens: Dieu m'en est témoin. Cette expression aussi se trouve déjà dans la Bible[6]. Mais elle devait être devenue d'un usage si courant qu'on peut se demander si on la ressentait encore comme d'origine biblique.

Ce qui est plus remarquable dans le cas d'Euplus, ce n'est pas qu'il porte sur lui les évangiles comme preuve de son christianisme[7], mais qu'il en possède un exemplaire, alors que, pauvre hère, il n'a pas de toit. Ce livre est sa seule richesse. Il le lit assidûment et le connaît par cœur, comme nous le verrons. Le *corrector* lui demande ce qu'il y a dans le volume. Euplus en lit le titre: ,,Les saints évangiles selon Mathieu, Marc, Luc et Jean"[8]. Le *corrector* s'informe sur la signification de ce titre. Euplus de dire: ,,C'est la loi du Seigneur mon Dieu, je l'ai reçue de lui" (1, 4). Le magistrat se méprend sur le sens de ces derniers mots. Euplus précise alors: ,,Je te l'ai déjà dit, je l'ai reçue de mon Seigneur Jésus-Christ, fils de Dieu". Le magistrat, suffisamment éclairé, considère cette déclaration comme équivalente à une confession de foi, ἡ αὐτοῦ ὁμολογία (1, 5).

Au cours de la deuxième audience, le *corrector* revient sur la question des livres: ,,Conserves-tu toujours les lectures prohibées?" Pio Franchi fait observer que cette demande doit être générale, car le volume qu'Euplus portait à la première audience avait sans doute été confisqué, conformément à l'édit impérial[9]. La question est posée pour le cas où Euplus en posséderait d'autres. C'est ici que s'engage l'équivoque, car Euplus répond que oui. ,,Où sont-ils, demande Calvisianus? – Παρ' ἐμοί εἰσιν, répond Euplus" (2, 2)[10]. Pio Franchi explique une seconde fois que la réponse d'Euplus devait s'accompagner d'un geste de la main ou d'un signe de la tête vers son cœur: les Écritures sont là! Nous savons maintenant qu'elles sont l'aliment de sa foi et qu'à force de les lire il les sait par cœur. Le texte du procès-verbal n'a pas besoin d'autre commentaire.

II.   LES ADDITIONS DES REDACTEURS DE *A*

En comparaison de la nudité scripturaire du texte des procès-verbaux, celui des additions dues aux rédacteurs porte d'évidentes traces de toilette rédactionnelle. Le deuxième procès-verbal se termine en effet par ces mots:

Ayant souffert de nombreuses tortures, il endura jusqu'à la fin le combat du martyre, εἰς τελὸς ὑπέμεινεν τὸν τοῦ μαρτυρίου ἀγῶνα, *obtenant la couronne de la foi ortho-doxe (2, 3 déb.)*

Cette phrase a tout l'air d'une conclusion. Pio Franchi observe que les expressions εἰς τελὸς ὑπομένειν et τὸν στέφανον κομίζειν, „combattre jusqu'à la fin" et „remporter la couronne", désignent l'accomplissement du martyre par la mort[11]. Dès lors Euplus est mort dans les tortures ou à la suite des tortures. Effectivement, ces deux manières de parler sont bibliques et désignent déjà dans les Livres Saints la mort par le martyre[12]. C'est pourquoi, l'énoncé de la sentence, qui suit cette phrase, doit être une deuxième addition encore plus tardive (2, 3 fin). De fait, la doxologie qui conclut la deuxième addition fait double emploi avec 2, 3 début, sa rédaction trinitaire est un écho de la foi de Nicée-Constantinople:

Ainsi le bienheureux martyr Euplus obtint la couronne impérissable des mains du Christ notre Dieu, à qui reviennent la gloire et l'honneur avec le très saint, très pur et vivifiant Esprit maintenant et toujours et dans les siècles des siècles. Amen (2, 4).

Notons la mention renouvelée de la couronne: elle lui vaut, comme ornement supplémentaire, d'être appelée imputrescible[13].

III. LES VERSIONS DERIVEES DE *A*

Des versions dérivées de *A*, seules *B* et *a* comportent des textes bibliques nouveaux.

En *B*, après avoir déclaré que le livre qu'il portait était celui des quatre évangiles, Euplus en lit un passage qui est l'annonce des persécutions[14]. Plus loin, il reconnaît qu'il n'a pas de maison, mais parce qu'il l'a abandonnée pour suivre les conseils du Seigneur: Quiconque ne quitte pas maison, champs, père, mère, etc., ne peut pas être mon disciple[15]. Ce n'est donc plus le pauvre frappé par le sort, mais le pauvre volontaire, qui s'est présenté au juge. Cette surenchère se ressent des tendances ascétiques qui prévalent dans les mœurs et la littérature à partir de la fin du IVe siècle. Enfin, les deux audiences ayant été réunies en une seule et le martyr ayant fait une confession de foi trinitaire, elle aussi dans le plus pur style de Nicée-Constantinople, il cite deux psaumes. Le premier[16] commente son affirmation de porter la loi de Dieu dans son cœur. Il récite le second pendant qu'il est torturé[17]. Ces divers indices ne permettent pas de dater la version grecque *B* avant 381, voire avant le tournant du IVe-Ve siècle.

En *a*, qui fait d'Euplus un évêque, la citation biblique tourne au système. Le rédacteur de cette version annonce expressément ses citations[18]. Mais surtout toutes les prières qu'il fait dire au martyr sont tirées du psautier[19]. Un psaume est chanté en entier devant le magistrat, le dernier, cité intégralement, et c'est sur les paroles finales du texte biblique: Les justes espèrent en attendant que tu leur donnes leur récompense[20] que le martyr est décapité. Ainsi la prière des martyrs finit par exercer la patience des bourreaux.

* * *

Les Actes d'Euplus sont instructifs à plus d'un point de vue. Ils permettent d'abord de suivre le développement progressif d'un texte hagiographique: 1) les procès-verbaux primitifs de 304; 2) la première recension chrétienne de la fin du siècle ou du début du suivant; 3) les versions postérieures qui transforment la titulature des personnages[21], changent les circonstances du martyre[22] et farcissent le texte de citations scripturaires.

Ils dévoilent ainsi les procédés des hagiographes. Les compléments du premier recenseur se limitent à peu de choses: qualification d'Euplus de „bienheureux martyr" (encore a-t-il oublié le qualificatif les premières fois qu'il a rencontré le nom du martyr), addition d'une conclusion et d'une doxologie. Il s'est ainsi contenté d'adapter les textes primitifs à la lecture chrétienne. Les remanieurs plus tardifs les adaptent aux modes littéraires et ascétiques du jour: d'où le thème de la pauvreté volontaire, d'une part, de l'autre, les abondantes citations scripturaires. Celles-ci sont à prédominance psalmique dans la version *A*. Elles doivent trahir l'influence de la liturgie sur l'hagiographie[23].

Les Actes sont enfin le reflet de mentalités diverses, mais celles-ci sont plus difficiles à cerner, alors qu'on en aperçoit plus facilement les mutations. Ainsi voit-on poindre, d'une recension à l'autre, une piété nouvelle. Celle du IVe siècle était encore essentiellement vouée aux martyrs. Celle du siècle suivant le sera au non-martyrs, ascètes, vierges, confesseurs. Ici c'est un ascète qu'on veut faire voir dans le personnage d'Euplus, avant qu'on ne lui impose la figure du saint évêque. Chacune de ces mutations se fait à grand renfort de citations bibliques.

NOTES (Chapitre XII)

1 P. FRANCHI DE' CAVALLIERI, „S. Euplo", *Studi e Testi*, 49 (1928) 47-54.
2 G. LANATA, *Gli atti dei martiri come documenti processuali*, p. 221.
3 Calvisianus n'est connu que par les Actes d'Euplus: cf. *PLRE* I, p. 177.
4 P. FRANCHI, *Art. cit.*, p. 7-8.
5 2 Co 11, 11; 12, 2-3.
6 P. FRANCHI, *Ibid.*, p. 8, n. 1.
7 On sait que le premier édit de Dioclétien ordonnait la recherche et la destruction des livres sacrés des chrétiens.
8 Sur l'ordre de cette énumération, cf. *Bibellexikon* éd. par H. HAAG (Benziger Verlag 1951), col. 450.
9 P. FRANCHI, *Ibid.*, p. 14.
10 Selon P. FRANCHI, *Ibid.*, p. 15, l'expression correspond au latin *mecum* et non *apud me*. En français il faudrait dire, non: chez moi, ni même: sur moi, mais: en moi. Le double sens n'est pas possible en cette langue.
11 P. FRANCHI, *Ibid.*, p. 18 et n. 1.
12 Cf. supra Lettre des Lyonnais p. 51-52, 62.
13 1 P 5, 4.
14 Mt 10, 18 = Lc 21, 15.
15 Mt 19, 29 = Lc 14, 20.
16 Ps 119 (118), 47-48.
17 Ps 41 (40), 1-3.
18 Ps 97 (96), 7.
19 Ps 102 (101), 1ss.; 86 (85), 1ss.; 142 (141), 2ss.
20 Ps 142 (141), 8cd SEPT.
21 P. FRANCHI, *Ibid.*, p. 21, 24, 30 pour Calvisianus, p. 29 pour Euplus.
22 Blocage de deux séances en une, refus de sacrifier aux dieux au lieu du port prohibé des évangiles, suppression et création de personnages.
23 En *B*: Mt 10, 18 = Lc 21, 15; Mt 19, 29 = Lc 14, 26, pouvaient appartenir, l'un ou l'autre, à la lecture évangélique du jour.
   En *a*, il n'y a que des citations de psaumes. Elles relèvent d'un temps où le chant des psaumes est entré dans les mœurs de l'Eglise, et leur texte, dans la mémoire des fidèles.

CHAPITRE XIII

PHILEAS EVEQUE DE THMUIS
(en 306)

Sur les circonstances du martyre de Philéas, évêque de Thmuis dans le delta du Nil, nous possédons une documentation de première main: 1) la lettre que l'évêque lui-même écrivit à ses diocésains sur son arrestation, son emprisonnement et les supplices infligés aux martyrs d'Alexandrie[1]; 2) l'apologie du même, c'est-à-dire le procès-verbal en grec de la dernière audience au cours de laquelle le préfet d'Egypte Culcianus[2], après avoir essayé de le sauver, le condamna finalement à mort le 4 février 306[3]; 3) les actes latins de son martyre ainsi que d'un compagnon, Philorome[4]. Ce sont ces deux derniers documents qui nous occuperont ici.

L'apologie a été publiée en édition princeps en 1964[5] d'après le papyrus Bodmer XX que l'on a daté, en raison de sa paléographie, des années 310-350. Malgré son caractère fragmentaire, c'est un document de toute première valeur. De tous les documents analysés ici, c'est même celui qui nous est parvenu dans une copie aussi proche que possible des évènements. Cette circonstance exceptionnellement favorable nous permet de saisir le texte dans les tout premiers temps de son histoire. D'où l'intérêt qu'il y a à en examiner les citations scripturaires.

Quant aux Actes latins, le Père François Halkin en a montré la valeur. Il les considère comme contemporains de l'apologie grecque, bien que nous ne les possédions qu'en copies médiévales. Effectivement, Rufin les avait déjà utilisés à la fin du IVe siècle. D'autre part, ils ne peuvent avoir été traduits sur le texte grec du papyrus Bodmer XX, car l'ordre de l'interrogatoire est différent dans les deux versions. Pour expliquer cette différence, on a pensé qu'elles remontent à deux sténographies distinctes du procès et que, dès lors, au moment de la mise au net de l'une des deux, l'ordre des tablettes de cire qui avaient été utilisées par les sténographes avait été bouleversé. Malgré cela, le texte latin a un grand intérêt, car il permet de reconstituer, sinon l'original grec avec une absolue certitude, du moins avec une suffisante probabilité l'ordre dans lequel l'audience s'est déroulée. D'où aussi son importance pour les citations bibliques qu'il offre en plus.

Celles-ci seront rapportées selon la reconstitution que Victor Martin a proposée du texte grec. J'y distingue cependant, du résumé dont le rédacteur chrétien l'a fait précéder et qui rapporte ce qui s'est passé dans les quatre premières séances, le procès-verbal de la cinquième et dernière audience. Résumé et procès-verbal se contredisent sur un certain nombre de points. Aussi bien faut-il considérer le résumé comme un texte hagiographique de moins bonne note que le procès-verbal. Je les examinerai donc séparément en commençant par le procès-verbal.

I. LE PROCES-VERBAL DE LA DERNIERE AUDIENCE

Selon ce procès-verbal Philéas use de la Bible de diverses manières: ou bien il annonce ses citations par une formule stéréotypée, ou bien il ne les annonce pas et elles peuvent être littérales, implicites, voire seulement allusives.

Les citations sont donc parfois annoncées par une formule stéréotypée: La sainte et divine Ecriture dit, ou: Les saintes et divines Ecritures disent[6]. Cette formule introduit une première fois une double justification scripturaire du refus de Philéas de sacrifier:

— *Je ne sacrifie pas.*
— *Pourquoi?*
— *Parce que les saintes et divines Ecritures disent: Celui qui sacrifie aux dieux sera exterminé, à moins qu'il ne le fasse au Dieu unique (P. 28, lin. 1-3)*[7].

La citation est tirée de l'Exode[8], où est interdit le culte des idoles. Mais Philéas ne sacrifie pas davantage au Dieu unique[9], parce qu'Il a refusé de tels sacrifices. Philéas se réfère ici à la polémique anti-sacrificielle des prophètes:

Dieu n'a pas besoin de pareils sacrifices. Les saintes et divines Ecritures disent en effet: qu'ai-je à faire de la multitude de vos sacrifices, dit le Seigneur. Je suis rassasié. Les holocaustes de béliers et la graisse des agneaux, je n'en veux pas. Ne m'offrez pas non plus de la farine (P. 28, lin. 6-12).

Dans „les saintes et divines Ecritures" ici alléguées il s'agit de textes prophétiques[10], et plus précisément d'Isaïe, car „la fleur de farine" dont parle Philéas est en question chez le même prophète[11].

La formule d'annonce intervient une seconde fois à propos d'un texte biblique sur le serment. Le préfet dit à Philéas: J'ai juré, moi; jure donc toi aussi. Philéas répond:

140

IL ne nous est pas permis de jurer. Car la sainte et divine Ecriture dit: Que votre oui soit oui, votre non, non (P. 34, lin. 8-12 = P. 35, lin. 2-5).

On reconnaît la parole du Seigneur sur le serment[12].

La dernière citation explicitement annoncée concerne le plus grand commandement de l'Ecriture. On comprend qu'il soit introduit par une formule solennelle. Dans quel contexte se placent-ils tous les deux? Dans son effort de persuader Philéas, le préfet en appelle à sa conscience et lui demande de tenir compte de sa famille. Il dit en effet:

> – *Pourquoi ne suis-tu pas ta conscience, comme il conviendrait, à l'endroit de tes fils et de ta femme?*
> *Philéas dit: Parce que la conscience envers Dieu est supérieure et passe avant tout. En effet, la divine Ecriture dit: Tu aimeras le Seigneur ton Dieu qui t'a fait (P. 42, lin. 10-15 = P. 43, lin. 7-10)[13].*

Nous reconnaissons la formule du *Shema Israël*: les juifs pieux la récitaient tous les jours[14]; Jésus l'a intégrée telle qu'elle dans le code religieux de la Nouvelle Alliance et en a fait le premier et le plus grand de ses commandements[15]. Elle est pourvue par Philéas d'un appendice: (le Seigneur) qui t'a créé, à la manière des professions de foi monothéiste des martyrs. Sous une forme approchante, l'appendice est attesté en de très nombreux passages de l'Ecriture[16].

Plus nombreuses que les citations annoncées sont celles qui ne le sont pas et qui peuvent être plus ou moins précises.

Une première, implicite, en entraîne à sa suite plusieurs autres du même genre. Elle se trouve dans un passage relatif au sacrifice chrétien. Culcianus demande quelle espèce de sacrifice demande Dieu. Philéas dit:

> *Un cœur pur, une âme intègre, des prières raisonnables et de la piété, et l'âme qui accomplira les œuvres de la justice recevra sa récompense, mais dans l'au-delà seulement (P. 30, lin. 4-11 = P. 31, lin. 3-6)[17].*

Ce texte n'est que partiellement attesté: sa reconstruction est conjecturale. Il oppose le sacrifice spirituel des chrétiens aux sacrifices sanglants de l'antiquité.

On y trouve d'abord la mention du „cœur pur" avec lequel il faut rendre à Dieu le culte qui lui revient[18]. Le texte du papyrus est ici sûr,

141

les réminiscences bibliques le sont donc aussi. Si, par contre, ,,l'âme intègre" ne se retrouve pas dans la Bible[19], il n'en est pas de même des ,,prières raisonnables"[20]; mais ici, malheureusement, c'est le texte du papyrus qui a été diversement reconstitué. Dans la mesure où la restitution que nous suivons est exacte, elle répond au ,,culte spirituel" que Paul recommande aux Romains et qu'il pratique pour son propre compte[21]. Quant aux ,,œuvres de justice", elles sont assurées dans le texte hagiographique et sa source scripturaire. L'expression est mentionnée sous cette forme en deux passages bibliques: une première fois, elle est mise sur les lèvres du pécheur qui la nie[22]; la deuxième, Paul l'emploie lui-même pour rappeler à son disciple que l'œuvre salvatrice du Christ est gratuite et ne tient pas compte des ,,œuvres de justice que nous aurions pu accomplir"[23]. Comme l'apôtre dans l'Epître à Tite, Philéas met la récompense promise au juste dans une perspective d'éternité. Ce détail désigne sans doute cette Epître comme source de l'inspiration de Philéas. Il y a cependant un autre rapprochement à faire. Dans le récit de son martyre, Apollonius aussi répond au magistrat que ,,les chrétiens offrent à Dieu, par le moyen de la prière, un sacrifice non-sanglant et pur"[24]. On peut donc penser que dans les deux cas c'est uniquement la prière, sans qu'il soit spécifié laquelle, qui est considérée comme le ,,culte raisonnable" de Dieu.

L'interrogatoire de Philéas par Culcianus prend souvent la forme d'une discussion courtoise entre les deux hommes. Celui-ci est informé des croyances chrétiennes et pose des questions à leur propos. Celui-là répond volontiers sans jamais rien céder de ses positions à l'endroit du culte païen. Une des questions posées concerne les miracles de Jésus-Christ. La réponse de Philéas diffère légèrement selon les deux versions:

GREC: Philéas dit: Il purifia des lépreux, fit voir des aveugles, entendre des sourds, marcher des boîteux, parler des muets, il rendit la santé aux desséchés, chassa les démons des possédés, guérit des paralytiques et ressuscita des morts (P. 36, lin. 7-16).	LATIN: Philéas répondit: Il fit voir des aveugles et entendre des sourds, il guérit des lépreux et ressuscita des morts, il rendit la parole aux muets et guérit de nombreuses maladies.
	Une femme qui souffrait d'hémorragies fut guérie en touchant la frange de son vêtement (P. 37, lin. 3-7).

Il fit aussi beaucoup d'autres signes et prodiges (p. 36, lin. 16-17 = P. 37, lin. 6-7).

Le passage scripturaire qui a servi de canevas à la réponse de Philéas et lui en a partiellement fourni le texte est le mot du Christ aux envoyés de Jean-Baptiste. Ils lui demandaient: Es-tu celui qui doit venir ou devons-nous en attendre un autre? Le Christ répondit en décrivant son œuvre avec les termes d'Isaïe annonçant le Messie[25]. De cette réponse, on voit que les deux versions combinent différemment les éléments. Peut-être les sténographes n'avaient-ils pris qu'une partie de la citation (en particulier la formule finale), laissant aux rédacteurs le soin de compléter le reste en recourant directement au Nouveau Testament. Ce que chacun fit à sa manière. Quoi qu'il en soit, outre le texte messianique, confluent dans notre extrait des allusions variées[26]. Quant à la finale commune, elle vient sans doute de Jn 20, 30.

Qu'un Dieu fasse des miracles, passe aux yeux de Culcianus; mais un Dieu crucifié? L'objection vient tout naturellement à ses lèvres. Philéas répond par l'argument prophétique et la conscience messianique de Jésus:

GREC: Il savait que, de la main des impies, il serait flagellé, battu, gifflé, qu'il porterait une couronne d'épines et souffrirait la mort, nous donnant, en cela aussi, la preuve de notre salut. C'est en le sachant qu'il s'est livré à la souffrance pour nous; aussi a-t-il obtenu la gloire[27]. Bien avant les Grecs, les Ecritures dont se servent les Juifs avaient annoncé sa venue ici-bas (P. 38, lin. 1-12).

LATIN: C'est pour notre salut qu'il a été crucifié. Il savait qu'il serait crucifié et qu'il souffrirait des outrages et il s'est livré lui-même afin de souffrir tout cela pour nous.

L'avaient en effet prédit les Ecritures que les Juifs prétendent posséder et qu'ils ne possèdent pas. Quiconque le veut, qu'il vienne donc et qu'il voie s'il en est bien ainsi (P. 39, lin. 1-8).

Malgré d'évidentes différences rédactionnelles entre les deux versions, elles s'accordent de nouveau dans leur dessein d'ensemble. L'argumentation générale est en effet dans la ligne des „discours aux grecs" des IIe et IIIe siècles. D'où l'allusion du papyrus aux Grecs. Il est significatif que le texte latin l'ait omise. N'est-ce pas le signe du fossé culturel qui commence à se creuser en ce IVe siècle entre les deux mondes oriental et occidental et que les querelles ariennes illustrent si éloquemment? Quoi qu'il en soit, les Latins semblent moins sensibles que les Grecs à certains points de la démonstration de Philéas. Quels en sont donc les arguments?

Ils sont, à une exception près, scripturaires, développant le thème à peu près équivalemment énoncé dans les deux versions: „Le Christ savait qu'il souffrirait".

Ce fait avait été prévu même par les païens. C'est le sens de l'incise: „bien avant les Grecs". Elle se réfère au fameux passage de la *République* de Platon sur le juste souffrant[28]. On y a souvent vu une prédiction païenne de la passion du Christ. Il y est aussi fait référence dans le Martyre d'Apollonius[29], dont c'est la deuxième rencontre avec l'apologie de Philéas. On a souligné particulièrement le passif μαστιγώσεται dont l'emploi est rare dans la littérature ancienne d'expression grecque[30]. Elle rend sûre l'allusion implicite à Platon.

Quant aux arguments scripturaires, ils viennent essentiellement des évangiles. Notons-y d'abord l'emploi de μαστιγοῦν, mais aux formes actives, dans les annonces et les récits de la Passion[31]. Que le Christ ait su à l'avance qu'il souffrirait, repose sur divers textes évangéliques. Il est d'abord celui qui sait[32]. Pour exprimer ce savoir, Jean surtout emploie le verbe οἶδα, une fois sous la forme précise de notre texte: ἤιδει. Ce savoir prophétique concerne en particulier sa passion prochaine[33]. Il était dès lors facile de relier ce texte: „Le Christ savait", avec celui des annonces de la Passion qui servent de canevas à Philéas pour son développement[34]. D'autres détails sont empruntés aux récits de la Passion: ainsi „la couronne d'épines"[35].

Sans transition, les questions de Culcianus passent du Christ à Paul dont Philéas défend la mémoire: ni dieu, ni barbare, Paul était un homme cultivé, un juif parlant le grec, bien plus,

GREC: le premier héraut du Christ, en qui était l'esprit de Dieu, qui faisait des miracles et des prodiges dans la force et l'esprit de Dieu (P. 40, lin. 2-3).	LATIN: un homme semblable à nous, en qui était l'esprit divin et qui, dans l'esprit, faisait des miracles, des signes et des prodiges (P. 41, lin. 2-4).

Alors que le grec semble avoir puisé en Paul le thème et l'expression de „héraut du Christ"[36], celle de „l'homme semblable à nous" évoque moins Jc 5, 17, qu'Ac 14, 15, où en effet Paul et Barnabé se présentent avec ces mots aux gens de Lystres qui les ont pris pour des dieux. Le reste de l'éloge est adapté de celui d'Etienne[37].

Reste un lot de textes communs aux deux recensions. Ils constituent la profession de foi chrétienne de Philéas. La discussion sur Paul s'étant soldée par un nouveau refus de sacrifier de la part de l'évêque, le préfet essaie un argument plus personnel en agissant sur sa conscience: La conscience existe-t-elle? demande-t-il — Oui, répond Philéas. Selon le grec, question et réponse sont répétées une deuxième fois[38]. Le magistrat continue: Pourquoi alors ne respectes-tu pas ce que te dicte ta conscience envers tes fils et ta femme?

Philéas dit: Parce que la conscience envers Dieu est plus importante et l'emporte sur tout. L'Ecriture sainte et divine dit en effet: Tu aimeras (le Seigneur)[39] ton Dieu qui t'a fait.
Culcianus dit: Quel dieu?
Philéas répondit en étendant les mains vers le ciel: Le Dieu qui a fait le ciel et la terre, la mer et tout ce qu'ils contiennent. Lui est l'unique, invisible, infaillible, immuable, inconcevable. Le sert, lui obéit et lui est soumise toute la création (P. 42, lin. 12-P. 44, lin. 7 = P. 43, lin. 7-P. 45, lin. 3).

Dans la réponse de Philéas au sujet de la conscience se reconnaît un tour de pensée semblable à celui des réponses données par les apôtres devant le Sanhédrin: Il vaut mieux obéir à Dieu qu'aux hommes[40]. Le point de vue des apôtres est objectif: c'est celui des lois; celui du préfet est subjectif, en traduisant la réaction individuelle des consciences devant les lois; l'évêque rétablit le contact entre les deux points de vue, en rappelant la hiérarchie des lois. Quand sont en jeu des intérêts supérieurs et permanents, la conscience humaine ne peut plus transiger. Je passe sur la citation annoncée de la Bible, qui a déjà été commentée, pour en arriver à la formule proprement dite de la confession de foi. Philéas la fait avec une solennité inhabituelle aux Actes des martyrs: „Il étend les mains vers le ciel" pour répondre. Cette attitude, comme je l'ai montré ailleurs, est celle de l'orant[41]. Philéas considère donc sa profession de foi comme un acte religieux qui engage toute sa personne, corps et âme. Tout aussi bien ce même engagement s'achèvera-t-il par le martyre. Quant à la formule elle-même, c'est la longue, bien attestée par la recension latine, qu'il faut retenir, alors qu'elle a souffert dans la recension grecque à cause de la mauvaise conservation du papyrus: „Le Dieu créateur du ciel, de la terre, de la mer et de tout ce qu'ils contiennent". Les qualificatifs qui suivent dépassent le formulaire habituel, mais sont bien dans la manière des apologistes et des maîtres alexandrins, qui les ont volontiers développées[42].

II. LES AMPLIFICATIONS ULTERIEURES

Les amplifications du texte primitif sont de deux sortes: les unes appartiennent au prologue de la recension grecque, les autres à la partie finale du texte latin.

On a fait remarquer le caractère tout à fait particulier du prologue grec conservé par le papyrus[43]. Celui-ci contredit en effet sur plusieurs points le procès-verbal de la dernière audience. A part „quelques libertés très modestes prises à l'égard du texte original par le rédacteur"[44], il en respecte la teneur. Le préfet y apparaît comme un fonctionnaire courtois, averti des doctrines juives et chrétiennes, et désireux de sauver l'accusé. Il rappelle lui-même au moins deux fois les égards qu'il a eus pour lui[45]. Il a de plus usé avec patience de tous les arguments susceptibles d'ébranler la résolution de Philéas. Pareillement, Philéas répond courtoisement au préfet en reconnaissant ses bonnes manières[46]. On ne peut en dire autant des avocats qui assistent le préfet: ils empêchent Philéas de parler plus longuement (P. 46, lin. 1-2) et donnent des faits une version contraire à la réalité (P. 50, lin. 3-6 = P. 51, lin. 3-5). Le prologue, au contraire, en affirmant que Philéas aurait été outragé à chaque séance (P. 24, lin. 6; p. 26, lin. 1 et 4), conduit de Thmuis à Alexandrie enchaîné et pieds nus (P. 24, lin. 11-12), est dénué de valeur historique et a cédé à la tentation du cliché, en présentant le juge sous un jour défavorable[47].

Cette particularité nous rend attentifs aux procédés de l'hagiographe, auteur de ce prologue: nous sommes tout surpris de le trouver si discret dans ses citations bibliques. Une seule a été signalée dans la parole τελειωϑέντος (P. 24, lin. 4-5). Ce verbe signifie: accomplir sa destinée. Les auteurs chrétiens l'emploient particulièrement pour désigner la mort: Jésus le dit de sa propre mort, et d'autres font de même[48]. Mais le terme est surtout employé dans ce sens de la mort des martyrs[49].

Plus nombreuses sont les citations dans les parties propres au texte latin. Elles ont été relevées par le Père Halkin. Je puis y ajouter quelques allusions qui lui ont échappé.

Philéas, comme l'apôtre Paul[50], se considère comme un „serviteur enchaîné" du Christ (Halkin, lin. 122). Sa confiance en Dieu est néanmoins totale. Il est même persuadé que sa femme, dont le préfet lui objecte au dernier moment la douleur, peut être, comme lui, appelée au martyre, si telle est la volonté du Dieu: „Il peut, celui qui m'a appelé à hériter de cette gloire, l'appeler elle aussi" (*Ibid*. lin. 122-123). Ici les réminiscences de l'Ecriture se multiplient. Dans le *Potens est ipse qui* retentit l'écho de nombreuses déclarations analogues des deux Testaments, où s'exprime la conviction que Dieu a le pouvoir de mener à son terme l'œuvre de salut qu'il a entreprise[51]. La „vocation" du chrétien, qui apparaît ensuite, est un des thèmes pauliniens les mieux attestés[52]. Quant à l'appel *in hereditatem gloriae*, elle est un souvenir d'expressions semblables de l'apôtre au sujet des „trésors de gloire de l'héritage" divin[53]. Quand enfin avocats, membres du bureau et curateur s'unissent à la famille pour fléchir Philéas, „lui demandant de prendre égard à sa femme et soin de ses enfants", il dit „considérer les apôtres et les martyrs comme ses parents et ses proches" (*Ibid*. lin. 131-135). C'est une allusion voilée à la parole du Christ sur les membres de sa propre famille[54]. Marchant ensuite au martyre,

Philéas reprend l'idée de l'héritage en se proclament „cohéritier du Christ Jésus" (*Ibid.* lin. 151). Ce disant, il se réfère à Rm 8, 17.

Son discours final a été jugé par Victor Martin comme une addition de caractère hagiographique, qui vise à „la glorification personnelle de Philéas" et convient à „un office religieux en l'honneur du saint le jour anniversaire de son exécution, le 4 février"[55]. On ne peut que souscrire à ce jugement. Aussi le discours commence-t-il par une formule dont la résonance biblique est parfaitement reconnaissable: elle exprime le thème de la recherche de Dieu[56]. Parmi les expressions scripturaires les plus proches du discours: *quicumque Deum quaeritis* (P. 26, lin. 18), on peut relever celle du psaume[57]. Mais la suite provient de l'Epître de saint Pierre[58], avec des particularités propres à la *Vetus Latina*. Voici le texte scripturaire cité: *Vigilate ... quia adversarius noster sicut leo rugiens circuit quaerens quem transforet* (P. 26, lin. 18-20)[59]. Cette particularité pourrait indiquer d'où provient la version latine de nos Actes martyrologiques. Restent les formules finales du discours: l'invocation à Dieu, „qui siège sur les chérubins et a fait l'univers" (P. 27, lin. 3), est extraite d'Isaïe; sa qualification comme „principe et fin", de l'Apocalypse[60].

* * *

Les conclusions à tirer de l'Apologie de Philéas se situent à différents niveaux. Ne seront ici dégagées que celles qui se rapportent directement à l'usage qu'elle révèle de la Bible. Les autres seront réservées à un autre chapitre.

Les problèmes laissés provisoirement de côté sont d'ordre à la fois historique, littéraire et typologique et mettent en cause les faits, les textes et les hommes. Les Actes de Philéas nous retiennent de porter sur eux des jugements simplistes et d'en tirer des conclusions hâtives. Il faudra chercher à expliquer les raisons de cette diversité.

En attendant, je me limite au problème des citations bibliques. Lui aussi peut être examiné à trois niveaux. Le premier est d'ordre statistique. Voici les citations relevées.

L'Apologie comporte 48 citations bibliques qui se répartissent en trois groupes selon qu'elles appartiennent en propre à une seule version ou qu'elles sont communes aux deux: quinze sont communes aux recensions grecque et latine, trois sont propres au grec, trente au latin. Ces inégalités posent le problème des citations bibliques du texte original: celui-ci ne nous est en effet conservé, ni par le papyrus grec qui est lacuneux, ni par la traduction latine qui comporte des additions. Appartiennent très vrai-

Ex	20, 11	GL	Mt	11, 5 PAR	L	1 Co	1, 9	L
	22, 20	L		12, 41-50 PAR	L	2 Co	9, 8	L
Dt	*6, 5*	GL		20, 19 PAR	L	Ga	1, 8	L
Jdt	1, 6	L		*22, 37*	GL	Ep	3, 20	L
Ps	33 (21)	GL	Mc	5, 25-34	L		4, 1 *ter*	L
	24 (23), 4	GL		7, 37	GL	Ph	4, 6	GL
	51 (50), 12	GL	Lc	2, 25	GL	1 Th	2, 19	L
	69 (68), 33	L	Jn	19, 1	L	1 Tm	2, 7	G
	89 (88), 9	L		20, 30	GL	2 Tm	1, 11	G
Sg	14, 4	L	Ac	4, 19	L		1, 12	L
Si	16, 22	L		4, 24	GL		2, 22	GL
Is	*1, 11*, 13	L		5, 25	L	Tt	3, 5	G
	37, 16	L		6, 8	GL	Hb	2, 18	L
	52-53	GL		14, 15	L		9, 15	L
Mt	5, 25-34	L	Rm	8, 17	L	Jud	24	L
	5, 37	GL		11, 23 etc	L	Ap	21, 6	L

NB.: en italique = citations annoncées.–G = recension grecque, L = recension latine, GL = citations se trouvant dans les deux. PAR = lieux parallèles des synoptiques, etc = citation condensée d'un passage de plusieurs versets dont le premier seul est indiqué, *ter* = le même texte est trois fois cité.

semblablement à l'original les quinze citations communes GL. Ce chiffre doit sans doute être augmenté de quelques unités. J'y ajouterais les trois citations propres à G, cela en raison du préjugé d'authenticité dont jouit le texte grec sur papyrus, et deux autres citations latines expressément annoncées (Ex 22, 20, et Is 1, 11) qui sont bien en situation dans le texte et bien conformes à la manière d'en user de Philéas. Ce qui porterait à la vingtaine la somme des citations originales. Des quarante-huit du tableau, il suffit de décompter les trois qui sont propres au grec, pour obtenir un compte de quarante-cinq au bénéfice de la version latine.

Ceci dit, quelle est la fréquence comparée des citations dans les deux versions? Dans l'une et l'autre prédomine globalement le Nouveau Testament sur l'Ancien dans la proportion de 12 à 8, c'est-à-dire de 3/2, pour la version grecque, de 22 à 7, c'est-à-dire de 3/1, pour le texte latin. Comptées par livres bibliques, les citations donnent l'impression d'une certaine atomisation qui masque la répartition des masses. Plus significatifs, en revanche, me paraissent certains regroupements.

G:	Ps	3	Is	2	Evang.	5	Ac	2	Paul	5
L:	–	2	–	1	–	6	–	3	–	11

Ainsi apparaît nettement une curieuse inversion entre les deux Testaments: l'Ancien est plus souvent cité dans la recension grecque que latine de l'Apologie; le Nouveau, plus souvent dans son texte latin que grec.

Que signifient ces faits? Encore qu'elle ne soit pas également facile dans les deux cas, on peut proposer l'explication suivante. Si l'Ancien Testament l'emporte sur le Nouveau dans le texte grec de l'Apologie, la prédominance caractérise la manière de faire de Philéas dont le procès-verbal reproduit fidèlement les paroles. Elle pourrait signifier que Philéas est encore assez près de l'exégèse typologique des deux Testaments l'un en fonction de l'autre. Par contre, si le Nouveau Testament l'emporte sur l'Ancien dans le texte latin, cela est dû massivement à la multiplication des citations pauliniennes. Le fait est évident. Il signifie, à mon avis, plusieurs choses: d'abord que le traducteur latin s'est éloigné de l'exégèse typologique; ensuite qu'il a privilégié un thème aux dépens des autres, alors qu'ils étaient équilibrés dans la recension grecque: ce thème privilégié concerne la personne et l'apostolat de Paul; enfin que la citation biblique, qui était pour Philéas à la fois une nécessité logique d'exposition et la justification de son attitude personnelle de chrétien, est devenue chez le traducteur latin un procédé hagiographique.

En comparant maintenant les citations scripturaires de l'Apologie primitive avec celles des autres textes hagiographiques qui ont été examinés, un autre fait apparaît: avec une vingtaine de citations, dont cinq annoncées, l'Apologie est au dessus de la moyenne des autres Actes de martyrs. Cette constatation pose de nouveau le problème des citations bibliques imputables à un martyr au cours de son procès: dans quelle mesure la Bible était-elle présente au prétoire?

Le problème reçoit une réponse dans le cas de Philéas. Outre les citations conservées par le procès-verbal, ses Actes en comportent dans les parties propres au rédacteur de chaque version. Elles y sont très inégalement représentées. Dans la recension grecque, c'est le prologue qui est le bien propre du rédacteur: il ne comporte qu'une allusion fugitive à l'Ecriture dans le terme $\tau\epsilon\lambda\epsilon\iota\omega\theta\acute{\epsilon}\nu\tau\sigma\varsigma$ (P. 24, lin. 4). Or, au IVe siècle, ce mot appartient plutôt au langage chrétien courant qu'il ne relève de la citation biblique[61]. Il est donc très problématique qu'il s'agisse d'une citation de la Bible dans ce passage de l'Apologie. Dans la recension latine, en revanche, les parties propres du rédacteur, outre que son œuvre propre est facile à délimiter, offrent plus d'une demi-douzaine de textes bibliques nettement caractérisés. Même si l'on tient compte de la longueur relative des deux textes (9 lignes pour le premier, 27 pour le second), c'est encore ce dernier qui comporte la plus grande densité de textes bibliques. A plus forte raison la palme lui revient-elle, si l'on tient compte du fait qu'elles sont habituellement bien caractérisées. Que signifie ce fait en comparaison des citations du procès-verbal?

Ces dernières sont plus nombreuses que celles du prologue grec, moins nombreuses que dans les parties propres à la traduction latine. L'usage discret, sinon inexistant, de la Bible par le rédacteur du prologue grec me semble garantir l'authenticité des citations qui se trouvent dans le procès-verbal: en effet, si elles y sont plus nombreuses et plus précises en comparaison de l'unique et problématique allusion du prologue, c'est qu'elles n'y sont pas le fait du rédacteur, mais parce que le sténographe les a prises de la bouche même du martyr. Inversement, la prolixité et le système qui caractérisent les citations dans ce qui est propre au traducteur latin me semblent à leur tour favorables à l'authenticité de celles du martyr, lesquelles, par dessus le marché, entrent toujours dans ses réponses aux questions du magistrat.

On voit que l'usage de l'Ecriture permet de caractériser des préoccupations différentes chez les personnes. Le martyr se réfère à elle pour justifier devant un infidèle un choix existentiel. L'hagiographe en use pour édifier un public en principe fidèle sur le compte de son héros. Pour le premier la Bible est un livre de vie; elle est devenue un recueil de citations pieuses pour le second.

NOTES (Chapitre XIII)

1 EUS. *H.E.* 8, 10, 2-10, éd. *GCS. Eusebius* II/1-3 (1903-1909) 760-764; SC 55 (1967, 2e éd.) 20-22.
2 Sur Culcianus, cf. *PW* 8 (1901) 1742.
3 Ms: Papyrus Bodmer XX. – Ed. Princeps: V. MARTIN, *Papyrus Bodmer XX. Apologie de Philéas*: 1. Edition critique du texte grec avec reproduction des Actes latins. 2. Essai de reconstitution du texte grec original avec traduction française et photographie du manuscrit. Toutes mes références sont faites à la première partie de cette publication dont je cite la page (pagination inférieure) et les lignes. Autres éditions: F. HALKIN, „L'apologie du martyre de Philéas de Thmuis", p.12-19; LANATA, *Atti*, p. 229-234. Je me réfère à l'édition de Halkin pour le texte latin qui ne figure pas dans V. Martin.
4 F. HALKIN, *Art. cit.*, p. 19-27.
5 L'édition de F. Halkin est faite sur la base des travaux en cours de V. Martin, mais a été prête plus tôt qu'eux.
6 Pour les références à l'édition de V. Martin, cf. supra n. 3.
7 Cette partie du procès-verbal n'est conservée qu'en latin.
8 Ex 22, 20.
9 V. Martin refuse ici de voir un jeu de mots entre Dieu unique et Dieu-Soleil: *deo soli*, parce que la langue de l'audience a été le grec, où le jeu de mots est impossible.
10 Is 1, 11.
11 Il n'est pas question de fleur de farine dans la Vulgate ou la Bible de Jérusalem; mais le mot (σεμίδαλις) se trouve dans les Septante, et *simila* dans la *Vetus Latina*. C'est à ces versions que nos textes hagiographiques ont eu recours.
12 Mt 5, 37. Cf. aussi 2 Co 1, 17-19, qui interprète la parole en fonction de la vie du Sauveur. Ce que ne fait pas Philéas qui cite Mathieu.
13 Le texte grec manque ici, il est partiellement reconstituable à partir du latin.
14 Dt 6, 5.
15 Mt 22, 37.
16 En voici quelques-uns: Ps 100 (99), 3; 119 (118), 73; 149, 2; Si 7, 32; 32, 17; 39, 6; 43, 5, 12; Is 27, 11; 43, 7; 54, 5 etc.
17 Le texte latin est ici incomplet par rapport au grec. Celui-ci est lui-même affecté de lacunes dans le papyrus. Aussi la reconstitution est-elle très conjecturale.
18 Ps 24 (23), 4; 51 (50), 12; 2 Tm 2, 22.

19 L'εἰλικρίνεια n'y caractérise que la Sagesse comme „effusion toute pure (= intègre) de la gloire du Tout-Puissant" (Sg 7, 25).
20 Le texte est autrement complété par F. HALKIN, Art. cit., p. 13: λόγων ἀληϑινῶν ὑπέρ.
21 Rm 12, 1; 1, 9.
22 Si 16, 22.
23 Tt 3, 5.
24 Mart. Apoll. 8.
25 Mt 11, 5 = Lc 7, 22. Cf. Is 26, 19; 29, 18; 35, 5; 61, 1.
26 Possédés: Mt 10, 32-34; 12, 22-24; Lc 11, 14-15. – Lépreux: Mt 8, 11; Mc 1, 40-45; Lc 5, 12-16. – Paralytiques: Mt 9, 1-8; Mc 2, 1-12; Lc 5, 17-26 etc. – Desséchés (probablement l'homme à la main desséchée): Mt 12, 9-14; Mc 3, 1-10; Lc 6, 6-11. – Guérisons multiples: Mt 8, 16-17; Mc 1, 32-34; Lc 4, 40-41; Mt 15, 29-31; Lc 7, 31-37.
27 F. HALKIN, Art. cit., p. 15, complète en lisant: καὶ διὰ ταῦτα ὄνομα ἔχει. Ce serait alors une allusion Ph 2, 9.
28 PLATON, Répubi. II 361E, coll. Budé (Paris, Les Belles Lettres, 1932), p. 55, 1-17. Voir V. SAXER, «Le 'juste crucifié' de Platon à Théodoret» cité ci-dessus p. 81, n. 42.
29 Ibid.
30 F. HALKIN, Art. cit., p. 15, n. 2.
31 Mt 20, 19; Mc 10, 34; Lc 18, 33; Jn 19, 1.
32 Mt 12, 15; Jn 7, 29; 8, 37; 13, 1, 11; 18, 4; 19, 28.
33 En particulier Jn 13, 1 et 11; 18, 4; 19, 28.
34 Première annonce: Mt 16, 21-23; Mc 8, 31-33; Lc 9, 22. Deuxième: Mt 17, 22-23; Mc 9, 30-32; Lc 9, 44-45. Troisième: Mt 20, 17-19; Mc 10, 32-34; Lc 18, 31-33.
35 Mt 27, 29; Jn 19, 2.
36 1 Tm 2, 7; 2 Tm 1, 11.
37 Ac 6, 8.
38 Nous avons plusieurs exemples de cette insistance de la part du préfet: p. 32, lin. 4-6; p. 40, lin. 6 et 10.
39 Les mots entre parenthèses ne sont pas dans le texte grec.
40 Ac 4, 19; 5, 29.
41 V. SAXER, „Il étendit les mains à l'heure de sa Passion".
42 Attributs négatifs de Dieu, inengendré: JUST. 1. Apol. 14, 1; ineffable: 2. Apol. 12, 4; immuable: 1. Apol. 13, 1; innommable: 1. Apol. 63, 1; cf. aussi DTC 4, 1039-1055.
43 P. 24, lin. 1 – p. 25, lin. 10. Cf. V. MARTIN, Op. cit., p. 17-18.
44 Ibid. p. 18.
45 P. 46, lin. 10 – p. 47, lin. 2; p. 48, lin. 9 – p. 50, lin. 50 = p. 49, lin. 6 – p. 51, lin. 1.
46 P. 47, lin. 2-3.
47 V. MARTIN, Op. cit., p. 18.

48 Lc 13, 12; Hb 1, 10.
49 EUS. *H.E.* 2, 22, 2; 5, 2, 3; 5, 16, 22; 5, 21, 4; 7, 2, 15; 10, 9; *Mart. Palest.* 13, 9. Cf. H. DELEHAYE, *Sanctus*, p. 83, 90.
50 Ep 4, 1. A partir d'ici je cite l'édition latin d'HALKIN.
51 Jdt 11, 6; Ps 89 (88), 9; Sg 14, 9. Rm 11, 23; 14, 4; 16, 25; 2 Co 9, 8; Ep 3, 20; 2 Tm 1, 12; Hb 2, 18; Jud 24.
52 Sur la cinquantaine de textes possibles, il suffit de citer 1 Co 1, 9, 20; Ga 1, 6; Ep 4, 1; 1 Th 2, 19; Hb 9, 15.
53 Ep 1, 18.
54 Mt 12, 46-50; Mc 3, 31-35; Lc 8, 19-21.
55 V. MARTIN, *Op. cit.*, p. 14-15.
56 *TWNT* 2, 895-896.
57 Ps 69 (68), 33.
58 1 P 5, 8.
59 *Vetus Latina. Epistulae catholicae*, p. 177-180.
60 Is 37, 16; Ap 21, 6.
61 LAMPE, *A Greek Patristic Lexicon*, p. 1383, 2e col.

CHAPITRE XIV:

STATISTIQUE DES CITATIONS ET
CULTURE BIBLIQUE DES ACTES DES MARTYRS

Les analyses faites jusqu'à présent appellent une synthèse. Celle-ci intéresse successivement les deux termes directeurs de l'enquête: la Bible et l'hagiographie. Il faut commencer par le premier sans qu'on puisse éluder le second.

La Bible a été employée dans les Actes des martyrs qui ont été examinés. Ce fait est susceptible d'être évalué, mesuré, chiffré et pesé. Quels sont les textes bibliques cités? de quels livres proviennent-ils? avec quelle fréquence? sous quelles formes? quelle culture biblique révèlent-ils chez nos hagiographes et leurs héros? y a-t-il une évolution dans l'emploi de la Bible au cours des siècles envisagés? y a-t-il une différence dans son emploi selon les genres littéraires de nos textes hagiographiques?

C'est à répondre à ces questions que se propose le présent chapitre.

I. LE RELEVE DES CITATIONS

Un relevé détaillé des textes bibliques cités au cours de cette étude figure dans la Table des citations bibliques: cette Table ne doit pas être prise pour l'inventaire des citations bibliques de nos textes hagiographiques; celui-ci se trouve dans des tableaux dressés exprès. Un premier l'a été dans l'ordre des livres bibliques, un second, dans l'ordre dégressif du nombre des citations extraites de chaque livre, un troisième dans l'ordre des textes hagiographiques qui est aussi l'ordre chronologique d'apparition et d'usage de ces mêmes citations.

Chacun de ces tableaux doit être commenté selon une méthode appropriée. Il faut en effet d'abord éclairer par les chiffres l'emploi qui a été fait de la Bible dans nos Actes des martyrs.

Dans le premier tableau il suffit de noter les absences et d'expliquer certaines présences. Ne sont jamais cités les livres suivants:

Lv	2 S	1-2 Esd	Qo	Os	Na	Ag	2 P
Jg	1-2 R	Tb	Ct	Ab	Ha	Za	2-3 Jn
Rt	1-2 Ch	Jb	Lm	Jon	So	Phm	

TABLEAU DES CITATIONS DANS L'ORDRE DES LIVRES BIBLI-
QUES

AT		Pr	3	NT		Col	5
Gn	3	Sg	8	Mt	26	1 Th	6
Ex	13	Si	2	Mc	5	2 Th	4
Nb	2	Is	12	Lc	10	1 Tm	11
Dt	4	Jr	3	Syn	23	2 Tm	5
Jos	1	Ba	1	Jn	19	Tt	3
1 S	1	Ez	3	Ac	44	He	8
Jdt	2	Dn	6	Rm	14	Jc	3
Est	1	Am	2	1 Co	12	1 P	6
2 M	1	Mi	2	2 Co	7	1 Jn	2
4 M	1	Ml	2	Ga	8	Jude	4
Ps	28	Tot.	101	Ep	3	Ap	16
				Ph	6	Tot.	249

NB. Les livres de la Bible sont désignés par les sigles utilisés dans la
Bible de Jérusalem. Dans les cas où une citation désigne indifférem-
ment l'un des synoptiques, voire des quatre évangiles, elle a été ran-
gée après le sigle Syn. Ces remarques valent aussi pour les tableaux
suivants

TABLEAU DEGRESSIF DES CITATIONS BIBLIQUES

AT		Jdt	2	NT		Ph	6
Ps	28	Si	2	Ac	44	1 Th	6
Ex	13	Am	2	Mt	26	1 P	6
Is	12	Mi	2	Syn	23	Mc	5
Sg	8	Ml	2	Jn	19	Col	5
Dn	6	Jos	1	Ap	16	2 Tm	5
Dt	4	1 S	1	Rm	14	2 Th	4
Gn	3	Est	1	1 Co	12	Jude	4
Pr	3	2 M	1	1 Tm	11	Ep	3
Jr	3	4 M	1	Lc	10	Tt	3
Ez	3	Ba	1	Ga	8	Jc	2
Nb	2	Tot.	101	He	8	1 Jn	2
				2 Co	7	Tot.	249

Il serait sans doute faux de dire que les livres non cités n'étaient pas à la disposition des martyrs ou des hagiographes. Tout au plus peut-on se demander, à la lumière du fragment de Muratori, desquels disposaient les plus anciens d'entre eux. Mais sous cette forme la question risque de rester sans réponse en raison de la rareté des citations bibliques dans certains Actes de martyrs les plus anciens. De toute façon, l'usage de la Bible devait être différent selon la situation dans laquelle se trouvaient les martyrs et selon les intentions que poursuivaient les hagiographes. Il n'empêche que ce fait intéresse l'histoire ancienne du canon de la Bible.

Outre les absences, voici la raison d'être de deux présences. Parmi les livres que j'ai fait figurer dans ce tableau, il y a 4 M: même s'il n'est pas canonique, il a pu être parfois considéré comme tel; en tout cas, son importance pour les origines chrétiennes de la littérature martyrologique ne peut être passée sous silence[1]. En second lieu, j'ai introduit le sigle Syn pour désigner les évangiles d'une manière globale, lorsque le témoignage de nos Actes martyrologiques ne peut être rapporté à l'un d'entre eux avec précision: cette particularité mérite une justification qui lui sera donnée en son temps.

Le deuxième tableau mérite un commentaire plus long. Une première constatation s'impose à la lecture de ce relevé. Pour 101 citations tirées de 22 livres de l'Ancien Testament, il y en a 249 venant de 23 livres du Nouveau. Cette écrasante supériorité du Nouveau sur l'Ancien Testament est encore renforcée du fait du volume comparé des deux parties de l'Ecriture. L'Ancien Testament est environ cinq fois plus long que le Nouveau. Aussi la densité des citations néo-testamentaires est-elle, non pas deux fois et demie, mais plus de douze fois plus forte que celle des citations vétéro-testamentaires. S'il n'y a rien de surprenant à cet état des choses dans des ouvrages chrétiens, il appelle néanmoins quelques observations particulières, si, de la Bible, nous passons aux livres qui la composent.

L'inégale fréquence de leurs citations est évidente. A côté de livres 40 ou 30 fois utilisés, il y a ceux à qui n'a été demandée qu'une citation. Ces citations uniques n'existent que dans l'Ancien Testament: une demi-douzaine de livres sont dans ce cas. Par ailleurs, ceux qui ont servi au moins dix fois sont au nombre de trois dans l'Ancien, de neuf dans le Nouveau Testament. Dans la zone intermédiaire restent ceux qui ont fourni plus d'une et moins de dix citations, à savoir treize livres de l'Ancien, quinze du Nouveau Testament. Parmi ces états de service, il convient de noter les très grosses fréquences: dans l'Ancien Testament, les 28 mentions des Psaumes, les 12 d'Isaïe, les 13 de l'Exode; dans le Nouveau, les 44 des Actes, les 26 de Mathieu, les 23 des synoptiques, les 19 de Jean, les 16 de l'Apocalypse.

On peut tenter une explication globale de ces hautes fréquences. Celle des Psaumes est relativement facile à donner. Elle tient sans doute au fait que les psaumes ont été utilisés dès l'origine pour la prière chrétienne, publique aussi bien que privée[2]. Si l'Exode est dans ce groupe de tête, cela s'explique apparemment par le recours fréquent des martyrs au code de l'Alliance pour expliquer leur attitude. Quant aux citations prises à Isaïe, leur abondance est due d'abord aux retours plus nombreux de certains passages du prophète sous la plume des hagiographes[3], mais aussi et surtout parce que les citations ont été souvent prises dans tout le livre du prophète. Elles pèsent donc autant par leur fréquence que par leur nombre.

Dans le Nouveau Testament, il faut s'arrêter d'abord à la masse imposante des citations évangéliques. Leur total est de 83. Pour ne pas grossir artificiellement ce chiffre par l'indication de tous les textes parallèles, ils sont désignés dans ces cas par un sigle global qui est Syn. Il arrive en effet que l'allusion évangélique se réfère à une parole ou à une action du Christ qui ressortissent au consensus général des évangiles synoptiques, y compris parfois le quatrième, plutôt qu'à l'un d'entre eux en particulier. C'est le cas, par exemple, de la prédication du Christ sous sa forme apparemment la plus primitive, ou des annonces et récits de la Passion et de la Résurrection. Dans ce cas, il faut considérer les passages parallèles comme un témoignage unique. Il y a, d'autre part, les cas où l'imprécision tient aux déficiences de la mémoire du citateur: celui-ci pensait sans doute à un passage déterminé de l'évangile, mais il est impossible de dire lequel en raison du caractère trop général de l'allusion. Compte tenu de ces circonstances, la fréquence relative avec laquelle les quatre évangiles apparaissent dans nos Actes correspond exactement à l'ordre selon lequel ils ont été transcrits dans certains manuscrits paléochrétiens et dont l'Evangéliaire de Verceil donne le meilleur exemple au IVe siècle[4].

Des Actes des apôtres, deux causes surtout me paraissent expliquer la faveur qu'ils ont rencontrée dans nos documents martyrologiques. Le plus grand nombre de leurs citations provient de l'épisode d'Etienne (Ac 6-7). Aussi bien le protomartyr, non seulement s'est conformé à l'exemple du Christ, mais encore a servi lui-même de modèle aux autres martyrs. La deuxième cause est dans l'histoire primitive de l'Eglise, telle que la racontent les Actes. Aussi, l'exemplarité de l'histoire d'Etienne peut-elle s'étendre à celle de l'Eglise: les martyrs en ont retenu les leçons et les hagiographes copié les modèles.

Parmi les livres néo-testamentaires les plus souvent cités, il y a enfin l'Apocalypse. J'ai eu l'occasion de le dire à propos de tel document hagiographique en particulier[5]: la remarque doit être étendue à l'ensemble des documents analysés ici. C'est la similitude des situations entre l'Apocalypse et les Actes des martyrs qui explique le recours répété de ceux-ci à celle-là. Les deux sortes d'ouvrages sont nés dans des circonstances analogues, à savoir en temps de persécution. C'est pourquoi, les martyrs et leurs biographes ont sans cesse fait appel à ce livre, les uns pour expliquer leur choix existentiel, les autres pour étoffer leurs récits hagiographiques.

Il est en revanche un auteur du Nouveau Testament dont la présence massive dans les Actes des martyrs pourrait être masquée par la diversité des étiquettes sous lesquelles il figure. Je veux parler de saint Paul et de ses 70 occurrences. Ce chiffre peut être comparé à celui que réalisent les évangiles. Il est vrai que toutes les lettres ne sont pas également représentées dans cette somme. On peut distinguer assez facilement trois groupes parmi elles. Un premier comporte les épîtres ayant fourni chacune plus de dix citations: celle aux Romains, les Premières aux Corinthiens et à Timothée. Dans les deux premières, il s'agit d'épîtres longues, atteignant ou dépassant les treize chapitres: que les extraits qui en ont été faits soient plus nombreux s'explique ainsi. Curieusement, la Première à Timothée, qui n'atteint pas la moitié de ces chapitres, figure dans le peloton de tête. Les citations qui en proviennent appartiennent à presque tous ses chapitres. Il faut cependant souligner deux lieux qui en ont fourni davantage. Le premier est celui sur la prière chrétienne pour les rois (1 Tm 2, 1-2): il est cité à plusieurs reprises en quelque sorte en contrepartie du refus des martyrs de sacrifier au génie de l'empereur. En deuxième lieu, les citations les plus nombreuses sont tirées de la finale de l'épître (*Ibid.* 6, 12-17). Sa faveur chez les hagiographes pourrait s'expliquer par le ,,beau témoignage rendu par Jésus devant Pilate" (v. 13) que cherchaient à imiter les martyrs. Malgré sa longueur, la Deuxième aux Corinthiens n'est pas dans le premier, mais dans le deuxième groupe. C'est le plus nombreux; les épîtres qui lui appartiennent sont généralement courtes, c'est-à-dire ne dépassant pas six chapitres; les citations qu'elles fournissent se tiennent entre neuf et deux pour chacune. Il y a donc un certain rapport entre le nombre des citations et la longueur des épîtres. Il fait que l'écart relatif est moins grand que l'écart absolu entre les lettres beaucoup citées et celles qui le sont moins. En d'autres termes, toutes les parties de l'œuvre épistolaire de Paul apparaissent dans les Actes de martyrs anciens. C'est une preuve de la place importante que Paul occupait dans une des formes les plus humbles de la littérature paléochrétienne. On comprend aussi du même coup pourquoi le chef de file des martyrs Scillitains portait sur lui, dans une boîte, ,,les livres et les épîtres de Paul".

Il reste à commenter le troisième tableau qui donne en vue synoptique la provenance des citations bibliques selon les documents hagiographiques où elles sont faites. Dans la mesure où ces documents se suivent dans le temps, ce tableau donne aussi la chronologie des citations.

	ETIENNE	JUSTIN	POLYCARPE	LYONNAIS	APOLLONIUS	PERP
Gn		1				1
Ex					1	
Nb						
Dt			1			
Jos			1			
1 S						
Jdt			1			
Est						
2 M				1		
4 M						
Ps			1	5	3	
Pr		1				
Sg				1	5	1
Si			1			
Is			1	2	2	1
Jr			1		1	
Ba					1	
Ez				1		
Dn			2			1
Am						
Mi			1			
Ml					2	
AT		2	10	10	15	2 2
Mt	1		1	1	4	
Mc	1		1			
Lc	1		2	1		1
Syn	5		8			
Jn		1	4	3		
Ac	8			5	7	2
Rm			4	3	2	
1 Co		1	3	4	1	
2 Co			1	2		
Ga				5		
Ep					1	
Ph			3	1		
Col		1	2	1		
1 Th						
2 Th		2		1		
1 Tm		1		3	1	
2 Tm			1			
Tt			1		1	
He			1	1		
Jc						
1 P			3		1	
1 Jn						
Jude			3			
Ap			4	8		
	16	6	42	39	18	3
Tot.	16	8	52	49	33	5 2

NB. Quelques colonnes comportent plusieurs chiffres horizontaux, chaque foi(s)
que correspondant: dans *P. Perpetuae* sont ainsi distinguées les parts de Perpétu(e)
distinctes A et B; dans *M. Pionii,* les procès-verbaux, le compilateur, la narrati(on)
procès-verbal et les remaniements; dans *Ap. Phileae,* le texte commun aux vers(ions)

.PUS etc	PIONIUS				CYPRIEN	AGAPE etc		EUPLUS		PHILEAS			TOTAUX
													3
	1	3		3	1	1	1			2			13
			2										2
		1			1					1			6
													1
		2											2
		1								1			2
													1
													1
													1
	1			5		1			5	3		2	28
				2						1			3
										1			8
										1			2
		2								2		2	12
													3
													1
		2											3
1													6
		1	1										2
							1						2
													2
1	**1**	**4**	**1**	**23**	**2**	**2**	**2**		**5**	**9**		**6**	**102**
1				6		1	1			2		4	25
	1									1		1	5
		1	1							1			10
	1	1	1	5						2			23
1	1	3	1			1				1		1	19
1	1	5	1	6		1				3		2	44
1										1			14
1		1								2			12
		1	1			1		1		1			7
		1								1			8
										2			3
1										1			6
													5
1		1		1	1	1				1			6
		1											4
1		1	1		1	1		1					11
1								1	1	1			5
								1					3
1		1	2							2			8
		1	1										2
		1			1								6
		1											2
										1			4
	1	1								1			16
10	**3**	**15**	**6**	**28**	**2**	**2**	**5**	**1**	**2**	**10**	**3**	**21**	**248**
11	**4**	**19**	**7**	**51**	**4**	**4**	**7**	**1**	**7**	**19**	**3**	**27**	**350**

sieurs couches rédactionnelles ont été distinguées dans le document hagiographi-
rus et du compilateur; dans P. Carpi et soc., le texte commun AB et les versions
iscours; dans P. Agapae et soc., le procès-verbal et le compilateur; dans P. Eupli, le
que et latine et leurs parties distinctes.

Mais avant d'arriver à ce commentaire, il importe de dégager et de décrire un phénomène d'une extrême importance pour l'histoire religieuse de la pensée chrétienne. Il s'agit de la culture biblique révélée par cet essai de statistique. Elle devra être examinée de deux points de vue successifs et complémentaires. Du premier, se découvre dans nos textes hagiographiques une constante, le fait même de cette culture. Du second point de vue, ce paysage culturel apparemment uniforme se diversifie à mesure qu'apparaissent les variantes de cette culture. On peut ainsi espérer que les chiffres nous révèleront leur signification.

II. UN FAIT: LA CULTURE BIBLIQUE DES CITATEURS

Le comptage des citations bibliques n'aurait pas un grand intérêt, s'il ne permettait pas d'évaluer la culture biblique de ceux qui les ont faites. Sur le compte de qui faut-il donc les porter? Sur celui des martyrs auxquels les Actes les prêtent ou sur celui du rédacteur des Actes? Nous sommes ainsi confrontés d'abord au problème critique de l'authenticité de ces citations.

La tendance naturelle du critique est de les attribuer toutes à l'hagiographe, même celles que le martyr est censé avoir dites, et de n'y voir qu'un procédé de composition. En se laissant aller sans retenue à cette tentation, le critique en viendrait à l'affirmation insoutenable que, toutes les citations bibliques étant à mettre au compte de l'hagiographe, nous ne saurions rien de la culture biblique des martyrs, voire que ceux-ci n'en avaient pas. Inversement, il serait naïf de prendre pour des vérités historiques toutes les citations de la Bible que nos Actes mettent dans la bouche de leur héros. Personne n'admet sans doute que le martyr Euplus de Catane ait réellement chanté le Ps 142 en entier au tribunal devant son juge, ainsi que le veut la version *a* de son martyre[6] : c'est là une pieuse fantaisie du remanieur; mais il est non moins certain que le même martyr savait ses Evangiles par cœur et s'était imprégné de leur esprit[7]. On est pareillement fondé à croire que, parmi les martyrs Scillitains, Spératus lisait fréquemment les lettres de saint Paul dont il portait le texte avec lui au tribunal[8]. La conclusion minimum à tirer de ces deux faits, situés aux deux extrémités de notre chronologie, est dans l'existence d'une culture biblique même chez les chrétiens les plus humbles. On peut supposer son existence à plus forte raison chez les frères cultivés. L'examen des textes doit permettre de vérifier cette supposition.

La difficulté de la vérification est dans la nouveauté de l'entreprise. Si les références bibliques ne manquent pas dans les éditions de nos textes

162

hagiographiques, on ne s'est guère préoccupé jusqu'à présent d'en dégager la signification comme témoignage d'une culture. Cet état de choses explique ma démarche présente. Elle consiste à frayer un chemin entre les excès et les insuffisances de la critique dans l'évaluation de cette culture, en même temps qu'à forger d'abord les outils en vue de tracer ce chemin.

Comme la vertu, la vérité est un juste milieu qu'il faut situer dans les textes hagiographiques avec des critères appropriés. Si, à mesure que la littérature s'emparait des Actes des martyrs pour en faire des œuvres d'édification, la Bible cessait d'être un livre de vie pour devenir un répertoire de citations, il apparaît comme tout aussi évident, dans les Actes les plus anciens comme dans les plus récents de la période paléochrétienne, qu'elle est partout présente d'une manière plus ou moins explicite et dense, non seulement dans les textes hagiographiques, mais encore dans la pensée et les paroles des martyrs eux-mêmes.

Je commencerai donc par examiner cette présence en deux textes qui serviront d'exemples et dont l'authenticité substantielle, voire formelle, ne peut être mise en doute. Il s'en dégagera quelques règles d'interprétation de ceux qui sont en discussion. Elles permettront d'évaluer sans trop de risques d'erreurs la culture biblique chez les martyrs et les rédacteurs de leur passion.

1. Deux exemples

Le premier exemple est celui de la Lettre sur les martyrs de Lyon. Son intérêt pour notre propos est multiple. Il n'est pas seulement dans la variété avec laquelle les textes bibliques sont présentés: citations annoncées, citations explicites, allusions voilées[9]. Il est encore et surtout dans les niveaux documentaires auxquels se situe leur utilisation: texte d'Eusèbe, part du rédacteur, bien propre des martyrs[10]. Ces niveaux ont été distingués à propos du vocabulaire et de la notion du martyre. C'est là qu'ils sont effectivement faciles à distinguer, que les martyrs eux-mêmes se réfèrent à la Bible pour affirmer leur conception du martyre et que, de surcroît, nous pouvons vérifier avec quelle exactitude leurs propos ont été rapportés malgré plusieurs intermédiaires.

Il n'y a donc pas de doute: les martyrs lyonnais connaissaient l'Ecriture et s'y référaient; bien plus, l'Ecriture avait pour eux valeur normative, puisque c'est sur sa manière de s'exprimer qu'ils règlent la leur et veulent voir se régler celle de leurs frères. Ce qu'ils disent de l'Apocalypse, il est permis de supposer qu'ils l'auraient dit aussi des autres livres inspirés, s'ils en avaient eu l'occasion. Mais cet exemple unique ne permet que l'établissement d'un fait, celui de leur culture biblique; il ne permet pas d'évaluer l'importance de cette culture: une hirondelle ne fait pas le printemps. D'autant plus qu'il ne s'agit, d'une part, que d'une seule expression, de l'autre, d'une référence à un seul livre biblique.

Il faut, en revanche, parler de culture biblique vaste et profonde chez le rédacteur de la Lettre lyonnaise. Ce qui frappe, en effet, dans ses citations, ce n'est pas que deux soient expressément annoncées, ou que, sans être annoncées, trois ou quatre autres soient littérales: cela pourrait signifier à la rigueur que le rédacteur en avait le texte sous la main au moment où il écrivait sa lettre, et non qu'il en avait assimilé le fonds à sa propre pensée. Ce qui importe, au contraire, ce sont les nombreuses allusions qui se pressent sous sa plume sans effort et coulent de sa mémoire comme de source. Si tant de passages bibliques affleurent ainsi spontanément dans son propre récit, c'est que, fréquentée assidûment, la Bible a façonné sa pensée et son vocabulaire. Chez lui, il faut parler de culture biblique. On a même cru pouvoir donner un nom au rédacteur en l'identifiant à Irénée, mais l'identification reste une hypothèse[11].

Quoi qu'il en soit, dans le dernier tiers du IIe siècle, la littérature martyrologique se révèle profondément pénétrée d'inspiration et tissée de vocabulaire bibliques. Elle révèle, en outre, chez les martyrs la volonté de régler leur statut sur les précédents bibliques.

Le deuxième exemple est dans l'Apologie de Philéas de Thmuis. Sa recension grecque, livrée par le papyrus Bodmer XX, est encore datable des années 310-350. Son importance tient donc d'abord à sa date. Elle est en effet le texte le plus anciennement attesté parmi nos Actes de martyrs, et dans une copie distante des faits tout au plus d'environ 40 ans. Cette proximité du texte par rapport aux faits qu'il rapporte pose dans une lumière nouvelle beaucoup de problèmes. Du point de vue qui nous intéresse ici, il offre en outre le procès-verbal de l'audience conclusive d'un procès de martyr. Quant à la recension latine dont Rufin semble avoir déjà disposé, elle concorde substantiellement avec la grecque et permet, je l'ai dit[12], de la compléter dans ses lacunes. Or, les deux versions présentent des citations bibliques, qui sont la plupart du temps les mêmes dans leurs parties communes. Celles qui manquent au grec en raison des mutilations du papyrus peuvent raisonnablement être restituées à partir du latin. On obtient ainsi le tableau que j'ai dressé plus haut[13]. Que nous apprend-il de la culture biblique des citateurs? Que nous apprend-il d'abord de l'usage de la Bible au prétoire?

Car la Bible est citée par Philéas en réponse aux questions du juge. On remarque même que l'évêque l'utilise de deux manières différentes selon les questions de Culcianus. Celles qui ont trait à la doctrine chrétienne ou à la personnalité du Christ et de Paul amènent une réponse dans laquelle la Bible est citée sans être annoncée, souvent de façon uniquement allusive, de sorte qu'on peut hésiter sur le passage scripturaire visé[14]. En revanche, chaque fois que Philéas répond en s'appuyant sur une citation explicitement annoncée, il ne le fait pas pour satisfaire à la curiosité du magistrat, mais pour justifier son propre refus de sacrifier ou de jurer[15]: c'est la loi de Dieu qui lui dicte son refus, et la conscience qu'il a prise de cette loi. Il souligne ainsi, d'une part, le caractère irrévocable de son refus, de l'autre, le caractère normatif de la Bible. En un seul cas, c'est d'une autre manière que l'évêque souligne l'importance de sa déclaration, conformée aux professions de foi bibliques: il élève en effet les mains dans un geste de prière en faisant sa propre profession de foi, pour souligner le caractère religieux de son acte et du livre qui le lui dicte.

De toute façon, non seulement la Bible est citée au prétoire, mais l'évêque la cite de manière à faire comprendre au préfet les motivations contraignantes qui lui dictent son attitude.

Quelle culture biblique les citations scripturaires supposent-elles chez Philéas? Comparée avec celle du rédacteur de la Lettre lyonnaise, elle n'a ni la même richesse ni la même profondeur. La vingtaine de citations relevées dans le texte commun aux deux versions se classe néanmoins, étant donné le peu d'étendue de l'Apologie en comparaison de la Lettre, dans une très bonne moyenne. L'évêque connaît l'Ecriture. En cas de besoin, il la cite exactement. Dans les circonstances ordinaires, elle lui vient à l'esprit selon le sens plutôt que selon la lettre. Peut-on parler de double culture biblique? Il faudrait plutôt lui trouver une double source: d'une part, cette culture moyenne qui résulte de la lecture fréquente du livre sacré, privée ou liturgique, qui prépare l'évêque à la prédication et à l'enseignement de la parole de Dieu; de l'autre, une culture plus spécialisée, plus moralisante et juridique, puisée peut-être en des recueils adaptés à la discussion et à la controverse. On pense aux florilèges scripturaires qui existaient nombreux dans l'antiquité et dans lesquels Cyprien de Carthage, par exemple, semble avoir trouvé une grande partie de sa formation chrétienne.

Bien différente, en tout cas, est la connaissance de l'Ecriture chez les deux recenseurs des Actes. Le recenseur grec n'utilise pas la Bible ou, s'il faut voir une réminiscence biblique dans le verbe τελειωθέναι, il l'utilise fort peu. Est-ce l'indice d'une certaine inculture biblique? On ne peut l'assurer.

Il faut au contraire parler de nouveau de culture biblique chez le recenseur latin. Car certaines réminiscences bibliques, qui n'apparaissent pas au premier coup d'œil, ont dû venir spontanément à son esprit. Elles ont alors tendance à s'agglutiner, comme s'il les avait trouvé déjà groupées au cours de ses lectures. Ce groupement des citations est caractéristique des *testimonia* bibliques. Un recueil de ce genre pourrait avoir déterminé certaines citations groupées de l'Apologie. On en a un exemple caractéristique dans l'allusion au „serviteur souffrant", dans laquelle il est impossible de discerner ce qui revient au Ps 21 et au Deutéro-Isaïe[16].

2. Les textes antérieurs à la Lettre lyonnaise

L'usage de la Bible dans la littérature hagiographique chrétienne est connaturel et congénital à cette dernière. Cette conclusion se dégage des deux textes qui viennent d'être examinés. Elle se vérifie aussi dans les textes antérieurs à la Lettre sur les martyrs lyonnais et révèle de nouveau à quel point martyrs et hagiographes sont imprégnés par la Bible.

La connaturalité entre Bible et hagiographie se vérifie d'abord dans le récit canonique de la mort d'Etienne. On a remarqué l'inspiration archaïsante, voire sémitisante, du discours d'Etienne. On en a conclu que le rédacteur des Actes des apôtres, Luc, qui était de formation grecque, disposait d'une documentation antérieure, d'origine araméenne. On peut se demander pareillement s'il ne disposait pas non plus d'un autre schéma pour le déroulement des faits. Ce que donne d'ailleurs à penser a priori le titre de son ouvrage. Le confirmeraient certaines notations dont j'ai souligné le caractère biblique et la ressemblance avec certains traits de la passion du Christ: profession de foi, grincement des dents, faux-témoins, invocation du nom, pardon des injures, mort et ensevelissement[17]. Le canevas est, au minimum, celui qui a été fourni à Luc par la passion du Christ, à moins qu'il n'ait existé indépendamment comme récit de la mort du juste. De toute façon, les hagiographes vont pouvoir s'inspirer de ce modèle.

Il est vrai qu'ils s'en servirent par la suite avec une certaine liberté. La Bible est ainsi présente dans les Actes de Justin, mais incorporée à son langage de philosophe. Je ne reprends les exemples que j'en ai donnés que pour montrer l'adaptation des thèmes bibliques à la terminologie philosophique[18]. Le thème traditionnel de la profession de foi comporte essentiellement l'affirmation du Dieu unique et créateur, subsidiairement celle du Christ annoncé par les prophètes et venu parmi les hommes. Dans la bouche de Justin, le Dieu créateur est nommé „démiurge", la création est „dès le commencement", le $\pi\alpha\tilde{\iota}\varsigma$ $\theta\epsilon o\tilde{\upsilon}$ devient $\upsilon\iota\grave{o}\varsigma$ $\theta\epsilon o\tilde{\upsilon}$. Le deuxième exemple est dans l'annonce du jugement final avec récompense des hommes droits et embrasement du monde. Dans ce cas encore plus nettement que dans le premier, Justin se réfère à une koiné philosophico-religieuse, en sorte que le dialogue, sinon l'accord, devient possible entre gens de bords différents. Chacun retrouve alors dans les expressions de son challenger des conceptions ou du moins des expressions familières. Dans ce consensus sur quelques valeurs fondamentales, il était inévitable que la Bible apparût d'une manière beaucoup plus diffuse. Il en est ainsi des Actes de Justin.

Je ne reviens pas ici sur le problème de l'authenticité du Martyre de Polycarpe[19]. Je suppose, au contraire, connu le bilan que j'ai dressé de vingt-cinq ans de critiques. Un des arguments invoqués contre l'authenticité d'une grande partie du Martyre était précisément dans les citations scripturaires[20] et dans leur agencement en fonction d'un leit-motiv deux fois répété, celui du „martyre conforme à l'évangile"[21]. Pour nous en tenir ici à notre propos, il est facile de voir la faiblesse de l'argument tiré de la Bible contre l'authenticité globale du Martyre. L'idée d'un „martyre conforme à l'évangile" est, en effet, si je comprends bien le texte sacré, dans les Actes des apôtres eux-mêmes. A moins de les décortiquer à leur tour en leurs stratifications successives pour découvrir que le thème n'est pas dans leur couche la plus ancienne, il n'y a, à mon avis, aucune objection a priori contre la présence du même thème dans le Martyre de Polycarpe. Dans ces conditions doivent pouvoir se résoudre aussi quelques difficultés particulières. Je retiens ici celle qu'on a tirée du thème du feu.

Le feu fut le supplice de Polycarpe. Que le rédacteur ait cherché à préparer le dénouement au cours de son récit me paraît une preuve de bon sens de sa part et révéler chez lui un certain don de la composition. Pourquoi veut-on à tout prix que nos auteurs paléochrétiens en aient été dépourvus? C'est donc dans cette perspective que je placerais ses déclarations et celles qu'il prête au martyr sur le feu éternel (2, 3; 11, 2), le songe prémonitoire de Polycarpe (5, 2), sa condamnation effective à ce supplice (12, 3). Que vienne alors à l'esprit du rédacteur de conclure par une formule de saveur néo-testamentaire: „Il fallait que s'accomplît la vision qui lui avait été montrée" (*Ibid.*)[22] me paraît en vérité dans la logique du développement et tout à fait intentionnel de sa part, à l'encontre de ce qu' affirme M. von Campenhausen[23].

Quant aux particularités du texte intermédiaire[24], elles peuvent recevoir, on le sait, une autre explication que celle du même critique[25]; certaines d'entre elles s'accordent même fort bien avec le dessein fondamental du rédacteur, fort bien dégagé par M. von Campenhausen, qui est de „s'efforcer à tout prix de mettre en parallèle l'arrestation de Polycarpe avec le récit de la Passion"[26]; elles ne sont pas à mettre au compte d'un interpolateur.

De toute façon, l'auteur du Martyre n'a sans doute pas les connaissances bibliques qui sont le propre de son homologue lyonnais peu d'années après. Il reste que l'intention qu'il déclare en commençant et qu'il suit avec méthode jusqu'au bout témoigne, de sa part, non seulement de solides connaissances scripturaires, mais encore d'une volonté expresse de les exploiter à la gloire de son héros. S'il n'est ni le premier ni le dernier dans ce genre d'entreprise, il est cependant le premier à l'avoir définie avec une formule heureuse.

3. Les textes compris entre la Lettre lyonnaise et l'Apologie de Philéas

De la Lettre des Lyonnais à l'Apologie de Philéas, des textes s'échelonnent dans lesquels la culture biblique des martyrs se dinstingue de celle des hagiographes avec plus on moins de clarté selon les cas.

Les martyrs témoignent parfois de leur attachement à la Bible par leur attitude extérieure[27]. C'est néanmoins dans leurs déclarations qu' apparaît le plus fréquemment la connaissance qu'ils en ont.

Je laisse de côté, pour commencer, des textes dont le témoignage est ambigu. Des professions de foi, le formulaire est, au IIIe siècle, stéréotypé, si bien que les martyrs, en l'utilisant, ne se réfèrent plus à la Bible, mais au stéréotype. Je n'ose pas non plus utiliser le Martyre de Pionius, dont seuls les procès-verbaux d'audience ont conservé l'allure du document primitif et réservent les allusions à la Bible à peu près uniquement au texte de leurs professions de foi. Les documents autobiographiques que ce Martyre est censé conserver doivent être traités avec la même réserve, en raison de leur caractère très élaboré.

D'autres textes hagiographiques inspirent, par contre, confiance. Quelques martyrs ont ainsi l'occasion, ou la provoquent, de s'expliquer sur leur foi. Qu'ils recourent alors à l'Ecriture ne peut nous étonner[28]. Ce qui, en revanche, doit être souligné dans leur cas, c'est la précision de leurs connaissances. De même faut-il alors faire grand cas des éléments autobiographiques que contiennent ces Actes dignes de foi. On peut ranger dans cette catégorie, parmi les Actes qui ont été examinés ici, le récit de Perpétue et celui de Saturus[29]. Les visions qu'ils rapportent trahissent une profonde connaissance scripturaire et apocalyptique et une présence plus subtile des Actes des apôtres.

Si des martyrs nous passons aux hagiographes, les problèmes se compliquent. Tous les documents, en effet, ne se prêtent pas à l'analyse de leur culture biblique: ainsi doivent être laissés de côté ceux qui, reproduisant purement et simplement les procès-verbaux d'audience, réduisent au minimum la marge d'intervention de l'hagiographe et la possibilité qu'il fasse étalage de ses connaissances bibliques personnelles. D'autres documents, au contraire, ont subi de tels remaniements et se sont diversifiés en tant de couches rédactionnelles, que ce n'est pas une, mais plusieurs cultures bibliques qu'il y faudrait successivement distinguer. Restent enfin quelques autres documents dans lesquels, ou bien la recension hagiographique est restée ce qu'elle était à l'origine, ou bien la critique textuelle a permis de la retrouver avec une probabilité suffisante: la part du rédacteur et sa culture biblique peuvent alors être déterminées avec le même coefficient de probabilité. C'est à ces derniers que je veux principalement m'attacher.

L'intervention du rédacteur est nettement délimitée dans la Passion de Perpétue[30]. La culture biblique qui s'y révèle est à la fois précise et subtile. Précise dans le prologue, lorsqu'y est énoncée la thèse de l'auteur sur le martyre, charisme de l'Esprit, et qu'elle y est appuyée par une citation explicitement annoncée[31]. Le texte biblique permet d'ailleurs à l'hagiographe de préciser sa pensée: le charisme du martyr est supérieur à celui du prophète comme le Nouveau Testament à l'Ancien. La Bible est donc mise par lui au service d'un système théologique. Mais sa culture biblique est aussi subtile que précise, car il en joue en de nombreuses citations implicites, résonances assourdies et allusions furtives et discrètes. Notre homme est passé maître en l'art d'user de la Bible pour insinuer sa thèse et la montrer conforme à la révélation scripturaire. Une telle culture biblique est exceptionnelle chez nos hagiographes. Seule peut lui être comparée celle du Lyonnais qui rédigea la Lettre sur les martyrs de son Eglise. Mais la différence entre les deux saute aux yeux: autant celle du Lyonnais est simple dans sa richesse et pacifique dans ses intentions, autant celle du Carthaginois est grosse de partis pris et de polémiques; là nous avons un lecteur de la Bible qui en nourrit sa pensée et son vocabulaire, ici un utilisateur qui en arme sa théologie.

Chez le rédacteur des Actes de Carpus et compagnons, j'ai montré des connaissances bibliques utilisées avec discrétion[32]. Il en est de même pour le compilateur du Martyre de Pionius[33] et du rédacteur primitif des Actes d'Euplus[34]. En outre, ces mêmes auteurs mettent en œuvre une thématique scripturaire éminemment traditionnelle. Il en va différemment du compilateur des Actes d'Agapé et compagnes, pour lequel la citation scripturaire tourne au procédé dans le but d'édifier et de plaire[35]. C'est pourquoi, la culture biblique de ce dernier me semble plus artificielle que celle, personnelle et assimilée, des premiers.

Que conclure de ces analyses?

Si la culture biblique des martyrs est un fait, elle n'est vérifiable que dans certains cas privilégiés. Est-ce à dire qu'elle n'existe pas en dehors d'eux? Je ne le pense pas. Toutefois, je ne crois pas pour autant qu'on puisse prendre prétexte de ces cas pour supposer une culture analogue chez les martyrs au sujet desquels les textes sont muets ou discutables. Qu'il suffise donc de l'avoir constatée dans quelques cas assurés.

Chez les hagiographes, en revanche, la culture biblique est partout vérifiable. Mais en même temps s'impose une autre évidence, celle de son extrême variabilité. C'est à dégager cette deuxième caractéristique que vont être consacrées les pages qui suivent.

III. LES VARIATIONS DE LA CULTURE BIBLIQUE DES CITATIONS

On peut envisager ces variations de divers points de vue, suivant que l'on s'intéresse à leur origine, leurs manifestations et leur sens. Je me placerai à ces points de vue successifs pour essayer de percer le secret de cette diversité.

1. Niveaux et sources de la diversité

La culture biblique de nos textes hagiographiques pourrait se situer à un double niveau et révéler une double source.

Les deux niveaux sont le populaire et le savant.

Au premier niveau, il s'agit d'une culture commune, parce que résultant d'une lecture de la Bible à la portée de tout chrétien: lecture personnelle dans le cas de ceux qui savent lire et qui disposent d'un exemplaire du texte sacré (ils sont moins rares qu'on ne pourrait le penser et se trouvent même dans les milieux les plus humbles et les plus deshérités); lecture catéchétique, entendue pendant le catéchuménat et faite peut-être par Spératus pour les Scillitains, sûrement par Saturus à Perpétue et ses compagnons; lecture liturgique, entendue aux offices et qu'il faut se représenter plus étendue et continue que celle de nos extraits d'aujourd'hui. Les fruits de cette culture sont dans les nombreuses allusions qui parsèment nos textes hagiographiques et qui révèlent, non seulement chez les martyrs, mais encore chez leurs hagiographes, une imprégnation biblique profonde.

Le deuxième niveau de cette culture biblique est savant et spécialisé. S'y placent plus rarement les martyrs. Nous y voyons pourtant Justin,

Apollonius, peut-être Pionius, sûrement Philéas. Il faut y placer évidemment aussi beaucoup de nos hagiographes, qu'ils figurent aux plus hauts degrés sur l'échelle du savoir biblique, comme les auteurs de la Lettre lyonnaise et de la Passion de Perpétue, ou sur des degrés inférieurs comme d'autres, voire sur une échelle de valeurs différentes quand la Bible leur sert à étoffer ou à orner leurs compositions. Cette culture savante ou qui prétend l'être a été acquise par d'autres moyens qui s'ajoutent aux trois modes de lecture dont je viens de parler. Je voudrais m'arrêter un instant à ces techniques spécifiques.

Le problème s'est posé à plusieurs reprises au cours de l'analyse[36] : qu'aient été évoqués les sources, les procédés ou le métier de l'hagiographe; que l'on se soit interrogé sur le pourquoi des citations multiples, juxtaposées et confluentes, au fond c'est toujours le problème du canal par lequel elles leur sont parvenues sous une forme qui n'est pas nécessairement celle de la Bible.

Une clé du problème, mais ce n'est pas la seule, est dans l'œuvre de Justin le philosophe. Je dis bien son œuvre et non ses Actes. Nous savons en effet que ses Apologies et son Dialogue mettent en œuvre des *testimonia*[37]. Ces florilèges bibliques, dans lesquels les extraits de l'Ecriture sont groupés par thèmes, n'apparaissent pas dans les Actes de Justin, pas plus que dans ceux de Cyprien. Pourtant nous savons aussi, et c'est là une deuxième clé de notre problème, que Cyprien, non seulement a utilisé[38], mais a encore composé un recueil de ce genre[39]; bien plus, que le titre de son recueil a servi de nom commun à tous les autres semblables. Mais au moment de mourir Justin a dépouillé le philosophe, Cyprien l'érudit, pour répondre au juge comme les circonstances, ou l'Esprit, le leur inspiraient. Ces deux exemples littéraires nous permettent du moins d'affirmer que ces *testimonia* sur le martyre existaient et qu'ils pouvaient être à la disposition des hagiographes et, qui sait?, des martyrs.

La preuve peut en être donnée dans quelques cas.

J'ai fait remarquer à plusieurs reprises le caractère particulier de certaines de nos citations scripturaires. Il y a d'abord celles qui sont pour ainsi dire au carré, le Nouveau Testament y citant déjà l'Ancien. En voici d'abord trois exemples réduits. Le premier est tiré de la Lettre lyonnaise (1, 35): le Ps 45 (44), 14, y est repris par Ap 21, 2, et les deux textes sont amalgamés par l'épistolier lyonnais[40]. Le deuxième exemple provient de la Passion de Perpétue (1, 3): c'est Jl 3, 1-2, qui est cité en Ac 2, 17-18, et les Actes par le compilateur africain[41]. Le troisième exemple est dans l'Apologie de Philéas[42] : un passage néo-testamentaire a servi de canevas à une déclaration de Philéas, à savoir Mt 11, 5 = Lc 7, 22; mais ce lieu

171

évangélique est lui-même une citation multiple d'Is 26, 19; 29, 18; 35, 5; 61, 1. Outre ces exemples réduits, il faut surtout considérer, dans les Actes des apôtres, le récit de la mort d'Etienne. Il reçoit une orchestration scripturaire fournie au point que, non seulement il servira de modèle aux récits hagiographiques suivants, mais il donne encore l'impression de s'appuyer sur un dossier scripturaire préexistant. Cette hypothèse n'est pas de pure imagination quand on sait que des recueils analogues ont été retrouvés dans les manuscrits de Qumran[44].

Il y a, en deuxième lieu, les expressions, citations, figures ou thèmes bibliques composites. Certaines expressions pourraient sembler redondantes: προσκυνεῖν καὶ δοξάζεσθαι (A. Just. 3, 1), εὐσεβῶ καὶ προσκυνῶ (Ibid. 4, 9), σέβομαι καὶ φοβοῦμαι (M. Apoll. 21)[44]. Ces couples, s'ils ne se trouvent pas tels quels dans la Bible, sont faits d'éléments bibliques. Je constate qu'ils concernent le culte du vrai Dieu. Ils pourraient provenir d'un florilège biblique où ils étaient déjà associés[45]. Il doit en être de même des citations multiples. Ainsi la diatribe psalmique contre les idoles se retrouve substantiellement, parfois littéralement, chez les prophètes et dans la Sagesse. Ce dossier scripturaire pourrait avoir été compilé à l'époque judaïque (mais je laisse aux biblistes le soin d'en décider), mais l'usage couplé des deux verbes n'apparaît qu'en milieu judéochrétien[46]. Il a cours aussi dans les florilèges postérieurs[47]. Il semble donc appartenir à la tradition littéraire des *testimonia*. D'autres associations se révèlent d'aussi modeste étendue: dans le Martyre de Polycarpe, „le sacrifie gras et agréable" ou „le jour et l'heure"[48]; dans les Actes d'Agapé et compagnons, les deux textes pauliniens unis par une commune cheville[49]. Il faut enfin noter les thèmes complexes qui sont les plus nombreux dans la Lettre lyonnaise: la figure du diable[50], la source d'eau vive[51], la couronne du triomphe[52], le parfum du Christ[53]. Etant donné leurs racines bibliques, on ne peut considérer ces traits comme propres aux hagiographes. Leur complexité suppose une tradition antérieure. Elle me paraît encore être dans les *testimonia*.

A plus forte raison doit-on le dire de certaines citations modifiées[54] ou des séquences bibliques qu'on trouve un peu partout dans nos Actes[55]. Ces enchaînements sont eux-mêmes typiques du genre littéraire des *testimonia*. Ils sont même spécifiques du genre[56].

Je voudrais terminer ces observations en citant un exemple qui a fait l'objet d'une étude particulière. Il s'agit de l'association du Ps 22 (21) à Is 52-53, pour exprimer le mystère de la Passion[57]. Cette association se retrouve dans nos Actes, une fois dans la bouche de Philéas répondant aux objections du magistrat sur le Christ souffrant, une autre fois sous la plume du narrateur lyonnais qui configure à la passion du Christ le martyre de ses témoins[58].

Le sujet mériterait sans doute un plus ample développement, d'autant plus que les origines chrétiennes des *testimonia* restent obscures. J'ai dû me limiter ici à quelques indications. Elles me paraissent néanmoins suffisantes pour montrer que la culture biblique savante qui se révèle chez les martyrs et leurs hagiographes leur est sans doute venue par le moyen de florilèges bibliques. Elles ont en outre l'intérêt d'éclairer indirectement l'origine de ceux-ci dans la mesure où ils étaient à la disposition des héros et des narrateurs de nos récits hagiographiques.

2. Facteurs et domaines de la diversité

Si la Bible est le livre commun aux humbles et aux sages, aux héros et aux auteurs de nos Actes, il est évident que ces hommes n'ont pas utilisé le livre sacré de la même manière. *Quidquid recipitur, ad modum recipientis recipitur.* A la limite on pourrait donc dire que les Actes révèlent autant de cultures bibliques que de martyrs et d'hagiographes. Cette diversité est apparue tout au long des analyses dans nos chapitres précédents. Or, la notion de culture n'est qu'une approximation moyenne, dégagée de situations multiples et variables, un dénominateur commun, appliqué à des ordres de grandeur différents. Ces variations doivent être maintenant présentées dans leurs orientations essentielles, en raison des facteurs qui ont déterminé et des domaines où est apparue cette culture biblique.

A. Personnes et société

Dans la galerie de nos martyrs et de nos auteurs, apparaissent quelques personnalités aux traits plus marqués, en même temps qu'un certain conditionnement par le milieu ambiant.

Il y a la galerie des martyrs: le philosophe Justin, l'érudit Apollonius, le disert Pionius, l'évêque grand seigneur qu'était Cyprien, l'archonte d'Alexandrie aussi bien qu'évêque de Thmuis qu'était Philéas; puis toute la gamme des chrétiens lyonnais, un échantillon du petit peuple scillitain, quelques représentants de la communauté de Carthage autour de Perpétue, de Pergame en compagnie de Carpus, des saintes femmes de Thessalonique, un pauvre hère de Catane.

A priori, nous sommes portés à ranger les martyrs dans la catégorie des hommes exceptionnels: n'ont-ils pas fait preuve d'un courage hors du commun dans le témoignage de leur foi? Les lettres de Smyrne et de Lyon nous gardent des généralisations hâtives: parmi eux il y a les renégats dont certains reviennent à la foi et au martyre. De plus, il y a ceux dont la conduite est conforme à l'évangile, qui fuient la persécution et ne viennent au tribunal qu'une fois arrêtés: parmi ces derniers, il y a ceux qui se contentent de répondre au juge sans faire de phrases et il y a les discoureurs et les raisonneurs qui veulent convaincre, plus rarement les vindicatifs et les irréductibles qui menacent leurs adversaires; mais il y a aussi les impulsifs et les illuminés qui, sous le coup d'une inspiration, se présentent d'eux-mêmes à la barre. Enfin, conduits au supplice, les uns chantent, les autres se taisent; les uns souffrent sans mot dire, d'autres crient leur douleur et leur peur. L'image conventionnelle du martyr parfait en tous points n'est pas conforme à la diversité des personnes et des caractères.

A côté de ces traits individuels, il y a les marques de la société. Justin et Apollonius appartiennent à l'élite intellectuelle; Apollonius, Cyprien, Philéas, à l'élite sociale, sans qu'il soit toujours possible de les ranger dans un *ordo* précis. Perpétue aussi est de naissance ingénue, ce que confirment ses *duo nomina* (*P. Perp.* 2). A l'opposé, il y a ceux qui sont sur les degrés inférieurs de l'échelle sociale. Les Scillitains sont sans doute des paysans de la campagne carthaginoise, Félicité est esclave, Euplus n'a pas de toit. Les martyrs de Lyon appartiennent apparemment à toutes les classes sociales de leur ville.

Cette diversité individuelle et sociale des martyrs se reflète-t-elle dans leur culture biblique? La réponse à cette question est malheureusement conditionnée par l'état de notre documentation. Elle est rarement possible.

Je mets à part les documents qui ne nous apprennent rien ou trop peu sur le sujet, ou dont le texte nous est parvenu sous une forme remaniée. Leur évaluation est nulle ou contestable, leur capital biblique, inexistant ou problématique.

D'autres, en revanche, se prêtent à l'évaluation de ce capital, mais ils sont peu nombreux. La culture biblique de Justin, pour représentative qu'elle soit du milieu des apologistes, reste néanmoins un exemple unique dans nos textes hagiographiques: aussi serait-il imprudent d'en tirer des conclusions plus générales sur la base de cette seule documentation. Quant aux Scillitains, j'avais comparé leur foi à celle du charbonnier. L'image a plu[59]. Elle donnerait cependant une idée incomplète de la réalité, si elle faisait oublier que le chef de file des Scillitains leur lisait les épîtres de saint Paul. Ce qui leur manquait, par conséquent, c'était moins la culture biblique que leur avait donnée le contact répété avec saint Paul, que la culture générale qui leur aurait permis de s'exprimer. Un autre texte africain se prête, au contraire, parfaitement au test sociologique. Divers niveaux culturels y sont discernables. Il n'y a pas de différence, à première vue, entre la culture biblique de Perpétue et celle de son catéchiste Saturus: leurs visions les révèlent également nourries d'Ancien et de Nouveau Testament. Néanmoins, à un regard plus attentif, des différences apparaissent: les connaissances du catéchiste semblent plus imprégnées de liturgie[60] et de littérature apocalyptique[61]; celles de Perpétue, plus nourries d'expérience quotidienne et de lectures canoniques. Cette différence pourrait recevoir une interprétation en raison de l'appartenance sociale de ceux qu'elle sépare. Perpétue serait un exemple de la culture biblique de la classe bourgeoise de son époque; Saturus serait au contraire à rapprocher du clergé. Cette hypothèse devra être examinée dans un contexte plus large.

Que donne le critère sociologique appliqué aux hagiographes? Son utilisation n'est alors possible que dans les cas où ils ne se limitent pas à reproduire un document antérieur et ne se cantonnent pas à un rôle impersonnel de rapporteurs des faits. Ce qui est apparemment le cas pour les Actes de Justin, des Scillitains, de Cyprien de Carthage, et l'Apologie de Philéas. Le test donne, au contraire, des résultats d'autant plus intéressants que la marge et les signes d'intervention de l'auteur sont plus grands, et d'autant plus complexes que les remanieurs ont été plus nombreux. Je me tiendrai généralement ici à l'examen des recensions originales et ne ferai appel aux autres que pour mieux cerner les premières.

En racontant la mort d'Etienne, Luc a inauguré le genre hagiographique chrétien; en la conformant à celle du Christ, non seulement il a donné au genre nouveau un thème promis à un grand succès, mais encore il a mis en œuvre l'Ecriture comme illustration obligée du thème. Ce faisant, il s'est montré plus tributaire de la tradition sémitique qu'hellénique.

Les meilleurs exemples d'une hagiographie déjà en pleine possession de tous ses moyens bibliques sont dans les deux Lettres des Eglises de Smyrne et de Lyon. L'auteur de la première donne au thème de l'imitation du Christ par le martyr, inauguré par les Actes des apôtres, sa définition: „le martyre conforme à l'évangile", et il l'illustre d'allusions bibliques avec autant de clarté que d'insistance: il est visiblement heureux d'avoir trouvé sa formule. Bien différente est la manière du Lyonnais. Chez lui, c'est la richesse, la variété, l'étendue et la profondeur de l'information biblique qui doivent être soulignées. Il a, en outre, un autre mérite, celui de nous permettre un coup d'œil, trop rapide à notre gré, sur la culture biblique des martyrs dont il raconte les faits et gestes. Mais les deux auteurs se rencontrent sur un point: l'un et l'autre, le premier avec plus de système, le second avec plus d'abondance, sont tributaires d'une formation et font preuve d'une mentalité bibliques encore toutes proches de leurs sources bibliques elles-mêmes, et ils sont les seuls de leur époque chez lesquels cette proximité se perçoive avec tant de force et de fraîcheur.

Le compilateur de la Passion de Perpétue est le témoin d'une culture biblique nouvelle, non moins solide que la précédente, mais visiblement sélective: notre auteur l'utilise en fonction d'une thèse. Ce n'est plus le jaillissement originel des thèmes et des formules bibliques; ceux-ci sont canalisés, filtrés, finalisés. Je ne veux pas dire que la Bible ait cessé d'être pour cet auteur la source de sa vie intérieure. On sent au contraire bouillonner cette vie au rythme de vigoureuses pulsions bibliques. Mais un changement est accompli. L'auteur ne continue pas à rester à l'écoute de la Parole de Dieu pour en transmettre les échos au fur et à mesure qu'il les entend; il en a retenu un message dont il est désormais le prophète. Ce n'est plus l'homme d'un livre, mais d'une consigne, et c'est en fonction de ce mot-d'ordre biblique qu'il réinterprète toute la Parole de Dieu.

Le Martyre de Pionius pose un problème complexe de composition. L'hagiographe primitif n'est pas toujours facile à démarquer du remanieur qui le couvre. De plus, l'un et l'autre, parfois l'un ou l'autre, voient ou présentent le héros dans les rôles différents du martyr, du narrateur et de l'orateur. Il y a là, semble-t-il, autant de niveaux rédactionnels que d'étapes successives dans le devenir du texte dont nous disposons. Il se trouve que leur imprégnation biblique est tout aussi différente. Pour nous en tenir ici principalement à la première rédaction hagiographique, du moins dans la mesure où nous pouvons la déterminer, il faut distinguer entre les documents qui y sont utilisés et leur mise en forme hagiographique. Parmi les documents utilisés, il y a les procès-verbaux d'audience: la présence de la Bible y est limitée à la profession de foi des martyrs. En quoi le Martyre de Pionius rejoint la plupart des autres Actes de martyrs. En outre, je suis assez enclin à croire qu'ont été utilisés par le premier hagiographe des éléments narratifs préexistants. On pourrait ainsi récupérer l'hypothèse du document autobiographique du martyr[62]. Ce qui me porte à le croire, c'est que le niveau révélé par ces documents est très voisin. Ce qui n'exclut d'ailleurs pas qu'ils aient pu être réduits au même niveau culturel par l'hagiographe du IIIe siècle. Doit, au contraire, en être nettement distingué l'étalage de connaissances bibliques chez l'orateur: ses discours lui sont sans doute prêtés par le remanieur du IVe-Ve siècle[63]. Bref, la rédaction hagiographique primitive témoigne d'une culture biblique qui est dans la bonne moyenne de son temps, sans toutefois permettre d'en distinguer les traits individuels.

Il reste à dire un mot des Actes d'Euplus de Catane. Ce qui semble y revenir au plus ancien hagiographe représente un capital biblique modeste et, de plus, d'expression fort traditionnelle[64].

En somme, le critère sociologique, appliqué à la culture biblique des martyrs et de leurs hagiographes, nous a confirmé ce que nous savions déjà de l'existence d'une double culture: l'une commune à l'ensemble du peuple chrétien, y compris ses chefs; l'autre spéciale à une élite intellectuelle et sociale très restreinte, laquelle ne nous apparaît plus importante que, parce que ses représentants ayant eu plus de capacités pour l'exprimer, l'ont effectivement fait connaître plus souvent et que, par voie de conséquence, leurs ouvrages ont été conservés plus nombreux. Ce qui caractérise d'ailleurs la culture biblique de cette intelligentsia, ce n'est pas tant son étendue ni sa profondeur que sa technicité et sa spécificité. Une telle culture n'est plus liée à la catéchèse chrétienne, elle est une réaction de défense en vue de la survie même du christianisme[65]. Il était dès lors inévitable qu'elle se fît jour même au prétoire où se jouait l'existence du chrétien.

B. Géographie et chronologie

Y a-t-il, dans la culture biblique de nos Actes, des variations qui s'expliquent en raison des pays et des temps?

On ne peut dire que le facteur géographique ait influé sur l'hagiographie et qu'il soit responsable de ses divers genres littéraires: les Actes dits proconsulaires sont attestés à Rome, en Afrique, en Asie et en Egypte, et tirent leur origine première des usages de chancellerie des administrations romaines; les Passions et Martyres, sous des titres différents, sont communs à l'Orient et à l'Occident; les récits de martyres sous forme épistolaire se trouvent à Smyrne et à Lyon. Tout au plus peut-on constater que ce dernier genre hagiographique est lié à l'aire d'influence asiate, ou que les Passions comportant des récits de visions sont essentiellement africaines.

Du point de vue de la Bible, il y a une différence entre l'Orient et l'Occident, mais elle est d'ordre linguistique et se situe au niveau des versions utilisées.

Pour le grec, il s'agit généralement de la Septante dans les livres de l'Ancien Testament, de la κοινή dans ceux du Nouveau. Quelques exceptions doivent être rappelées. Dans les Actes de Carpus et compagnons, une citation de la version A, celle de Mt 22, 4, est faite selon un texte propre à des manuscrits bibliques dont les plus anciens sont du début du Ve siècle[66]: l'hagiographe pourrait avoir eu l'un d'entre eux entre les mains. Un détail semblable se trouve dans le Martyre de Pionius: il a été relevé en son temps[67], mais n'a pas reçu alors d'interprétation critique. Le texte hagio-

177

graphique comporte la leçon τεκνία au lieu de τέκνα et cette leçon lui est commune avec quelques manuscrits bibliques du Ve siècle, comme l'*Alexandrinus* ou l'*Ephraemi rescriptus*. Elle pourrait être propre au remaniement du Martyre et ne pas avoir figuré dans sa recension primitive. Je n'oserais faire état de cette minutie, si, pour d'autres raisons, le remaniement ne datait pas du début du Ve siècle.

Des remarques analogues ont pu être faites à propos des versions latines utilisées dans les textes hagiographiques latins. Ces versions ne sont pas, comme on pouvait s'y attendre, identiques à la Vulgate; il s'agit de versions antérieures. Pour commencer, rappelons que c'est un de nos textes hagiographiques, les Actes des martyrs Scillitains, qui contient la plus ancienne attestation d'une version latine de l'Ecriture: en 180 existait celle des Epîtres de saint Paul et elle était entre les mains de l'un des martyrs[68]. Plus concrets sont les indices de la Passion de Perpétue[69] : à deux reprises a été notée la proximité de la version des Actes des apôtres, utilisée dans la Passion, avec celle du *codex Bezae*. Il y a lieu de croire que c'est un manuscrit biblique plus ancien de cette famille qui était à la disposition du compilateur, voire de Perpétue elle-même. On peut même se demander, du fait que l'un et l'autre l'ont utilisée, si elle ne jouissait pas d'une certaine autorité dans l'Eglise de Carthage. Une remarque du même ordre a été faite au sujet du texte biblique utilisé dans la traduction latine de l'Apologie de Philéas[70].

On ne remarque, en revanche, aucune variation géographique dans la culture biblique de nos textes, sinon celles qui tiennent aux courants de la pensée théologique. Mais ces perspectives restent en dehors de mon domaine.

Dès qu'on évoque la chronologie, on soulève le problème de l'évolution du genre hagiographique et de la culture biblique qu'il suppose. Le problème doit être examiné avec soin.

Qu'il y ait une certaine évolution du genre littéraire dans les textes qui ont été retenus ici ressort déjà de leur mise en ordre chronologique. C'est dans cet ordre qu'ils ont été examinés dans les treize premiers chapitres. Un des faits notables de cette évolution est dans la forme épistolaire du récit hagiographique: elle est à la fois parmi les plus anciennes, les plus éphémères et les moins répandues de notre littérature. Attestée pour le Martyre de Polycarpe en 167 et celui des Lyonnais en 177, elle ne semble pas être sortie de la zone culturelle asiate et ne pas avoir survécu au IIe siècle.

Le deuxième fait est dans les Passions africaines qui comportent des récits de visions. La première du genre est la Passion de Perpétue. Le Père Delehaye y voyait „le chef-d'œuvre de la littérature hagiographique" dont il ne serait pas „aisé d'indiquer le modèle"[71]. En fait, pour ce qui est des visions, les précédents existent[72] : le Père Delehaye en convient lui-même[73]. Sans parler des visions que le rédacteur a pu lire dans les Actes des apôtres[74], il a pu connaître deux textes hagiographiques qui en comportent aussi: le Martyre de Polycarpe (5, 2; 12, 3) et la Lettre sur les martyrs lyonnais (3, 2-3). Je ne sais si celle-ci était à la disposition des Africains au début du IIIe siècle, mais il semble bien en avoir été ainsi de celui-là.

Des relations existèrent alors entre l'Asie-Mineure et l'Afrique. La preuve en est dans le montanisme qui prit pied dans ce dernier pays et y séduisit Tertullien[75]. On admet généralement aujourd'hui que le polémiste amorça vers 207-208 et acheva en 213 son virage vers l'hérésie cataphrygienne[76]. Mais le prologue de la Passion de Perpétue montre que l' Esprit selon Montan soufflait à Carthage déjà en 203[77]. C'est par lui que le rédacteur de la Passion explique les visions des martyrs.

J'ai montré il y a peu un autre point de contact avec l'Asie, cette foisci à propos du culte anniversaire des morts et des martyrs et par l'intermédiaire du Martyre de Polycarpe. Tertullien est le premier en Afrique, voire en Occident, à témoigner de cet usage chrétien. Il l'exprime par un hapax de son langage personnel: *natalicium*, ou par des équivalents du langage courant: *dies natalis* ou *annuus*. Mais il entend toujours désigner ainsi ce jour que le Martyre de Polycarpe appelait $\tau\grave{\eta}\nu$ $\mathring{\eta}\mu\acute{\epsilon}\rho\alpha\nu$ $\gamma\epsilon\nu\acute{\epsilon}\theta\lambda\iota o\nu$ (18, 3). Or, le Martyre de Polycarpe et Tertullien sont, à trente ans d'intervalle, les premiers à parler de cet anniversaire, et même si l'usage en existe ailleurs, il n'est nulle part nommé ailleurs. Comment expliquer le fait? Le plus simple est sans doute de penser que les Africains l'ont directement reçu d'Asie-Mineure. Que cette supposition ne soit pas une pure vue de l'esprit et que des relations anciennes aient effectivement existé entre l'Afrique du Nord et l'Asie-Mineure, c'est ce que confirment, à la fin du IIe siècle, la connaissance qu'avait Tertullien de certaine tradition smyrniote sur les origines apostoliques de l'épiscopat de Polycarpe et, au milieu du IIIe siècle, la lettre de Firmilien, évêque de Césarée de Cappadoce, à l'évêque de Carthage Cyprien[78]. C'est pourquoi, je pense pouvoir attribuer aussi à une origine asiate la précocité, non seulement du culte des martyrs, mais encore de la terminologie martyrologique en Afrique[79].

Si la chronologie n'éclaire pas l'évolution de tous les genres hagiographiques, que nous apprend-elle sur la culture biblique qui les imprègne? Sur ce problème, il nous faut reprendre le tableau synoptique des citations scripturaires par document hagiographique pour savoir ce qu'il nous apprend[80].

On peut d'abord remarquer les variations que subit cette culture en fonction du nombre des citations par document. En voici le décompte par ordre décroissant:

Pionius:	81 citations	Apollonius:	35 –	Agapé:	11 –	Scillitains:
Polycarpe:	52 –	Carpus etc:	23 –	Justin:	8 –	2 –
Lyonnais:	49 –	Etienne:	16 –	Euplus:	8 –	
Philéas:	49 –	Perpétue:	16 –	Cyprien:	4 –	

Malgré la valeur approximative et mêlée de ces données, leur intérêt est d'abord dans un effet de surprise qui se nuance assez vite de défiance envers des textes si diversement pourvus de substance biblique. Les Actes des Scillitains arrivent en queue avec leurs deux allusions reconnaissables, mais sans doute leur faut-il reconnaître une densité biblique supérieure, encore que non mesurable, en raison des lectures pauliniennes qu'ils nous révèlent chez leurs héros. Les Actes de Cyprien sont aussi parmi les derniers, malgré ce que nous savons des connaissances scripturaires de l'évêque de Carthage. L'Apologie de Philéas arrive à égalité avec la Lettre lyonnaise en dépit de leur évidente disproportion. Si le Martyre de Polycarpe se classe en second lieu, le fait ne peut manquer de réveiller (mais à tort, ainsi que nous le verrons sans tarder) les suspicions de la critique à son égard. La même réserve semblerait encore mieux placée à l'endroit du Martyre de Pionius qui est en tête du peloton. Ces exemples avertissent de la nécessité où nous sommes d'évaluer plus exactement la culture biblique de textes si disparates entre eux et si composites en eux-mêmes. Cette évaluation plus précise doit se faire en fonction d'autres critères que ceux que fournissent des chiffres bruts.

Je commence par les moduler en fonction de la longueur relative de nos textes hagiographiques à l'aide de deux relevés: le premier comporte le calcul du nombre de lignes des Actes de martyrs sur la base de l'édition d'Oscar von Gebhardt, à laquelle sont référées les autres; le second indique la fréquence des citations selon un rythme évalué au quotient du nombre de lignes d'un texte par citation.

TOTAL DES LIGNES DE CHAQUE TEXTE HAGIOGRAPHIQUE:

Etienne:	14 lignes	Scillitains:	56 –	Pionius: 531 –	Philéas:
Justin:	113 –	Apollonius:	243 –	Cyprien: 127 –	136 –
Polycarpe:	329 –	Perpétue:	484 –	Agapé: 228 –	
Lyonnais:	490 –	Carpus:	126 –	Euplus: 64 –	

FREQUENCE DES CITATIONS PAR NOMBRE DE LIGNES:

Etienne:	1, 8 (1er)	Scillitains:	28,0 (11e)	Pionius:	6,5 (5e)
Justin:	14, 1 (9e)	Apollonius:	7,3 (6e)	Cyprien:	31,7 (13e)
Polycarpe:	6, 3 (4e)	Perpétue:	30,2 (12e)	Agapé:	20,7 (10e)
Lyonnais:	10, 0 (8e)	Carpus:	5,4 (3e)	Euplus:	8,0 (7e)
				Philéas:	2,7 (2e)

De nouvelles surprises nous sont réservées par le dernier relevé. En tout état de cause, le récit de la mort d'Etienne offre la plus grande fréquence d'allusions au texte sacré: on ne peut compter certes comme telles les versets des Actes eux-mêmes, qui reprennent des textes évangéliques (sinon, la fréquence serait encore plus forte: 0,9); il n'en reste pas moins vrai qu'en 14 lignes de texte huit allusions ou citations des évangiles mettent les Actes des apôtres en tête du classement. Ils sont suivis immédiatement par l'Apologie de Philéas: comme procès-verbal d'audience à peu près intact, ce document se présente avec d'excellentes garanties pour l'évaluation de son outillage biblique. Dès l'abord, par conséquent, les plus hautes fréquences sont placées aux deux extrémités de notre arc chronologique. C'est une première suprise.

Il faut noter ensuite les sauts de fréquence pour distinguer des groupes. De la troisième à la huitième place, la décroissance se fait par petits paliers qui ne dépassent pas les deux unités et se tiennent le plus souvent un peu au dessous d'une unité. Ce groupe bibliquement indistinct est aussi le plus variable qualitativement: à côté de documents excellents, comme les Lettres smyrniote et lyonnaise, à coté d'autres qui ont conservé des éléments de qualité facilement reconnaissables, tels les Actes d'Euplus ou de Carpus et compagnons, il y a ceux dont la valeur mêlée va de pair avec l'usage de la Bible comme arsenal d'arguments: il suffit de citer le Martyre de Pionius; dans son voisinage s'est fourvoyé celui d'Apollonius dont le rédacteur manifeste plus de discernement dans l'usage de ses sources hagiographiques. La surprise se teinte de malaise en présence de ce fourre-tout.

Les fréquences font alors des sauts plus grands. Les Actes de Justin sont isolés de l'avant et de l'arrière par des intervalles de quatre et six; ceux d'Agapé et compagnons, par des espaces de six et huit unités de fréquence. Il faut néanmoins rattacher ces deux documents au groupe de queue dont les fréquences sont les plus basses et qui est constitué par trois productions d'origine africaine: les Martyres des Scillitains, de Perpétue et compagnons, ainsi que de Cyprien. Dans ces cinq derniers textes, le petit nombre des citations bibliques va de nouveau de pair avec la qualité documentaire. Ce qui achève de nous dérouter dans nos efforts de classement.

Bref, du point de vue où je me suis placé et qui est celui des Actes originaux, la chronologie de ces documents ne révèle aucun changement quantitatif de leur culture biblique. La preuve en est dans les hautes fréquences des deux documents les plus éloignés l'un de l'autre dans le temps: les Actes des apôtres, VII, 54-VIII, 1, et l'Apologie de Philéas. L'observation resterait valable, même si les calculs étaient refaits, compte tenu, dans les documents composites, des éléments authentiques et de ceux qui sont remaniés. Ce sont, en effet, des documents statistiquement aussi voisins, mais de valeur documentaire aussi différente que les Martyres de Polycarpe et de Pionius, ou encore, pour prendre des exemples moins controversés, les Actes d'Apollonius et d'Euplus, qui nous en donnent la preuve. C'est encore le cas de l'Apologie de Philéas dans sa version latine: la partie qui n'a pas son équivalent dans la version grecque se caractérise par une fréquence biblique évaluée à 2,8, alors que celle qui est commune aux deux versions accuse celle de 2,7. Aussi pouvons-nous dire que l'évolution de cette culture n'est pas dans celle de sa masse quantitative dans les documents originaux.

Avant de leur appliquer un autre test que celui du nombre des citations bibliques, il importe de vérifier ce même test sur les différentes versions d'un même document. En général, elles illustrent parfaitement, elles, le processus de cette évolution. De fait, des versions originales aux remaniées, il y a normalement augmentation de la matière biblique. En voici quelques exemples tirés des Actes qui s'y prêtent.

Des *Acta Scillitanorum*, je me limite à citer les trois versions publiées par John A. Robinson[81]. Dans la version latine originale, ou du moins la plus ancienne, nous l'avons vu, il n'est question que des „livres et épîtres de Paul, homme juste" parmi les documents que Spératus porte avec lui: l'expression semble un hendiadys pour désigner un seul volume. Dans la version grecque, le mot προσεπιτούτοις distingue au contraire „les é-pîtres de Paul" des οἱ καθ'ἡμᾶς βίβλιοι (p. 115). La version latine publiée par Baronius va encore plus loin en énumérant „les quatre évangiles de Notre Seigneur Jésus-Christ, les épîtres de saint Paul apôtre et toute l'Ecriture divinement inspirée" (p. 120). C'est toute une bibliotèque que Spératus finit par transporter avec lui.

Mais l'exemple le plus voyant et le moins vraisemblable se trouve sans doute dans les *Acta Eupli* dont Pio Franchi de' Cavalieri a distingué cinq versions grecques et quatre latines[82]. La plus simple, nous le savons, est la version grecque *A*. Selon elle, le livre qu'Euplus porte au tribunal est „celui selon Mathieu, Marc, Luc et Jean" appelé „les saints évangiles" (p. 57, lin. 16-17). Elle ne comporte pas de citation explicite de la Bible. A partir de cette première version se développent les autres. Elles le font en partie grâce à des excroissances bibliques. Si on met à part la version C qui reste encore très proche d'A, celles qui restent, ou bien étoffent de citations toute la trame du récit (qui est en fait surtout un dialogue), ou bien y privilégient l'épisode de l'évangéliaire. Elles commencent par le faire avec une abondance que les métaphrases médiévales finissent de nouveau par réduire à néant. Ce processus se vérifie dans les versions grecques aussi bien que latines.

Si en B l'évangile est défini comme „la loi du Christ", il y est aussi tourné avec une pointe polémique contre le magistrat qui juge Euplus, en raison de Mt 10, 18-19 + Lc 21, 15 mis dans la réponse du martyr à Calvisianus. Les autres citations justifient d'abord les répliques d'Euplus, qu'il explique pourquoi il n'a pas de maison à l'aide de Mt 19, 29 = Lc 14, 26, ou qu'il explique sa lecture quotidienne de l'évangile en s'appuyant sur Ps 119 (118), 47-48. D'autres citations meublent ensuite le temps de la torture, quand le martyr chante en entier le Ps 40 (39)[83]. Ce dernier trait est destiné à rehausser l'endurance du héros. Quant aux versions D et E, comme métaphrases de A, elles en réduisent la substance biblique, mais inventent contre toute vraisemblance le diaconat d'Euplus: elles sont apparemment d'un temps où la lecture de l'évangile est devenue une spécialité du diacre et prennent prétexte du fait qu'Euplus était en possession d'un évangéliaire.

Les versions latines, à leur tour, étendent d'abord leurs citations à l'ensemble de la narration pour les restreindre après à l'épisode de l'évangile. La version a est la seule à faire d'Euplus un évêque, alors que les autres le laissent diacre. Selon a, Euplus fait aussi devant le magistrat une „lecture évangélique selon Mathieu, Marc, Luc et Jean" (p. 52, lin. 19-20). Mais elle lui attribue surtout un usage systématique du psautier, soit pour argumenter à propos de son refus de sacrifier: Ps 97 (96), 7, soit surtout pour alimenter sa prière. En effet, qu'il aille à la torture (p. 53, lin. 8-12), qu'il la subisse (ib., lin. 19-26), ou qu'il aille à la mort (p. 54, lin. 1-15), c'est un psaume qu'il a sur les lèvres. En quoi a est très proche de B. Quant aux versions b c d, elles forment un groupe à part en privilégiant l'épisode de l'évangéliaire. Le récit le plus complet de l'épisode se lit en b. Le voici:

Quand il eut ouvert les évangiles, le bienheureux Euplus lut un passage de Mathieu qui disait: Le Seigneur Jésus-Christ a dit: Heureux les persécutés pour la justice, car le royaume des cieux est à eux (Mt 5, 10). Il ouvrit un autre passage selon Marc où il est dit: Tous ceux qui croient en moi, il leur sera donné de connaître le règne de Dieu (logion non identifié). De même selon Luc: Si quelqu'un veut venir à ma suite, qu'il se renie lui-même, se charge de sa croix et qu'il me suive

183

(Lc 9, 23). De même selon Jean: Qui vient à moi n'aura jamais faim; qui croit en moi n'aura plus jamais soif (Jn 6, 35) [84].

Dans le reste du texte de *b* on retrouve des allusions bibliques[85], mais à travers un centon d'allure liturgique[85]. Si la version *c* offre le même texte que *b*[87], il n'en est pas de même de *d* qui ne donne plus qu'un extrait du passage que je viens de citer et limite les citations à celles de Mathieu et de Luc; il supplée aux autres par un petit bout de phrase: *Cum haec et alia legeret*[88].

Bien qu'on ne puisse tirer de ces seuls exemples une règle générale, il est quand même utile de fixer deux points dans cette évolution des passions primitives aux remaniées. En un premier temps, les hagiographes amplifient, en particulier au moyen de citations ou de matériel bibliques: c'est le cas pour l'histoire des Scillitains et d'Euplus. En un second temps, que les métaphrases byzantines désignent comme médiéval[88], on abrège les textes primitifs, et cela souvent à des fins liturgiques; les citations bibliques peuvent être victimes de ces abréviateurs, comme le montrent, dans le cas d'Euplus, les versions *D E d*.

Il reste maintenant à considérer le problème de l'évolution de la culture biblique au moyen d'un critère qualitatif: c'est celui de la thématique scripturaire de nos Actes. Sur ce point, l'exposé que j'en fait anticipe les résultats de l'analyse à laquelle est consacré le prochain chapitre. Ici, il s'agit seulement d'en donner une vue schématique afin d'en tirer des leçons de chronologie.

Tous les thèmes ne se prêtent pas au test de l'évolution, les uns parce qu'ils sont toujours et partout présents: c'est le cas du témoignage du sang et de la confession de foi, attestés jusqu'à la dernière persécution, car ces deux faits sont nécessairement corrélatifs; un autre thème, à cause des réalités trop différentes qu'il recouvre: c'est celui du martyre comme sacrifice[90].

Sont, par contre, à considérer des thèmes très inégalement représentés, dans lesquels on peut distinguer des groupes chronologiques grâce à leur dernier témoin. Un premier groupe est attesté jusqu'au début du IIIe siècle avec la Passion de Perpétue: il comprend les thèmes parousiaques du cortège, du *bravium*, du parfum, des noces et du festin. Un deuxième groupe, formé de thèmes des mystiques christologique, pneumatique et agonistique, atteint le milieu du IIIe siècle avec le Martyre de Pionius, les Actes de Carpus et compagnons et ceux de Cyprien. Tout se passe donc comme si un changement s'était produit dans la thématique biblique des

TABLEAU SYNOPTIQUE DES THEMES BIBLIQUES

THEMES	Étienne	Justin	Polyc.	Lyon.	Scilit.	Apoll.	Perpét.	Carpus	Pionius	Cyprien	Agapé	Euplus	Philéas
Mystique pneumatolog.	+		+	+			+	+		+			
Parousie: cortège				+			+						
Parousie: couronne		+	+	+	+								
Parousie: bravium		+	+			+	+						
Parousie: règne					+								
Parousie: parfum			+	+			+						
Parousie: paradis							+						
Parousie: Egl.-mère				+									
Parousie: Egl.-épouse													
Parousie: noces				+			+						
Parousie: festin				+			+						

THEMES	Étienne	Justin	Polyc.	Lyon.	Scilit.	Apoll.	Perpét.	Carpus	Pionius	Cyprien	Agapé	Euplus	Philéas
Témoignage	+	+		+									
Témoignage du sang		+	?	+			+	+				+	
Confession monothéiste		+	+		+	+		+	+	+	+	+	+
Confession christolog.	+				+	+	+	+	+		+	+	+
Confession polémique						+	+	+	+				
Combat		+	+	+		+	+	+	+				
Liturgie: 2e baptême					+		+						
Liturgie: sacrifice			?			+		+	+				
Liturgie: eucharistie						+	+	+					
Mystique christologique		+	+			+	+	+					
Mystique évangélique	+	+	+	+									

185

Actes au cours de la première moitié du IIIe siècle. Un grand nombre de thèmes, dont la floraison avait eu lieu au IIe siècle avec les grands textes sur Polycarpe, les Lyonnais, Perpétue et compagnons, ont cessé, non seulement de fleurir, mais de porter des fruits. A l'exception de la profession de foi, sur laquelle jusqu'à la fin des persécutions le martyr joue sa vie, la sève biblique n'alimente plus les autres thèmes qui se sclérosent et meurent.

Ce fait invite à reconsidérer la confession de foi elle-même: sa teneur biblique est-elle encore perçue comme telle à la fin des persécutions? L'Apologie de Philéas nous offre le moyen de le savoir. Chaque fois que l'évêque de Thmuis veut justifier un de ses choix, il sait fort bien recourir à la Bible. Il le fait avec une formule sans équivoque, même pour le païen qu'est Culcianus. Philéas dit alors en effet: „Les saintes et divines Ecritures disent", suit la citation biblique. Or, tel n'est pas le cas pour sa confession de foi. Aucune annonce expresse ne l'introduit. Elle n'est signalée à l'attention du magistrat que par l'attitude de l'accusé. C'est comme si celui-ci reconnaissait à sa déclaration une autorité d'une autre origine, que le geste de l'orant pourrait désigner comme liturgique.

De toute façon, l'Ecriture n'est plus la seule autorité sur laquelle s'appuie le martyr, la seule source à laquelle puise l'hagiographe. Le fait est clairement affirmé par l'un de ces derniers. L'auteur de la Passion de Perpétue équiparait en effet à la Bible les Passions des martyrs comme *instrumentum ecclesiae* (1, 5) avec tous les présupposés théologiques et corollaires liturgiques que cette mise en parallèle comportait. La règle que l'Africain énonçait à propos de l'hagiographie, d'autres l'étendaient aux sources mêmes de la discipline. Les rédacteurs du Martyre d'Apollonius et des Actes de Carpus et compagnons introduisent dans leurs œuvres, non seulement de nouvelles finalités en ce qui concerne l'usage du texte sacré: critique du paganisme (*M. Apoll.* 14-22; *A. Carp.* A 6-7), mais encore de nouvelles autorités pour fonder la critique: Apollonius recourt à Platon (*M. Apoll.* 40-41)[91].

Ce recours aux autorités non-bibliques est particulièrement voyant dans le Martyre de Pionius. Certes, la Bible y est aussi fortement présente que dans le Martyre de Polycarpe[92], encore que mise au service de fins beaucoup plus diverses[93]. Mais à côté de la Bible, le martyr est censé se référer aussi aux poètes (4, 2-4) ou aux philosophes grecs (17, 2-3) en présence des païens; à sa propre expérience (4, 18-20) ou à celle de ses contemporains (4, 21-22) à l'égard des juifs; aux uns et aux autres il veut montrer la convergence de certaines de leurs traditions religieuses (4, 23).

De pareils raisonnements, s'ils sont nouveaux en hagiographie, ne le sont pas dans l'apologétique d'où ils proviennent. On l'a dit du Martyre d'Apollonius dont on a souligné les attaches avec la littérature des apologistes du IIe siècle[94]. Il faut apparemment étendre cette dépendance aux Actes de Carpus et compagnons, de Pionius, de Philéas, voire de Polycarpe[95]. Le problème est de savoir quand ces nouveautés pénétrèrent dans les Actes des martyrs.

J'ai abordé ce problème sur un exemple précis en reprenant après d'autres, mais d'une manière plus systématique et avec de nouveaux témoignages, le thème du „juste crucifie"[96]. Le thème apparaît pour la première fois dans la littérature antique avec la *République* de Platon et s'y retrouve avec le stoïcisme tardif de Mara bar Sérapion. Mais il a surtout fait son chemin dans l'apologétique chrétienne, comme en témoignent Clément d'Alexandrie, Eusèbe de Césarée et Théodoret de Cyr, de même que dans l'hagiographie chrétienne, ainsi qu'il ressort de l'Apologie de Philéas et des Martyres d'Apollonius et de Pionius. La comparaison de ces trois textes hagiographiques avec leurs trois homologues apologétiques permet les conclusions suivantes. 1. les textes hagiographiques dépendent des textes apologétiques; 2. le thème du „juste crucifié" est dans la littérature hagiographique au plus tard au IVe siècle, au témoignage de l'Apologie de Philéas; 3. il y prend forme et consistance avant et après ce siècle dans les remaniements des Martyres d'Apollonius et de Pionius.

Si l'on replace ce cas particulier dans une perspective plus large, il apparaît que le recours des hagiographes aux sources non-bibliques et païennes ne semble s'être généralisé qu'au IVe siècle. Que signifie ce fait? Si, en ce siècle, les apologistes continuent apparemment à s'adresser à un public cultivé, formé aux règles de la composition littéraire et sensible aux exigences du discours logique, les hagiographes ont à faire à un public plus mêlé. Ce que je dis des hagiographes doit s'étendre aux martyrs dans un cas précis, celui de Philéas de Thmuis. C'est, d'une part, le même public cultivé, soucieux de s'informer et curieux de savoir, que je vois représenté par le préfet d'Egypte Culcianus, juge du martyr Philéas. Ce public ne peut être qu'intéressé par l'usage que font les chrétiens de sa propre littérature. Mais je crois qu'il faut se garder de généraliser les leçons à tirer de l'Apologie de Philéas. La portée de celle-ci me paraît essentiellement locale, et son témoignage devoir se rattacher à la tradition du didascalée alexandrin. Ce que pourraient confirmer, pour l'époque antérieure, la polémique de Celse et le *Contra Celsum* d'Origène. Mais à côté de ce public cultivé, il y a, d'autre part, un public populaire. Celui-ci aime la discussion rapide, les joutes oratoires, les mots à l'emporte-pièce, les arguments *ad hominem*, voire les devinettes. Il est moins sensibles aux thèmes soulevés qu'à la manière de les soulever. Le Martyre de Pionius correspond parfaitement à ce goût. Lorsque l'hagiographe donne de l'ampleur aux discours, c'est pour impressionner son auditoire par l'abondance et la variété de son érudition; et si cette érudition est profane aussi bien que biblique, c'est, me semble-t-il, parce qu'elle s'adresse aux païens aussi bien qu'aux chrétiens.

On pourrait, certes, raffiner sur l'équilibre différent des sources païennes et chrétiennes entre le Martyre d'Apollonius et celui de Pionius et y chercher un indice de la composition du public auquel ils étaient destinés: païen-chrétien dans le premier cas, païen-juif-chrétien dans le second. Mais l'évaluation quantitative de ces éléments risque d'être un pur jeu de l'esprit. Ce qui est, par contre, remarquable, quand on passe d'un document à l'autre, c'est l'usage beaucoup plus important, pour Pionius que pour Apollonius, des arguments profanes et païens. Ce pourrait être l'indice de l'intérêt plus grand que les païens prenaient au christianisme au temps du Martyre de Pionius que de celui d'Apollonius, un signe de la conversion progressive des masses païennes au christianisme, et un complément de preuve à la datation proposée pour les deux remaniements, le début du IIIe siècle pour celui d'Apollonius, la fin du IVe siècle ou le début du suivant pour celui de Pionius.

* * *

Il est temps de conclure ce chapitre, en reprenant les résultats essentiels de ses analyses.

La présence biblique dans nos Actes de martyrs anciens peut être chiffrée. Grâce aux chiffres apparaissent certaines fréquences. Ainsi se dégage la prévalence du Nouveau Testament sur l'Ancien et, dans le Nouveau, des évangiles et de saint Paul sur les autres livres. Ce sont les résultats les plus saillants et les plus sûrs de cette statistique biblique.

Les chiffres imposent cependant une conclusion encore plus générale, bien que celle-ci soit plus difficile à dégager et surtout à apprécier. Nos Actes révèlent, en effet, l'existence d'une culture biblique indéniable chez les martyrs comme chez les hagiographes: quand le document hagiographique reste transparent aux faits rapportés et aux personnes mises en scène, la culture biblique des martyrs reste assez bien perceptible; lorsqu' au contraire le rôle du ou des rédacteurs prend de l'importance, c'est la culture biblique de l'hagiographe qui devient plus apparente. La part respective de l'un et des autres a pu être déterminée avec plus ou moins de bonheur suivant les cas.

Cette culture biblique est cependant loin d'être uniforme. Elle varie en fonction de nombreux facteurs, de son niveau et de ses sources, des personnes et de la société, des lieux et des temps. Ces facteurs sont inégalement intervenus dans chaque document: tel, en effet, se prêtait davantage à l'analyse du facteur personnel, tel autre, à l'analyse sociologique; tel texte se prêtait mieux à la classification géographique, tel autre, à la classification chronologique. Cela veut dire que l'argument biblique peut devenir un critère hagiographique, mais parmi d'autres et avec d'autres critères. La critique hagiographique doit mettre en œuvre, pour être efficace et sûre, un outillage approprié et complexe. L'argument biblique est un de ces outils, mais doit être d'ordinaire manié conjointement avec les autres. C'est ce que j'ai essayé de montrer à propos du „juste crucifié".

J'ai signalé le cas où son usage peut devenir décisif. Quand l'hagiographe se sert d'une version biblique particulière, dont la diffusion a été restreinte dans l'espace et le temps ou caractéristique d'une province et d'une époque, quand les citations bibliques d'un texte hagiographique, en se séparant de l'usage biblique commun, se rapprochent de celui d'un manuscrit ou d'une famille de manuscrits, il y a évidemment de fortes chances que le texte de l'hagiographe lui-même provienne du lieu, du milieu ou de l'époque, dans lesquels la version ou le manuscrit bibliques sont attestés. L'argument biblique serait-il même le seul à fournir de tels indices, son témoignage deviendrait capital; en fournirait-il de contraires à ceux qu'offrent d'autres critères, il devrait être pris en compte sérieusement. Dans les cas que j'ai signalés, il venait généralement corroborer des conclusions déjà suggérées par ailleurs.

Ainsi l'étude de la Bible dans les Actes de martyrs débouche sur les problèmes de critique hagiographique et lui apporte ses éléments de solution. Si ce résultat ne constituait pas l'objectif principal de notre recherche, il a son prix. Il vient, comme en supplément, montrer l'intérêt de cette étude.

1 O. PERLER, „Das vierte Makkabäerbuch".
2 F. CABROL-H. LECLERCQ, *Relliquiae liturgicae vetustissimae* (Paris, 1900-1902), t. 1, p. clxiii-clxxxv: citations psalmiques dans la littérature patristique. – J. GELINEAU, „L'Eglise répond à Dieu par la Parole de Dieu", *Parole de Dieu et liturgie*, p. 166-178: usage des psaumes dans la liturgie. – J. DANIELOU, *Etudes d'exegèse*, p. 141-169: les psaumes dans la vie de l'Eglise ancienne. – A. HAMMAN, *Les premiers martyrs*, p. 101, 124; ID, *Les martyrs de la grande persécution*, p. 88: les psaumes chez les martyrs.
3 Is 1, 11; 3, 8, 14-16, 20-21, 27, 30, 33; 4, 55, 59, 88; 7, 26; 8, 58, 64; 9, 15, 48, 53, 55, 63, 77; 12, 14-15; 13, 26, 31, 34-35.
4 E.A. LOWE, *CLA*, 4, n. 467; K. GAMBER, *CLLA*, n. 062.
5 Cf. supra p. 64-65.
6 *Ibid.* p. 136.
7 *Ibid.* p. 134.
8 *Ibid.* p. 73.
9 *Ibid.* p. 37ss.
10 *Ibid.* p. 60ss.
11 A. HARNACK, *Literatur*, t. 1, p. 262.
12 Cf. supra p. 139.
13 *Ibid.* p. 148.
14 Ainsi quand Culcianus demande quels sacrifices plaisent à Dieu, c'est Ps 51 (50), 12, plutôt que 2 Tm 2, 22, qui est en situation.
15 Cf. supra p. 140-141.
16 J. DANIELOU, *Etudes d'exégèse*, p. 28-41.
17 Cf. supra p. 15-16. Les récits martyrologiques vétéro-testamentaires ne comportent aucune indication sur l'ensevelissement des martyrs: 2 M 6, 31; 7, 40-41. Cf. E. KAUTZSCH, *APAT*, t. 2, p. 173, n. 1: divers exemples de mausolées juifs des IIe-Ier s. a.C.; E. PUECH, „Les nécropoles juives palestiniennes au tournant de notre ère".
L'ensevelissement du Christ est raconté en Mt 27, 54-61; Mc 15, 42-47; Lc 23, 50-55; Jn 19, 38-42; celui d'Etienne, en Ac 8, 2. Celui des martyrs est parfois mentionné dans leurs Actes: *M. Polyc.* 18, 2; *A. Cypr.* 5, 4; *A. Maximilian.* 3, 4; *A. Felicis Thibiuc.* 6; *A. Eupl.* B 3, 3; *A. Philipp. Heracl.* xv ; *M. Guriae*, 67; *M. Abibon.* 38.
18 Cf. supra p. 27, nn. 1-4.
19 *Ibid.* p. 27, n. 4.
20 „Neigung zum Bibelzitat" (H. von CAMPENHAUSEN, „Bearbeitungen", p. 260.)

21 Cf. supra p. 28-29.

22 Ac 1, 16: ἔδει πληρωθῆναι.

23 H. von CAMPENHAUSEN, „Bearbeitung", p. 260.

24 „Il lui était impossible de s'échapper" (6, 2); „il pouvait encore s'en aller" (7, 1). Cf. H. von CAMPENHAUSEN, „Bearbeitungen", p. 261-263.

25 V. SAXER, «L'authenticité», p. 987.

26 H. von CAMPENHAUSEN, „Bearbeitungen", p. 262.

27 Spératus porte sur lui les épîtres de Paul; Euplus, les quatre évangiles.

28 Cf. supra p. 77-82, 140-145.

29 Ibid. p. 87-89.

30 Ibid. p. 87, 89-91.

31 P. Perp. 1, 2: „En effet, dit le Seigneur: Dans ces derniers jours, je répandrai de mon Esprit sur toute chair ... cf. supra p. 89.

32 Cf. supra p. 100-102.

33 Ibid. p. 119-120.

34 Ibid. p. 134-135. Si, en effet, on ne tient pas compte d'A. Eupl. 2, 3-4, où les additions se superposent au texte primitif, la culture biblique du rédacteur des Actes d'Euplus reste très proche de celle des Actes de Carpus ou de Pionius.

35 Cf. supra p. 130-131.

36 Ibid. p. 79, 83-84, 108, 121-122.

37 PRIGENT, Saint Justin, p. 9-13.

38 SAXER, Vie liturgique, p. 270-274.

39 Test. (PL 4, 495-520; CSEL 3, 209-233; CC 3/1, 3-179 —. Fort. (PL 4, 651-676; CSEL 3, 317-347; CC 3/1, 183-216). Voir V. SAXER, «La Bible chez les Pères latins du IIIe siècle», Bible de tous les temps, t. II: Le monde latin antique et la Bible (Beauchesne, Paris, 1985), p. 339-369.

40 Cf. supra p. 56-58.

41 Ibid. p. 89 et nn. 16-17.

42 Ibid. p. 142-143.

43 RIAC 7 (1969) 1147.

44 Cf. supra p. 22, 76.

45 Cf. p. ex. FIRM, MATERN. De err. prof. relig. 28.

46 Cf. supra p. 78-79, nn. 22-25.

47 TERT, Idol. 4, 4; CYPR. Fort. 2-3, 5; FIRM. MAT, De err. prof. relig. 28.

48 Cf. supra p. 30.

49 Ibid. p. 30.

50 Ibid. p. 41-42.

51 Ibid. p. 44-45.

52 Ibid. p. 51-52.

53 Ibid. p. 52-54.

54 *Ibid.* p. 57: ἔνδυμα γάμου est devenu ἔνδυμα νυμφικόν.
55 *Ibid.* p. 51, nn. 85-88; 81-82; 114-118; 142-144.
56 *RlAC* 7, 1146-1149.
57 DANIELOU, *Etudes d'exégèse*, p. 28-41.
58 Cf. supra p. 45, 148.
59 SAXER, *Saints anciens*, p. 21; compte rendu dans *Röm. Quartalschrift*; 75 (1980) 125-126.
60 *P. Perp.* 12; cf. supra p. 88 et n. 10; VAN UNNICK, „1. Clement. 34 and the Sanctus".
61 SAXER, *Saints anciens*, p. 40.
62 DELEHAYE, *PM*, p. 31.
63 *Ibid.* p. 30.
64 Cf. supra p. 135.
65 C. PIETRI, „La religion savante".
66 Cf. supra p. 104 et n. 37.
67 *Ibid.* p. 116, 128, n. 46.
68 *Ibid.* p. 73.
69 *Ibid.* p. 90, 91.
70 *Ibid.* p. 147, 153, n. 59. La traduction latine de 1 P 5, 8 (*transforet* = *transvoret* =καταπίη) est assez proche de la version grecque du *Sinaïticus* et constitue avec lui une branche secondaire de l'évolution générale du texte. Elle est attestée en Occident par des témoins espagnols et africains. Son vocabulaire rappelle la langue particulière des Africains. Il lui arrive d'en reprendre des termes archaïsants. Le *transforet* paraît dans ce cas. Les auteurs qui l'ont employé sont Arnobe, Apulée, Augustin, Hilaire, Lucifer de Cagliari. Cf. Pierre SA-BATIER, *Bibliorum sacrorum latinae versionis antiquae seu Vetus Itala*. T. II, Pars II (Paris, 1752), p. 955; Eg. FORCELLINI, *Totius latinitatis lexicon* (Prato, 1875), t. 6, p. 159; *Vetus Latina*, t. 26: *Epp. cath.* (Beuron, 1956, p. 180 et 70*; *AB* 81 (1963) 10, n. 1.
71 DELEHAYE, *PM*, p. 49.
72 Le développement sur les visions africaines s'inspire de M. DULAEY, *Le rêve*, p. 41-47.
73 DELEHAYE, *PM*, p. 50.
74 Ac 7, 55-56; 9, 3-9; 10, 3-6, 11-16; 16, 6-7, 9-10; 20, 23; 27, 23-24.
75 Nous savons que le rédacteur et les martyrs connaissent ce livre biblique selon une vieille version africaine. Cf. supra p. 89, 91-92.
76 LABRIOLLE, *La crise montaniste*, p. 294-465.
77 FREDOUILLE, *Tertullien*, p. 487-488; BRAUN, *Deus christianorum*, p. 563-577.
78 SAXER, *Saints anciens*, p. 40.
79 TERT. *Praescr. haer.* 32, 2; SAXER, „L'authenticité", p. 997-998.
80 Cf. supra p. 157-158.
81 *TS* I/2, p. 112-121.

82 *ST* 49, p. 1-54, 239-240.
83 *Ibid.* p. 49, lin. 14-18; p. 50, lin. 15-19.
84 MOMBRITIUS, *Sanctuarium*, t. 2, p. 448, lin. 40-47.
85 En part. Ps 68 (67), 29, in MOMBRITIUS I, 449, lin. 25-26.
86 MOMBRITIUS, *Ibid.* lin. 21: Domine adesto servis tuis = DESHUS-
    SES, *Sacr. grég.* I, n. 220; MOMBRITIUS, *Ibid.* lin. 29-30: occurre-
    runt eis angeli et deducent eos ad civitatem sanctam Hierusalem =
    In paradisum deducant te angeli, in tuo adventu suscipiant te marty-
    res et perducant te in civitatem sanctam Jerusalem (R.-J. HESBERT,
    Corpus antiphonalium officii. Vol. III (Herder, Roma, 1968), p. 276.
87 *Catal. hag. Brux.* (Bruxellis, 1899), t. 2, p. 313, nn. 8-15.
88 BARONIUS, *Ann. eccles.* ad ann. 303. Vol. III (Luccae, 1738),
    p. 373, 1ᵉ col.
89 Siméon Métaphraste a vécu dans la première moitié du Xᵉ s.: *LThK* 9
    (1964), 1214-1215.
90 *M. Polyc.* 14, 1: ὥσπερ κριὸς ἐπίσημα ἐκ μεγάλου ποιμνίου
    εἰς προσφόραν = sacrifice païen ou juif; *M. Apoll.* 7: θυσίαν
    ἀναίμακτον καὶ καθαρὰν ἀναπέμπω...τῷ παντοκράτορι
    θεῷ..., τὴν δι᾽ εὐχῶν μάλιστα = sacrifice non-sanglant et pur que
    les chrétiens offrent à Dieu surtout par leurs prières; *A. Carp.* B 23:
    = sacrifice personnel de sa vie.
91 Cf. supra p. 81, n. 42.
92 Cf. supra p. 56.
93 A l'unité de composition qui caractérise le fonds primitif de *M. Polyc.*
    (cf. V. SAXER, «L'authenticité», p. 990-991), s'oppose la multipli-
    cité des genres littéraires dans *M. Pion.*, la variété des fins auxquelles
    la Bible est pliée comme élément de la confession de foi, aliment de
    l'autobiographie, argument de la polémique anti-juive et de l'exhor-
    tation aux renégats, et pour finir, comme ornement du récit chez le
    compilateur.
94 A. PUECH, *Hist. d. l. litt. gr. chrét.*, t. II: *Le IIᵉ et le IIIᵉ s.* (Paris,
    Les Belles Lettres, 1928), p. 307.
95 Thèmes communs aux apologistes et aux hagiographes. 1. Thèmes
    bibliques: la prière pour les pouvoirs publics: *1. Clem.* 61, 1; MELIT.
    SARD. in EUS. *H.E.* IV, 26, 8; THEOPH. ANTIOCH. *Autol.* 1, 11;
    TERT. *Apol.* 30, 1; *Scap.* 2, 8 = *M. Polyc.* 10; *M. Apoll.* 6; *A. Cypr.*
    1. − Verbe de Dieu: IGN. ANT. *Magn.* 8, 2; *Od. Salom.* 11, 11-15;
    16, 9-10; JUSTIN. *1. Ap.* 5, 4; 6, 2; 46, 2; 58, 1; 59, 2; 61, 1; 63, 3;
    64, 4-5; *2. Ap.* 6, 3; 10, 2; *Dial.* 56-62 (Cf. *DTC* 8, 2256-2261);
    TAT. *Or.* 5, 7; ATHENAG. *Ap.* 10; THEOPH. ANT. *Autol.* 2, 22 =
    M. Apoll. 5, 26, 32, 35, 36; *M. Pion.* 8, 3; 9, 6; 12, 11; *P. Montan.*
    5. − 2. Thèmes non-bibliques: la virginité chrétienne: *M. Pion.* 21. −
    La pauvreté volontaire: *A. Eupl.* B 2, lin. 23-28.
96 V. SAXER, „Le ‚juste crucifié' de Platon à Théodoret", *Rivista di
    storia e letteratura religiosa*, XIX (1983) 189-215.

CHAPITRE XV

ANALYSE DES CITATIONS
ET THEMES BIBLIQUES DES ACTES DES MARTYRS

Après avoir interrogé nos Actes des martyrs sur ce qu'ils révèlent de la culture biblique de leurs acteurs et auteurs, et cela par le moyen de l'analyse chiffrée et statistique des citations bibliques, et après avoir essayé de déterminer ainsi les constantes et les variantes de cette culture en fonction d'un certain nombre de paramètres, il faut quitter ce domaine pour pénétrer au delà des dimensions en quelque sorte extérieures de notre objet.

De quoi est-il fait? Quels sont ses éléments? Comment s'agencent-ils? Que nous apprend leur dosage sur l'idée que se faisaient du martyre ceux qui l'ont affronté et ceux qui l'ont raconté? Dans quelle mesure la pensée des martyrs et des hagiographes s'exprime-t-elle avec des termes et selon des schèmes bibliques?

Les réponses qui ont été données à ces questions sont souvent décevantes. A lire ce qu'ont écrit à ce sujet des plumes pourtant autorisées[1], on pourrait croire la Bible absente de la pensée sinon des Actes de nos martyrs. Quand les références bibliques infra- ou intra-textuelle ont éveillé l'attention sur cette présence à travers les citations qui en sont faites, la critique n'a pas toujours évité un écueil, qui est de ne voir en ces citations qu'un procédé rhétorique visant à la glorification du héros ou un ornement littéraire destiné à revêtir le récit d'une autorité quasi canonique.

Si des hagiographes, parmi ceux que nous avons rencontrés, ont parfois succombé à cette tentation, ils sont l'exception et généralement tardifs. Bien différent est l'usage que nous révèlent la plupart de nos Actes: il est spontané et habituel. La Bible, certes, peut être citée d'une manière plus ou moins explicite et voulue: elle sert alors à appuyer une opinion ou une option tenues pour importantes. Plus souvent, cependant, la Bible revient à la mémoire des citateurs et à la surface de nos textes sous forme d'allusions à peine ébauchées, furtivement énoncées, aux harmoniques multiples et aux résonances complexes: plutôt que de citations, il s'agit alors de thèmes bibliques. A ce niveau, beaucoup plus que d'une culture biblique, nos textes sont révélateurs d'une mentalité biblique. Au moyen de quels thèmes s'exprime-t-elle?

J'ai ordonné ces thèmes autour de l'idée centrale du martyre. Ils en éclairent chacun une face différente; mais ils contribuent ensemble à en donner une vision globale particulièrement riche en contenu biblique. Voici dans quel ordre ils peuvent être examinés: I. Le martyre comme témoignage. II. Le martyre comme confession de foi. III. Le martyre comme combat contre le démon. IV. Le martyre comme liturgie. V. Le martyre comme charisme. VI. Le martyr comme parousie.

I. LE MARTYRE COMME TEMOIGNAGE

Au sens étymologique, le martyre est un témoignage. Dans le langage chrétien, ce témoignage est celui du sang, et le titre de martyr est réservé aux fidèles qui, durant les persécutions, sont traduits devant un tribunal, y confessent leur foi chrétienne, y sont condamnés à mort et sont effectivement exécutés pour cette raison.

Le vocabulaire du martyre a été l'objet de vives controverses pour expliquer comment il est passé du sens juridique de témoignage devant une instance compétente au sens martyrologique de mort pour la foi. Le Père Delehaye avait naguère rappelé ces discussions[2], si bien qu'il n'est pas nécessaire d'y revenir. Mgr Ruysschaert a récemment repris le problème à propos de la Lettre sur les martyrs de Lyon, mais le débat qui s'en est suivi montre bien que l'ère des grandes controverses est close[3]. Aussi bien est-ce dans le Dictionnaire de Kittel que se trouve le meilleur exposé de ces questions pour la période des origines bibliques et patristiques[4].

Je n'ai pas l'intention de rouvrir les débats ni d'en reprendre tous les éléments. Mon propos se limite aux seuls Actes qui peuvent passer pour authentiques, afin d'y retrouver leur conception du martyre et les rapports qu'elle entretient avec la Bible. Mais l'analyse révèle que leur témoignage est complexe en raison des couches rédactionnelles et documentaires qui s'y superposent et à travers lesquelles on peut espérer dégager les sédimentations sémantiques successives du vocabulaire martyrologique. Je les étudierai dans l'ordre inverse de leur formation, des couches superficielles aux plus profondes, de l'hagiographie du IVe siècle au substrat biblique.

1. Les conceptions martyrologiques du IVe siècle

Le IVe siècle s'est appliqué à conserver les documents martyrologiques anciens. Des recueils ont été constitués d'Actes de martyrs: celui d'Eusèbe, Συναγωγὴ τῶν ἀρχαίων μαρτύρων, s'est malheureusement perdu[5]; on n'a conservé que ses *Martyrs de Palestine*. Le même Eusèbe a repris beaucoup d'éléments des œuvres précédentes dans *son Histoire ecclésiastique*. D'autres auteurs enfin ont récrits des compilations anciennes pour les mettre au goût du jour. Quelles conceptions du martyre y découvrons-nous?

Pour Eusèbe de Césarée, le contexte idéologique dans lequel il a inséré sa documentation sur les martyrs est le même que celui dans lequel il a écrit les huit premiers livres de son *Histoire ecclésiastique*[6]. Cette idéologie reflète d'abord l'actualité. L'édit constantinien de 313 a fait que de persécutée l'Eglise est devenue favorisée, comme le prouvent à l'évidence les grands sanctuaires martyrologiques élevés aux frais du prince à Jérusalem et à Rome. La paix accordée à l'Eglise est interprétée comme la reconnaissance officielle du triomphe qu'elle a remporté sur le paganisme après trois siècles de combats sans cesse renouvelés et supportés par les martyrs. Ceux-ci sont maintenant considérés commes les artisans de ce triomphe et la victoire de leur constance devient un succès politique. Cette conception rentre aussi dans le projet particulier de l'*Histoire ecclésiastique*, encore qu'il n'y soit nulle part exprimé: le courage des martyrs est désormais une preuve, non seulement de la supériorité du christianisme sur le paganisme, mais de ce que l'histoire religieuse de l'humanité débouche logiquement sur le christianisme. C'est ce qu'Eusèbe appelle „la théologie et l'économie" du christianisme et de son fondateur[7]. Mais cette conception se base finalement sur une idée traditionnelle que le même Eusèbe reprend pour l'intégrer à son apologétique, à savoir que le martyre est un combat livré par les martyrs au nom de Dieu et avec son aide contre les puissances du mal. L'idée s'exprime en un vocabulaire lui aussi traditionnel: ἀγών pour le martyre, ἀϑλητής pour le martyr, νικητήρια, βραβεῖον et στέφανος pour la victoire et ses insignes[8].

L'exemple d'Eusèbe n'a pas manqué d'influer, en raison de la célébrité immédiate que connut son *Histoire ecclésiastique*, sur la mentalité des hagiographes du IVe siècle, qui remanièrent, les uns plus, les autres moins, les textes martyrologiques existants pour les mettre au goût du jour.

Cela se remarque d'abord aux épithètes laudatives dont les martyrs sont invariablement qualifiés: „saints", „bienheureux", „très bienheureux", „très saints". Polycarpe est „très admirable"; Apollonius, „le très saint vainqueur" ou le „trois fois bienheureux Apollos". Des Scillitains il est dit qu'ils „règnent (avec la Trinité) dans les siècles". Aux superlatifs de qualification peuvent s'ajouter des anachronismes trahissant une mentalité nouvelle: ainsi, quand il est question, dans l'introduction aux Actes de Justin, du „temps des illégaux décrets de l'idolâtrie", c'est que l'auteur de la formule vit sous une législation favorable aux chrétiens; à plus forte

197

raison, les innombrables formules trinitaires des doxologies[9], voire d'une profession de foi[10], ne s'expliquent guère avant les querelles ariennes[11]. Finalement, comme exemples de déformations ou d'amplifications beaucoup plus considérables, on ne peut guère citer, dans nos Actes, que deux cas: d'une part, les discours intempérants de Pionius, de l'autre, le prologue des Actes grecs de Philéas de Thmuis et son discours avant de mourir[12]. Les discours cèdent en effet au goût croissant pour la rhétorique au cours du IVe siècle; le prologue, à la tendance de présenter le juge, même celui qui a été historiquement courtois avec l'accusé, comme un personnage sadique[13]; le discours final de Philéas, aux nécessités de la célébration liturgique[14].

Il est dès lors d'autant plus intéressant de considérer le rôle de la Bible dans cette hagiographie du IVe siècle. Les allusions bibliques qui se découvrent dans les textes hagiographiques dénotent un usage commun qui sera caractérisé dans le cadre des origines bibliques des termes $\mu\acute{\alpha}\rho\tau\upsilon\varsigma$ et dérivés. Très significatif, au contraire, des tendances nouvelles de l'hagiographie du IVe siècle est l'usage de la Bible dans les discours prêtés aux martyrs. La citation expresse mais non annoncée tourne au système dans celui que tient Philéas à la fin de ses Actes latins: Ps 69 (68), 33; 1 P 5, 8; Is 37, 16; Ap 21, 6 sont cités dans l'escape de six lignes. Ces citations non annoncées visent un public familier avec l'Ecriture, c'est-à-dire chrétien; leur multiplication vise un but d'édification.

La même abondance, voire une plus grande, se retrouve dans les deux discours de Pionius. Elle est de nouveau signe de la rhétorique qui envahit l'hagiographie. Ce qui différencie cependant chez les deux martyrs l'usage rhétorique de la Bible, c'est la présence chez Pionius, l'absence chez Philéas, des séquences bibliques. Je suppose que la différence s'explique ainsi: l'hagiographe a remanié en cabinet les paroles que chaque martyr avait prononcées dans le feu de l'action; farcies de citations en chaîne, elles se sont développées en discours proprement dits. Le seul problème qu'il n'est pas facile de résoudre dans le cas de Pionius, c'est de savoir à quand remonte l'amplification oratoire. En raison des allusions précises à la situation des *lapsi* de la persécution de Dèce, je penche à voir en *M. Pion.* 12-14 un remaniement du discours oral assez voisin des faits, et en *M. Pion.* 4, au contraire, une rhétorique anti-juive du IVe siècle[15]. De toute façon, c'est le prélude aux intempérances de langage des Passions romancées.

2. Le martyre chez les compilateurs

Le cas des discours de Pionius nous a fait rebrousser chemin des remanieurs du IVe siècle aux compilateurs du temps des persécutions. Comment ces derniers envisageaient-ils le martyre? Dans ma réponse, je laisse de côté les divers aspects du martyre qui feront l'objet d'analyses ultérieures, pour me limiter aux données sur le martyre comme témoignage. Je commence par deux documents anciens et aux indications nombreuses. Voici d'abord le relevé des textes dans le Martyre de Polycarpe:

ὁμολογεῖν: 6, 1; 9, 2; 12, 1.
μαρτυρεῖν: 1, 1; 19, 1; 21, 1; 22, 1; epil. 4 (bis).
μάρτυς (ὁ) : 2, 2; 14, 2; 15, 2; 16, 2; 17, 3; 19, 1.
μαρτυρία (ἡ) : 1, 1; 13, 2; 17, 1.
μαρτύριον (τὸ) : 1, 1; 2, 1; 18, 1; 19,1; epil. 2.

Je continue par quelques observations critiques. Μαρτυρεῖν est toujours employé dans la Lettre proprement dite (1-19) sous une forme participiale, seuls les appendices le donnent sous des formes personnelles. Dans la traduction de *Sources chrétiennes* le participe est traduit par „martyrs" ou „souffrir le martyre". La traduction est exacte, mais ne fait pas de différence avec le substantif μάρτυς. Ce dernier terme est omis une fois (16, 2) dans le texte conformément à Eusèbe et signalé dans l'apparat critique comme se trouvant partout ailleurs, c'est-à-dire dans tous les manuscrits indépendants d'Eusèbe. Néanmoins, après l'avoir omis dans le texte, le Père Camelot le fait figurer dans la traduction. Ce qui est proprement incohérent. La traduction ne rend pas compte enfin de la différence sémantique entre ἡ μαρτυρία qui désigne le martyre dans l'acte même du témoignage et τὸ μαρτύριον qui le désigne plutôt dans son résultat ou son souvenir, ainsi qu'il ressort de l'expression τὴν τοῦ μαρτυρίου ἡμέραν γενέθλιον. Ces nuances, qui certes ne peuvent être rendues par une traduction française, auraient pu être signalées en note.

Quoi qu'il en soit, on est généralement d'accord pour reconnaître dans ce vocabulaire, „vers le milieu du IIe siècle, l'usage ferme du sens technique et martyrologique" (einen festen martyrologisch-technischen Gebrauch dieser Wörter)[16]. Ce sens avait déjà été défini par Hippolyte Delehaye: „Μάρτυς est un titre désignant ceux qui ont péri pour la foi ... Μαρτυρία c'est la mort endurée pour cette grande cause ... Les martyrs forment une catégorie à part (ἀριθμός) dont l'Eglise s'enorgueillit"[17]. José Ruysschaert lui-même reconnaît que, dans le Martyre de Polycarpe, le titre de „témoin", c'est-à-dire de μάρτυς, est appliqué „uniquement à des chrétiens qui effectivement moururent pour la foi"[18].

Le deuxième texte à fournir une abondante documentation sur le martyre chrétien est la Lettre des chrétiens de Lyon sur leurs martyrs de l'an 177. Je renvoie au tableau que j'ai dressé de cette documentation

199

dans le chapitre que je lui ai consacré[19] et dont je me contente ici de souligner l'importance. Celle-ci ressort d'abord du nombre des occurrences relevées: 40 pour le groupe μάρτυς, 12 pour le groupe ὁμόλογος. Elle est aussi dans la présence des trois niveaux documentaires, celui de la Lettre proprement dite groupant à lui seul 28 sur 40 et 10 sur 12 entrées, c'est-à-dire environ les deux tiers[20]. Elle tient enfin à la distinction entre „martyr" et „confesseur".

A s'en tenir au niveau du rédacteur, on note la fluidité et la plasticité de son vocabulaire du martyre. S'il lui arrive encore d'employer le mot μάρτυς et ses dérivés au sens ordinaire de preuve (1, 23) et au sens élargi de témoignage moral d'une vie (1, 43), le mot est habituellement utilisé (17 fois sur 19) avec celui de témoignage par le martyre. Restreints à ce sens martyrologique, les mots sont compréhensifs de toutes les étapes du témoignage, depuis la confession au tribunal jusqu'à la mort dans l'arène. Si donc l'auteur de la Lettre appelle martyrs au sens plénier des chrétiens qui sont encore en cours de témoignage, c'est que, au moment où il écrit, leur témoignage est déjà achevé, et qu'il leur applique rétroactivement le titre complet à tous les moments de leur témoignage. En d'autres termes, le narrateur les appelle martyrs, alors que leur témoignage est encore inachevé dans le récit, mais déjà complet dans la réalité. Il projette sur le devenir du passé un résultat déjà acquis dans le présent de sa relation.

Dans quelle mesure les renseignements que nous pouvons tirer des autres textes martyrologiques confirment-ils ou infirment-ils les données de la Lettre lyonnaise? C'est ce que nous verrons d'abord à l'aide du relevé des mêmes mots-clés dans ces divers textes.

Je constate l'équivalence presque totale entre le vocabulaire grec et latin de la confession et du martyre. Les différences entre les deux séries ne concernent que des composés. Je souligne la correspondance de μαρτυρεῖν = martyrizare. Celle-ci comme les autres trahissent le caractère secondaire des termes latins et confirment que ce vocabulaire est né grec. La deuxième remarque porte sur la prédominance des termes du martyre sur ceux de la confession, ce qui n'a rien que de normal du moment que les sources interrogées sont martyrologiques et que la confession ne représente qu'un moment du témoignage total qu'est le martyre. Plus importante me paraît une troisième observation: regroupées par documents, les occurrences sont plus nombreuses dans certains que dans d'autres; parmi les documents grecs, les Actes de Justin, d'Apollonius et d'Euplus; parmi les latins, la Passion de Perpétue l'emportent sur les autres.

GREC		LATIN	
ὁμολογία (ἡ)	A. Just. 6, 1; A. Eupl. 1, 5	confessio:	A. Eupl. 2, 1
ὁμολογεῖν	A. Eupl. 2, 1	confiteri:	A. Carp. A 32; A. Eupl. 2, 1
προσομο- λογεῖν	A. Eupl. 2, 1		
μάρτυς (ὁ)	A. Carp. B 57. A. Just. 6, 1	martyr, masc.:	A. Scill. 15; P. Perp. 1, 4; 14; 21, 5;
			A. Cypr. 2, 2; 2, 6
		fém.	P. Perp. 20, 2
		commartyr:	P. Perp. 25, 2
μαρτυρεῖν	M. Apoll. 46, 48; A. Agap. 7, 1	martyrizare:	A. Carp. A 47
μαρτύριον (τό)	A. Just. 6, 1; M. Apoll. 47	martyrium:	A. Scill. 17; M. Perp. 2; 19, 1; 21, 3

Le cas des Actes de Justin est le plus significatif de la série grecque, parce qu'ils présentent les trois termes martyrologiques dans la même phrase:

> Les saints martyrs (οἱ ἅγιοι μάρτυρες) glorifièrent Dieu, puis s'en allèrent à l'endroit ordinaire où ils furent décapités. Ils consommèrent ainsi leur martyre (ἐτελείωσεν τὸ μαρ-τύριον) dans la confession de notre Sauveur (ἐν τῇ τοῦ σωτῆρος ἡμῶν ὁμολογίᾳ) (6, 1)

Il est clair que le martyre s'accomplit par la mort et que celle-ci répète en acte la confession orale devant le juge. Il en résulte que le martyre est encore considéré comme un témoignage unique qui est la somme des actes successifs auxquels la mort vient mettre un terme. Mais ce terme lui-même est un accomplissement qui fixe d'une manière définitive l'état des bien-heureux martyrs. Je termine par une remarque d'ensemble sur le vocabu-laire grec du martyre: le terme μαρτυρία en a disparu et a été supplanté par μαρτύριον qui joint à son sens propre celui du mot défunt.

Le vocabulaire latin des Actes de martyrs a perdu les résonances éty-mologiques de la terminologie grecque: les mots martyr, martyrium dé-signent uniquement et partout ceux qui sont morts pour leur foi[21]. Seul le verbe martyrizare semble avoir conservé quelque chose de son sens origi-nal. On lit en effet dans les Actes latins de Carpus et compagnons:

Martyrizaverunt autem dei testes Carpus episcopus, Pamfilus et Agathonice apud provinciam Asiam etc. (A 47).

On traduit ordinairement *martyrizare* par mourir martyr. Ce qui est exact. Il n'en reste pas moins qu'on pourrait le traduire ici avec autant de raison par mourir en témoins, d'autant plus que les martyrs sont effectivement appelés *testes dei*. On ne peut malheureusement comparer sur ce point les deux versions des Actes dont le texte diverge ici. Pio Franchi de' Cavalieri équipare cependant sans hésiter *martyrizaverunt* à ἐμαρτύρησαν et donne de notre texte plusieurs équivalents grecs entièrement concordants[22].

Je termine par quelques mots sur le vocabulaire martyrologique de la Passion de Perpétue. Le compilateur de la Passion emploie toujours le mot *martyr* comme un titre réservé à ceux qui sont morts pour la foi (1, 4; 1, 5; 14; 21, 5). L'emploi de *martyrium* est en revanche plus intéressant. Perpétue a laissé un récit du sien, écrit de sa main et selon ses impressions (2). Or, ce récit ne peut concerner évidemment sa propre mort; il se limite effectivement aux visions qu'elle a eues et aux comparutions dont elle fut l'objet durant sa détention. De même celui de Saturus. L'histoire de leur mort est par contre de la main du compilateur. Plus loin, le mot désigne les supplices mortels auxquels ils devaient être exposés et au sujet desquels chacun exprime ses préférences (19, 1). Finalement, après avoir été mis à mal par les bêtes, ils sont achevés par le bourreau; auparavant ils tiennent à „consommer leur martyre par le rite de la paix" (21, 3), c'est-à-dire par un baiser de paix mutuel. Ce qui donne à leur martyre un aspect rituel. Si donc le mot *martyrium* a encore une certaine souplesse dans l'usage du compilateur, il est toutefois fixé en grande partie dans le sens du témoignage par le sang.

3. Le sentiment personnel des martyrs

Tous les Actes des martyrs ne rapportent pas ce qu'ils pensent de leur propre expérience. Il est dès lors d'autant plus précieux de recueillir les rares témoignages qu'ils en ont donnés. Les voici dans l'ordre chronologique.

Dans sa prière, Polycarpe bénit le Seigneur de l'avoir admis au nombre des martyrs. Il le dit en ces termes:

Je te bénis de m'avoir jugé digne de cette heure et de ce jour et de prendre part, au milieu de tes martyrs, à la coupe de ton Christ (M. Polyc. 14, 2).

„Le jour et l'heure" sont, dans les synoptiques, ceux du retour du Christ, quand il viendra comme un voleur (Mt 24, 36; 25, 13; Lc 12, 46), et dans saint Jean, l'heure est celle de la passion du Christ (Jn 7, 30; 8, 20; 12, 23, 27; 13, 1; 17, 1) comme de celle de ses disciples (Jn 16, 2). C'est ici celle de la passion de Polycarpe. La raison en est que Dieu l'a mis au nombre des martyrs. Cela veut dire que les martyrs participent à la mort du Christ.

On connaît surtout les déclarations des martyrs de Lyon sur leur propre compte. Ils refusent d'être appelés martyrs oralement ou par écrit, malgré les brûlures, les coups et les morsures dont ils portent la trace. Ils ne revendiquent pour eux que le titre de „modestes et humbles confesseurs", ὁμόλογοι μέτριοι καὶ ταπεινοί (2, 3). Le „titre du martyre", ἡ τῆς μαρτυρίας προσηγορία (Ib.), ils le réservent à ceux qui étaient morts pour leur témoignage: le Christ, „martyr fidèle et vrai" (Ib.), Etienne, „le martyr parfait" (2, 5). A leurs yeux, en effet, et ils le disent expressément, „ceux-là sont déjà martyrs, que le Christ a daigné prendre dans leur confession, aprés leur avoir imprimé par le trépas le sceau du martyre" (2, 3). Ils distinguent donc deux catégories de témoins auxquels nous avons coutume de donner le nom de martyrs, les martyrs incomplets, en cours de témoignage, qu'eux appellent confesseurs, les martyrs complets, τέλειοι, qui seuls selon eux ont droit au titre de μάρτυρες.

Quand à leur tour Perpétue et Saturus parlent de „martyrs" qu'ils ont vus au cours de leurs visions (Perpétue nomme Quintus, Saturus des anonymes (P. Perp. 11, 4; 13, 3), ils les placent au paradis.

La dernière information sur le sujet nous est donnée par Philéas. Il „considère les apôtres et les martyrs comme ses parents et proches" (A. Phil. p. 51, 1. 17-18). Je note en passant, dans la parole de Philéas, un souvenir évangélique (Mt 17, 46-50; Mc 3, 31-35; Lc 8, 19-21). Mais ce qui nous importe ici, c'est de savoir qu'il met les martyrs sur le même pied que les apôtres.

Il est assez difficile de déterminer une évolution dans la pensée des martyrs sur leur propre compte. Seules, en effet, les déclarations des martyrs de Lyon sont suffisamment explicites à ce sujet. Il est néanmoins visible qu'une différence existe entre la pensée des Lyonnais et celle des Africains: l'évolution que les premiers se refusent à admettre, elle est accomplie au témoignage des seconds. Il est vraisemblable qu'elle s'est faite, non pas lors du passage du grec au latin du vocabulaire martyrologique, mais auparavant déjà dans le vocabulaire grec lui-même. C'est ce que semble attester la divergence d'usage plutôt que de point de vue entre les martyrs et le narrateur de Lyon.

4. Le substrat biblique

Les martyrs de Lyon, en appelant le Christ „témoin fidèle et vrai", se réfèrent à l'Apocalypse où le mot μάρτυς qualifie deux fois le Christ (Ap 1, 5; 3, 14), mais aussi d'autres personnes (*Ib.* 2, 13; 11, 3; 17, 6). Antipas en particulier (2, 13) n'est pas μάρτυς parce qu'il a été mis à mort, mais il a été mis à mort parce que μάρτυς: c'est pourquoi, comme le Christ, il est appelé „témoin" et „fidèle". En quoi consiste donc leur commun témoignage? Celui de Jésus est à la fois le message sur Dieu qu'il transmet aux hommes et le témoignage que lui rend Dieu de la mission accomplie. Car la mission propre de Jésus est de „rendre témoignage à la vérité" (Jn 18, 37). Il l'a fait devant Pilate (1 Tm 6, 13). Son témoignage l'a conduit à la mort. C'est pourquoi il est le prototype du „martyr" chrétien. D'une manière analogue, les témoins du Christ sont ceux qui continuent son œuvre en propageant son message jusqu'à la mort (Ac 22, 20; Ap 2, 13; 17, 6). Bien plus, c'est à cause de leur fidélité à cette mission que le dragon les persécute (Ap 12, 17) et qu'ils sont mis à mort à leur tour (Ap 6, 9; 20, 4). Ainsi „l'idée (de μαρτυρία) commence à recevoir une coloration martyrologique"[23]. En la retenant et en la réservant aux témoins morts pour la foi, les martyrs de Lyon ont imprimé à l'évolution du vocabulaire martyrologique une impulsion décisive.

* * *

Pour conclure, voici en bref les grandes lignes de l'évolution du groupe μάρτυς vers le sens martyrologique.

A l'origine se place „le beau témoignage que le Christ rendit devant Pilate" et qu'il scella de son sang. Sur cet exemple se réglèrent ceux qu'il avait constitués „témoins" de son œuvre, en particulier de sa mort et résurrection, à qui il avait donné mission de propager son message et qui à leur tour restèrent fidèles à cette mission jusqu'à la mort. Dès l'origine un lien a donc été noué entre la fidélité à la mission du témoignage et la mort comme prix de cette fidélité. Mais il faut tout de suite ajouter que le sens martyrologique de ce vocabulaire n'est pas le seul dans le Nouveau Testament, même si un mouvement s'esquisse dans l'Apocalypse vers une spécialisation martyrologique.

Les destinées post-scripturaires des mots sont diverses suivant les lieux et les temps. Comme dans le Nouveau Testament, les mots sont encore fluides chez Clément de Rome: en 1 Cl 38, 2, et 63, 3, μάρτυς est sûrement employé au sens vulgaire; en 1 Cl 5, 4 et 7, le sens martyrologique de μαρτυρήσας est probable mais non universellement admis[24]. En revanche, ces termes sont absents du Pasteur d'Hermas, des

Lettres d'Ignace d'Antioche, des œuvres de Justin le Philosophe[25], alors que tous connaissent des martyrs et que le second développe une théologie du martyre qui se retrouvera au IIe siècle. Ils sont au contraire présents et prégnants de leur sens martyrologique spécifique dans la littérature asiate ou placée sous l'influence asiate dans la seconde moité du IIe siècle. En donnent la preuve le Martyre de Polycarpe, la Lettre des chrétiens de Lyon à leurs frères d'Asie-Mineure et d'autres auteurs de cette région dont Eusèbe a aussi conservé des extraits. On a conclu avec raison que l'Asie-Mineure devait être le berceau de cette spécificité[26]. Je rattacherais volontiers à la même influence le témoignage de la Passion de Perpétue: son engouement pour la prophétie trahit des idées venues de la même région ou de l'arrière-pays phrygien[27]. Ainsi s'explique peut-être aussi que le vocabulaire martyrologique d'Asie-Mineure ait été transposé en bloc dans le langage ecclésiastique d'Afrique du Nord, mais qu'il y ait, du même coup, perdu presque toute la plasticité qui le caractérisait dans sa langue et son milieu d'origine.

Coupé de ses racines et transplanté en Occident, il y continue une évolution autonome. Celle-ci se fait peut-être déjà sentir dans la Lettre lyonnaise dont les couches rédactionnelles révèlent les tendances différentes existant au sein de la communauté chrétienne de la ville au sujet du vocabulaire du martyre. Elle est visible chez Hippolyte qui est pourtant conservateur: non seulement il fait une place aux confesseurs dans la *Tradition apostolique*, mais ses *Philosophoumena* appellent martyrs des chrétiens libérés des mines de Sardaigne. Elle éclate au grand jour, achevée, dans l'œuvre de Cyprien où le titre de martyr est réservé aux condamnés ou en instance de l'être, alors que les prisonniers pour la foi et les rescapés de la prison sont appelés confesseurs[28]. Cette distinction est respectée avec constance dans les documents ou remaniements hagiographiques du IVe siècle.

II. LE MARTYRE COMME CONFESSION DE LA FOI

Si, au sens étymologique, le martyre est un témoignage, et si, malgré son évolution conceptuelle, le mot garde toujours cette connotation d'origine, de quoi donc le martyre porte-t-il témoignage?

L'objet de ce témoignage doit se dégager des documents hagiographiques retenus. Ils révèlent un double aspect du témoignage. L'un est positif et se rapporte au contenu de la foi chrétienne, l'autre est négatif et oppose celle-ci aux cultes concurrents. L'affirmation de l'une comme la critique des autres sont assortis d'arguments et de citations bibliques.

205

1. Le contenu de la foi

La confession de foi peut se réduire à une simple déclaration de christianisme. Dans l'esprit du martyr, elle suffit à justifier son refus de sacrifier aux dieux: Je suis chrétien, je ne puis sacrifier[29]. Elle est alors dépourvue de références bibliques.

En général, cependant, la déclaration est plus circonstanciée. Elle comporte d'abord, en effet, l'adhésion au monothéisme. C'est la pierre de touche du christianisme comme elle le fut du judaïsme. Or, le culte de Dieu est exclusif de tout autre: Pionius et Philéas le disent expressément[30]. Ils se réfèrent, en le disant, l'un à Ex 20, 3, l'autre à Ex 22, 20, c'est-à-dire à la charte du monothéisme biblique que constitue le code de l'Alliance. Ce monothéisme inclut normalement deux composantes: l'unicité de Dieu et son activité créatrice. Ainsi le définissent de nombreux martyrs[31]. Retenons la formule identique employée par plusieurs d'entre eux:

Le Dieu unique qui a fait le ciel et la terre, la mer et tout ce qu'ils contiennent[32].

La formule provient, elle aussi, du code de l'Alliance (Ex 20, 10), mais elle a été sans cesse reprise dans la Bible[33]. Elle est caractéristique du monothéisme biblique. Aussi fait-elle partie dès l'origine du Credo chrétien; théologiens et symboles de foi l'ont reprise[34]; elle s'est trouvée finalement sur les lèvres du chrétien quand, à son tour, il lui fallait choisir entre son Dieu et les faux-dieux.

La formule a subi cependant parfois des modifications. Le chef de file des Scillitains proclame sa foi au Dieu invisible; Justin l'exprime en philosophe; Philéas la développe en fonction de la théologie apophatique mise en vogue par les apologistes et les Alexandrins[35]. Mais les variantes elles-mêmes ont un fondement biblique[36]. De toute façon, les formulations diverses témoignent des différences culturelles de leurs auteurs et non de variations de fond dans leur contenu.

Il reste que la spécificité du monothéisme chrétien est dans la croyance en la divinité de Jésus-Christ. Les documents hagiographes anciens appellent Jésus „enfant de Dieu", παῖς θεοῦ; Polycarpe l'invoque comme „enfant béni et bien-aimé de Dieu"[37]. Ce titre évoque le „Serviteur de Iahvé" d'Isaïe avec lequel le Christ s'est lui-même identifié[38]. Il est conforme aussi à la christologie la plus archaïque[39]. Le mot est en même temps synonyme de „fils", voire de „fils unique de Dieu", comme le montrent les mêmes et d'autres Passions[40], qui se font l'écho du Nouveau

206

Testament[41]. Elles donnent encore d'autres titres au Christ: il est Sauveur[42], il est Seigneur[43], il est Verbe de Dieu[44], il est Dieu[45]. Toute cette titulature est d'origine néo-testamentaire, quand elle est appliquée au Christ[46].

La mission du Christ à l'égard des hommes est généralement ramenée à trois aspects dans les Passions. Les martyrs reconnaissent en effet en lui celui qui leur a fait connaître Dieu, qui est venu sur terre et a souffert la mort de la croix pour les sauver, et qui reviendra un jour pour les juger selon leurs œuvres[47]. Ces thèmes sont au cœur de la révélation chrétienne du Nouveau Testament et réinterprètent parfois les idées de l'Ancien[48]. Ils reçoivent un traitement particulier dans deux documents hagiographiques. Justin utilise en effet l'argument prophétique comme preuve de la divinité de Jésus et de sa mission, en se fondant sur la première prédication des apôtres. Philéas de son côté reprend l'argument prophétique à propos du „Dieu crucifié", mais il le double d'un florilège néo-testamentaire à propos des miracles du Christ[49]. C'est d'ailleurs le Christ lui-même qui, apparaissant aux disciples d'Emmaüs, avait inauguré selon Luc cette exégèse:

> *Esprits sans intelligence et lents à croire tout ce qu'ont annoncé les Prophètes! Ne fallait-il pas que le Christ endurât ces souffrances pour entrer dans sa gloire? Et, commençant par Moïse et parcourant tous les Prophètes, il leur interpréta dans toutes les Ecritures ce qui le concernait (Lc 24, 25-27).*

Tous les martyrs enfin reconnaissent dans le Christ celui qui est avec eux dans le martyre[50], ils lui confient leur âme en mourant[51], ils attendent de lui leur récompense éternelle[50]. Ils sont ainsi tous plus ou moins imbus de cette mystique d'imitation du Christ et d'union avec lui dans le martyre, mystique dont Ignace s'était fait le champion et qui s'alimentait principalement à la source paulinienne[52].

Ainsi se dégage des Passions un consensus de la foi sur deux articles: le monothéisme biblique et la croyance en la divinité de Jésus-Christ. C'est en les confessant que les martyrs ont mis leur vie en jeu. Mais leur confession révèle aussi que la Bible, et particulièrement le Nouveau Testament, ont été l'aliment de leur foi.

Quant à savoir si les martyrs se référaient directement à la Bible ou s'ils la citaient à travers un symbole de foi, c'est là une question que les documents hagiographiques ne permettent pas de trancher d'une manière uniforme. Il faut néanmoins rappeler que, parmi les martyrs Scillitains,

Spératus portait avec lui les Epîtres de Paul (*A. Scillit.* 12), et Euplus de Catane, un exemplaire des quatre évangiles (*A. Eupl.* A. 1, 4). Pour les autres, la question peut rester ouverte. Mais elle pourrait être oiseuse dans la mesure où témoignages de martyrs et symboles de foi primitifs, encore tout imprégnés de substance biblique et loin des formulations théologiques, se faisaient l'écho d'une espèce de vulgate de la confession chrétienne de la foi.

2. La critique des religions concurrentes

C'est avec le paganisme que les martyrs furent directement confrontés, ses dieux qu'ils refusèrent tous, son culte qu'ils critiquèrent parfois. En revanche, la critique du judaïsme fut chez eux exceptionnelle. Cette double attitude mérite d'être brièvement caractérisée, pour savoir dans quelle mesure elle leur est dictée par la Bible.

Leur refus du paganisme est général et absolu. Avec lui aucun compromis n'est possible. D'une part, au yeux de l'état romain, le christianisme n'a pas droit à l'existence: χριστιάνους μὴ εἶναι (*M. Apoll.* 23). De l'autre, pour les chrétiens, les dieux du paganisme n'ont pas d'existence réelle et leur culte n'est qu'une vaine idolâtrie. Sur ce point, non seulement l'opposition, mais encore l'incompréhension est totale:

Périssent les dieux qui n'ont pas fait le ciel et la terre!

Cette imprécation se retrouve sur les lèvres de deux martyrs (*A. Carp.* A 10, B 3; *A. Eupl.* 2, 5). Empruntée à Jr 10, 11, elle provient d'un chapitre deutéro-canonique et constitue en plus une glose araméenne du verset qui la suit. Elle exprime un anti-paganisme primaire.

Il en est de même de la critique que Carpus fait du culte des idoles devant le proconsul d'Asie. Les idoles sont des ,,dieux morts":

Ils ont l'apparence humaine, mais restent immobiles. Qu'on cesse de les honorer et, comme ils ne bougent pas, les chiens et les corbeaux viendront les couvrir d'immondices (A. Carp. B 7).

A la place de cette critique d'un tour très populaire, Apollonius, qui est traduit à Rome devant le *praefectus Urbi* et qui parle en présence de gens cultivés, fait un réquisitoire systématique de l'idolâtrie. Il s'en prend aux statues des dieux auxquelles sont rendus des honneurs divins, mais c'est finalement tout le panthéon païen qui est mis en cause, avec la mythologie qui l'explique:

Je suis devenu adorateur de Dieu pour ne plus devoir adorer des idoles faites de main d'hommes (εἴδωλα χειροποί- ητα). C'est pourquoi je ne me prosterne pas devant de l'or ou de l'argent, du bronze ou du fer, ni devant de prétendus dieux de bois ou de pierre. Ils sont l'ouvrage d'ébénistes, d'orfèvres, de tourneurs; façonnés de main d'homme, ils ne se meuvent pas d'eux-mêmes (M. Apoll. 14).

C'est un péché de la part de ces malheureux hommes, de se prosterner devant la matière, morceau de pierre froide, de bois sec, de métal poli, d'os dessèché. Quelle sottise et quel égarement! (Ibid. 16).

Passant sur les exemples concrets de pratiques égyptiennes, athéniennes et autres, il revient à la critique de l'idolâtrie. Ces statues, dit-il, sont trompeuses:

Elles ont des oreilles et n'entendent pas, des yeux et ne voient pas, des mains qu'elles ne tendent pas, des pieds mais ne marchent pas. L'image ne change rien à la réalité (Ibid. 19).

A plus forte raison faut-il s'en prendre à ceux qui adorent les produits de la nature: l'oignon et l'ail sont dieux à Péluse; tout cela, pourtant, passe par le ventre et va finir au cloaque (*Ibid.* 20). Enfin, voici un écho de la critique évhémériste:

Ils adorent des êtres doués de parole, hommes devenus dé- mons par leur activité. Ils appellent dieux des hommes d' autrefois, comme le prouve leur mythologie: Dionysos, dit- on, taillé en pièces, Héraklès brûlé vif, Zeus enseveli en Crète. On leur cherche des noms conformes à leur personnage. Car les noms mêmes de leurs dieux ne sont que des légendes (Ibid. 22).

Cette critique est entièrement biblique. Carpus, en vitupérant les „dieux morts", formule un thème prophétique et sapientiel (Ba 6, 26; Sg 14, 10-15). Les bêtes qui viennent hanter leurs statues y sont aussi men- tionnées, il n'est pas dit cependant qu'elles y font leurs excréments.

Dans le Martyre d'Apollonius, le dossier est exploité avec méthode. Plusieurs expressions de la Bible sont passées telles quelles dans le dossier hagiographique. Ainsi la mention des aliments digérés qui vont aux lieux d'aisance (Mt 15, 17; Mc 7, 19). Mais ce sont surtout les thèmes des „dieux immobiles", des „idoles faites de mains d'hommes". Le premier, déjà

209

présent dans les Actes de Carpus et compagnons, est amplifié dans le Martyre d'Apollonius suivant un schéma polémique bien connu (Ps 113 B, 4-8 = Ps 134, 15-18) qui est un véritable cliché vétéro-testamentaire[54]. Quant au second, il est lié au premier et attesté par les mêmes passages bibliques[55]. Dans la version des Septante on lit même expressément la formule de nos Actes: εἴδωλον χειροποίητον (Sg 15, 8). La tradition prophétique et le livre de la Sagesse évoquent ou décrivent et la matière première des idoles et l'artisan qui les façonne. Il n'est pas jusqu'à la polémique contre les dieux égyptiens, surtout à forme animale (Sg 15, 14-19), et jusqu'à la théorie d'Evhémère de Messine (Sg 14, 14-20), qui ne soient déjà présentes dans le dernier livre de l'Ancien Testament.

Mais il paraît clair que cette critique du paganisme, surtout sous la forme développée que lui a donnée le Martyre d'Apollonius, est un bloc erratique dans nos Passions anciennes. Qu'en est-il dès lors de la critique du judaïsme?

Je note pour commencer sa rareté dans nos mêmes Passions, où je ne l'ai notée que deux fois. Il y a d'abord une pointe anti-juive dans la remarque de Philéas: „Les Ecritures, sur lesquelles s'appuient les Juifs, ont annoncé avant les Grecs la venue du Sauveur" (*A. Phil.* p. 38, lin. 10-12). La version latine des Actes aiguise la pointe: „L'ont en effet prédit les Ecritures sacrées que les Juifs prétendent posséder, mais qu'ils ne possèdent pas" (*Ibid.* p. 39, 1. 4-6). C'est sur le même problème de l'interprétation des Ecritures que les différends avaient éclaté entre Juifs et Chrétiens à l'époque des apôtres (Ac 7, 2-53; 13, 16-41; 26, 22-23), mais ce sont seulement les apologistes qui prétendent déposséder les Juifs de l'Ancien Testament.

Il faut examiner ensuite le Martyre de Pionius. On y lit deux violents réquisitoires contre le judaïsme (4, 5-24; 13, 1-14, 16). Le premier s'adresse presqu'entièrement et directement aux Juifs présents sur l'agora de Smyrne. Le martyr leur reproche leurs infidélités présentes et passées à la Loi dont ils se réclament. Ce discours est de la veine des invectives que le Christ adressait aux pharisiens[56] et dont les sept malédictions qu'il proféra contre eux se terminent, comme l'acte d'accusation de Pionius, par la menace de la condamnation (Mt 23, 33-36). Mais c'est le deuxième discours qui explique apparemment la violence de l'invective précédente. En prison, Pionius reçoit, en effet, la visite d'apostats venus pour implorer son secours. Il les met en garde contre les tentatives de séduction de la part des Juifs: de ces apostats exclus momentanément de l'Eglise, ils seraient tout heureux de faire des prosélytes. Pour empêcher cette éventualité de se réaliser, le martyr, après avoir déploré les ravages de la persécution, exhorte ses visiteurs à ne pas céder aux Juifs et à ne pas prêter foi aux calomnies qu'ils répandaient sur le compte du Christ et de sa religion. Comme preuve de la fausseté de leurs attaques est longuement développé l'épisode biblique de la pythonisse d'Endor (1 S 28, 8ss.).

Que ces discours contre les Juifs soient remplis de citations bibliques n'a rien pour nous surprendre[57]. Le seul motif d'étonnement pourrait être de trouver tant d'érudition biblique chez un homme en situation pareille.

* * *

Ces différents aspects de la confession de foi des martyrs posent quelques problèmes en raison des connaissances bibliques qu'ils supposent.

La confession porte sur deux articles: monothéisme et divinité de Jésus-Christ. Leur formulation se présente dans les deux cas avec une stabilité différente. Du premier, elle est à peu près fixe, les variantes n'étant que d'ordre rédactionnel. Le deuxième, au contraire, outre qu'il est parfois absent des Passions, est d'un énoncé beaucoup plus mouvant. En effet, il n'est pas mentionné, par exemple, dans les Actes des martyrs Scillitains. L'absence y est peut-être due au fait qu'aucune question n'avait été posée aux martyrs à ce propos. Elle peut s'expliquer aussi d'une autre façon: confrontés avec le polythéisme païen, les chrétiens avaient sans doute tendance à accentuer leur propre monothéisme. Quoi qu'il en soit, on est frappé par la simplicité de quelques-unes de ces déclarations[58]. De toute façon, même quand le deuxième article est mentionné, sa formulation est rudimentaire et se limite la plupart du temps à la filiation et à la seigneurie de Jésus.

Cette différence de stabilité doit sans doute recevoir une explication d'ordre historique. La fixité du premier article est déjà vérifiable dans l'Ancien Testament. Il avait pour lui le bénéfice de l'antiquité et une autorité canonique, quand s'est formé le Credo chrétien, et il y est entré sans autre forme de procès. Le second article, par définition, est lié à l'histoire chrétienne. Son existence n'est apparue qu'avec le temps aux juges qui enquêtaient sur la foi des chrétiens présentés à leur tribunal. Les réponses de ceux-ci révèlent une christologie en train de prendre conscience de ses propres dimensions. Ils lui donnent souvent, en outre, une formulation populaire. Parmi les martyrs, en effet, tous n'étaient pas évêques ou théologiens. Dans une matière en voie de fixation, chacun rendait compte de sa foi au Christ dans la mesure de ses moyens. Aussi la croyance commune à la divinité du Christ s'est-elle exprimée, au témoignage de nos Passions, en des termes variables suivant les époques, les lieux et la culture de nos témoins.

En comparaison de la confession de foi qui est le bien commun de tous nos martyrs, la polémique contre les religions concurrentes est l'exception. Ce qui pose un double problème: d'abord de savoir si et dans quelle mesure la polémique anti-païenne et anti-juive appartenait dès l'origine aux Passions qui la comportent; ensuite, dans la mesure où elle y était d'origine, de connaître l'orchestration scripturaire qui était la sienne dans les rédactions hagiographiques primitives. Mais je crains que de telles questions n'aient pas beaucoup de chances de recevoir une solution.

III. LE MARTYRE COMME COMBAT CONTRE LE DEMON

L'interrogatoire du martyr par son juge prend quelquefois l'allure d'une joute oratoire, encore que ce procédé soit surtout caractéristique des Passions remaniées. Mais le martyre lui-même est considéré comme un combat, et cela dès le début. C'est le thème fondamental de la Lettre lyonnaise, avec les données de laquelle il faut confronter les autres documents hagiographiques pour savoir comment cette image s'enracine dans la Bible.

1. Le vocabulaire du combat

J'ai relevé ailleurs le vocabulaire sportif et guerrier de la Lettre lyonnaise[59]. Je le complète ici avec les données des autres documents:

ἀγών (ὁ) : L. Lyon. 1, 11; 1, 36; 1, 40; 1, 41 (bis); 1, 51; 3, 2; M. Pion.
    22, 1.
ἀγώνισμα (τό) : L. Lyon. 1, 55.
ἀγωνιστής (ὁ) : L. Lyon. 1, 43.
ἀγωνίστρια (ἡ) : L. Lyon. 1, 18.
ἀθλητής (ὁ) : L. Lyon. (Prol. 4); 1, 17; 1, 19; 1, 36; 1, 42; A. Carp.
    B 25; M. Pion. 22, 2.
ἀντεστρατηγεῖν : L. Lyon. 1, 6.
γυμνάζειν : L. Lyon. 1, 43.
γύμνασμα (τό) : L. Lyon. 1, 42.
θηριομαχεῖν : M. Polyc. 3, 1.
καταγωνίζειν : M. Polyc. 19, 2.
μονομαχός (ὁ) : L. Lyon. 1, 40.
πόλεμος (ὁ) : L. Lyon. 2, 6.
προαθλεῖν : M. Polyc. 18, 3.
agon: P. Perp. 10, 3.
athleta: A. Carp. A 35.

212

certamen: A. Carp. A 36.
certare: P. Perp. 13, 2.
munus: P. Perp. 9, 2; 10, 7; 15, 2; 16, 1; 19, 3.
pugnare: P. Perp. 10, 1; 10, 3
vincere: P. Perp. 3, 2; 10, 5.

Parmi les mots les plus fréquemment employés, je note ἀγών huit fois, ἀθλητής sept fois, munus cinq fois; parmi les documents les plus souvent mentionnés, la Lettre des Lyonnais, vingt fois; la Passion de Perpétue, onze fois, le Martyre de Polycarpe trois fois, les Actes latins de Carpus et compagnons et le Martyre de Pionius chacun deux fois. Ces chiffres confirment, d'une part, l'importance exceptionnelle de la Lettre lyonnaise, de l'autre, celle des termes ἀγων et ἀθλητής, pour le vocabulaire du martyre considéré comme combat.

2. Les images du combat

L'analyse du martyre comme combat, telle que je l'ai faite à partir de la Lettre lyonnaise[60], se retrouve substantiellement identique à celle que permet l'ensemble de notre documentation martyrologique. C'est dire la valeur exemplaire de ce document pour toute la thématique du martyre. Il suffit donc ici de signaler les différences et les compléments.

Si le rédacteur lyonnais signalait les combats de gladiateurs (ὁ μονομαχός), la Passion de Perpétue parle de munus: la première expression désigne le combat singulier, la seconde, l'ensemble de ceux qui composaient les jeux du cirque. Pour les Lyonnais, même les supplices qu'on leur inflige sont un combat (L. Lyon. 1, 38; 1, 40; 1, 42; 1, 55; 3, 2); pour Perpétue, c'est son exposition aux bêtes dans l'arène (P. Perp. 10, 1). Polycarpe appelle cette dernière une θηριομαχία. L'exposition aux bêtes pouvait effectivement donner lieu à une lutte avec elles: si Acilius Glabrio avait vaincu un lion, le jeune Germanicus du Martyre de Polycarpe, lui, „attire à lui la bête en lui faisant violence" (M. Polyc. 3, 1). Ignace se proposait déjà de faire ainsi au cas où elles montreraient de la mauvaise volonté[61]. Ainsi le combat pouvait devenir réel. En général cependant le martyr „triomphait par sa patience", comme il est dit de Polycarpe lui-même. „Il remporta ainsi la couronne de l'immortalité"[62] et „précéda les autres dans la lutte pour les exercer et préparer à l'avenir"[63].

La meilleure illustration de cette imagerie est dans la dernière vision de Perpétue[64]. Elle a pour objet sa lutte avec un Egyptien. Celui-ci symbolise le diable (P. Perp. 14), et la lutte, le martyre (Ibid. 18, 3 fin). Dans l'Epître de Barnabé (4, 10; 20, 1), c'est un noir, ὁ μέλας, qui intervient

213

avec la même signification. Déjà pour saint Paul (Ep 6, 12) les démons sont appelés „princes des ténèbres". Perpétue et son adversaire se préparent donc à la lutte, elle en se faisant frotter d'huile par ses acolytes, l'Egyptien en se roulant dans la poussière; l'un et l'autre veulent rendre plus difficiles les prises de l'adversaire. Un laniste intervient comme arbitre. Son insigne, en même temps que l'instrument de ses fonctions, est une baguette, *virga*. Le rameau vert qu'il porte en outre est le prix de la victoire; il est aussi symbole de vie[65]. La taille extraordinaire de l'arbitre le désigne comme un être céleste. Le meilleur parallèle de la Passion sur ce point est dans le Pasteur d'Hermas, où apparaît aussi „un homme de haute taille, de sorte qu'il dépassait la tour"[66]. Or cet homme est désigné plus loin comme le Fils de Dieu[67]. La lutte se déroule entre Perpétue et l'Egyptien à la manière du pancrace plutôt que du pugilat. On le comprend. Le premier exigeait beaucoup plus d'agilité que de force et convenait à une jeune femme de 22 ans, qui pouvait espérer fatiguer l'adversaire par sa mobilité. De pareils engagements sont représentés en peinture sur les vases grecs de l'antiquité. On y voit toujours les trois personnages: lutteurs et laniste, ce dernier avec la baguette. Y sont figurées aussi les passes dont il est question dans notre texte: prise par la jambe ou le pied, prise par la tête avec étouffement[68]. Quand Perpétue l'emporte sur l'Egyptien, elle lui met le pied sur la tête. Ce geste suppose l'adversaire par terre. Il est celui de David quand il a terrassé Goliath (1 S 17, 51). Il signifie la victoire[69]. Les réactions des spectateurs aussi sont habituelles[70]. De même la remise du prix au vainqueur et sa sortie par la porte des Vivants[71]. Le baiser de paix, au contraire, et la formule dont l'accompagne le laniste: *Pax tecum*, appartiennent à la liturgie chrétienne et soulignent le sens religieux du combat[72].

3. Le thème du combat dans la Bible

On sait que le vocabulaire et le thème du combat, empruntés à la philosophie grecque, se sont acclimatés aux alentours de l'ère chrétienne dans la littérature religieuse juive, d'où ils sont passés dans le Nouveau Testament[73]. Si dans Lc 13, 24 déjà on trouve l'expression $\dot{\alpha}\gamma\omega\nu\dot{\iota}\zeta\epsilon\sigma\vartheta\alpha\iota$ appliquée à la vie chrétienne, c'est Paul surtout qui développe le thème du combat, d'abord dans le même sens général[74], ensuite en l'appliquant plus particulièrement à la prédication de l'évangile[75], laquelle débouche finalement sur le martyre[76] et donne droit à la couronne[77]. Il n'est pas jusqu'au sens caché de cette lutte qui ne soit dévoilé dans l'Ecriture comme étant celle livrée au diable[78].

214

IV. LE MARTYRE COMME LITURGIE

On a rapproché le martyre du baptême, on l'a rapproché de l'eucharistie. On a fait ainsi du martyre une liturgie que leurs victimes célébraient en l'honneur de leur Dieu. Le problème qui se pose est de savoir si cette interprétation trouve un fondement dans nos textes hagiographiques. Pour le résoudre, il convient de les examiner sous le double rapport des rites et des formules liturgiques dont ils peuvent contenir le reflet et l'écho.

1. Rites liturgiques

Le martyre n'est rapproché du baptême que dans la Passion de Perpétue, mais il l'y est à deux reprises[79]. L'allusion la plus facile à comprendre est faite à propos du diacre Saturus, au moment où il est attaqué dans l'arène par un léopard:

> *Celui-ci, d'un seul coup de dents, le couvrit de tant de sang que la foule, le voyant revenir, lui cria, en témoignage du second baptême: Te voilà sauvé lavé, sauvé lavé! Il était en effet bien sauvé, celui qui venait de prendre un tel bain (21, 2).*

Nous avons ici un exemple d'interprétation à deux niveaux en fonction de mentalités différentes. La foule avait crié à la victime le salut qu'on adressait à ceux qui sortaient du bain. On en a retrouvé diverses attestations archéologiques en Afrique et ailleurs. Un salut analogue était adressé au baigneur qui entrait dans l'eau. Les deux salutions se retrouvent quelquefois ensemble dans les inscriptions africaines[80]. L'acclamation de la *Passio Perpetuae* correspond donc à un usage africain de la vie courante, amplement documenté.

De son côté, le compilateur de la Passion en donne une interprétation chrétienne, en y voyant „le témoignage du second baptême", c'est-à-dire du martyre; mieux, en interprétant le martyre comme un second baptême. Cette interprétation, elle aussi, est amplement attestée dans la littérature paléochrétienne d'Afrique[81]. Elle est enracinée, de surcroît, dans le Nouveau Testament: en effet, la perspective de la Passion est pour le Christ une source d'angoisse, et la Passion elle-même, un baptême qui le plongera dans un abîme de souffrances (Lc 12, 50). Franz-Josef Dölger se demandait même si, à travers certaines conceptions vétéro-testamentaires[82], il ne fallait pas rattacher cette théologie du martyre aux idées grecques et hellénistiques sur le rôle du sang comme moyen de régénération et de salut[83].

215

La deuxième allusion concerne Félicité au moment où elle se dirige vers l'amphithéâtre. Elle était „heureuse que sa récente délivrance lui permît d'affronter les bêtes et d'aller du sang au sang, de l'accoucheuse au rétiaire, destinée à être lavée, après son accouchement, par un second baptême" (18, 2). Ici l'interprétation est simple, elle est uniquement le fait du compilateur. On voit comment la comparaison est amenée: Félicité va du sang de son accouchement au sang de son martyre; comment elle est conclue: à la toilette de la parturiente correspond le bain du martyre.

Quant aux rapports entre rites eucharistiques et martyre, ils ont été amplement étudiés chez deux auteurs paléochrétiens, Ignace d'Antioche et Cyprien de Carthage, qui en outre ont eu l'occasion de mettre leur doctrine en pratique[84]; mais ils n'ont jamais été sérieusement envisagés dans les Actes des martyrs eux-mêmes; pis: on s'est contenté parfois purement et simplement de transférer aux Actes les rapprochements vérifiés chez les auteurs précités, sans se donner la peine de vérifier si le transfert était légitime.

En fait nos Actes sont d'une pauvreté étonnante en allusions aux rites eucharistiques. Il en est ainsi d'abord du Martyre de Polycarpe. „Le bélier de choix" et „l'holocauste préparé pour Dieu" (14, 1) appartiennent, certes, à la phraséologie sacrificielle, mais de l'Ancien Testament, et n'entrent pas en compte ici. „Le pain qui cuit" (15, 2) ne peut avoir de lui-même le sens eucharistique. Il faut, en effet, rappeler un principe d'herméneutique, défini par Cyprien en matière de typologie eucharistique: ce sont le pain et le vin ensemble qui font le corps et le sang du Christ; c'est conjointement aussi qu'ils signifient l'eucharistie (*Ep.* 63, 4)[85]. Dans le Martyre de Polycarpe, „le pain cuit" (15, 2) ne peut donc signifier l'eucharistie que s'il est rapproché de „la coupe du Christ" (14, 2). Ce rapprochement n'est pas le fait de Polycarpe lui-même, pour qui „la coupe du Christ" est celle de son propre martyre et non la coupe eucharistique. Si, en revanche, le rédacteur de la Lettre a voulu faire correspondre à la coupe mentionnée par la prière de Polycarpe le pain auquel il compare le corps de Polycarpe en train de brûler, l'allusion eucharistique existe chez lui, et le martyre devient à ses yeux une eucharistie. Mais j'avoue n'apercevoir que des indices ténus en faveur de l'interprétation eucharistique, dans la mesure où les deux expressions rapprochées paraphrasent le martyre de Polycarpe.

Des autres Actes, l'eucharistie comme rite est absente. La réponse de Philéas au préfet d'Egypte est caractéristique de cette carence. Celui-ci l'interroge: „Quelle espèce de sacrifice Dieu demande-t-il?" Il répond: „Un cœur pur, une âme intègre, des prières raisonnables, de la piété, et l'âme qui accomplit les œuvres de la justice recevra dans l'au-delà seulement sa récompense"[86]. Voilà une occasion où, pensons-nous, Philéas pouvait nommer le sacrifice eucharistique, fut-ce dans les termes des anaphores du IVe siècle. Elles aussi, en effet, parlent de sacrifice non-sanglant et d'offrande raisonnable. Eh bien, non: le mot sacrifice ne reparaît pas dans la réponse de Philéas, il faudrait déjà le découvrir dans „les prières raisonnables"; le seul sacrifice agréable à Dieu est d'ordre moral et euchologique. C'est dans le même sens qu'on doit interpréter les autres réponses de ce martyr.

Un passage analogue se lit dans les Actes de Carpus et compagnons. Papylus (Pamphile dans la version latine) y justifie son refus de sacrifier aux dieux, en expliquant qu'il „s'immole lui-même chaque jour au Dieu vivant et vrai" (B 34). „S'immoler soi-même" est une expression paulinienne: l'apôtre présente par ces mots son apostolat comme un sacerdoce et sa mort prochaine comme une libation (Rm 15, 16; Ph 2, 17; 1 Tm 4, 6). Mais là encore il n'est pas question d'un rite eucharistique chrétien; c'est un usage païen qui est transféré, dans un sens métaphorique, au culte spirituel chrétien.

Le moins qu'on puisse dire est que la conception du martyre chrétien comme un sacrifice eucharistique n'est pas présente à l'esprit des martyrs; et s'il l'est à celui des hagiographes, l'explication ne s'impose pas avec la clarté de l'évidence.

2. Formules liturgiques

En va-t-il différemment du formulaire liturgique? La réponse à cette question doit se faire en fonction de deux critères différents. D'une part, le corps des Actes peut comporter des expressions de caractère liturgique; elles sont alors l'écho de formules en usage. D'autre part, les Actes se concluent par une doxologie; mais celle-ci, outre qu'elle peut reproduire un formulaire liturgique, est avant tout le signe de la destination liturgique de nos Actes.

Nous retrouvons en premier lieu le Martyre de Polycarpe et en particulier la prière du martyr (14, 1-3). Les échos liturgiques qu'elle transmet ont fait l'objet d'analyses désormais classiques[87]. Il s'agit d'abord de l'invocation du Seigneur comme „Dieu tout-puissant et Père de (son) enfant bien-aimé et béni Jésus-Christ". La mention du παντοκράτωρ, qui donne toujours à la prière une certaine solennité, est d'origine biblique et d'usage liturgique[88]. L'expression παῖς θεοῦ est aussi éminemment biblique et apparaît dans les liturgies les plus primitives[89]. S'il n'y a pas à tenir compte de „la coupe du Christ" comme formule liturgique, la finale de la prière, en revanche, a une allure liturgique caractérisée. Le souligne la trilogie: „Je te loue, je te bénis, je te glorifie", dont les racines bibliques sont évidentes. Selon Jules Lebreton, la formule se rencontre pour la première fois dans la prière de Polycarpe, d'où elle serait passée dans les *Constitutions apostoliques* et le *Gloria in excelsis Deo*[90]. Quant à la conclusion „par Jesus-Christ" son usage est connaturel au christianisme[91]. Si donc la prière de Polycarpe n'est pas une prière liturgique à proprement parler, elle nous transmet néanmoins avec fidélité les thèmes et sans doute la phraséologie de la prière chrétienne la plus ancienne.

A leur tour, les Actes d'Apollonius mentionnent l'usage chrétien de prier pour l'empereur, mais ne conservent pas la formule de cette prière (*A. Apoll.* 9). D'une manière plus générale, les prières qui ont été recueillies dans les Actes des martyrs[92], sont toutes, quand elles proviennent d'Actes authentiques, des prières psalmiques ou des acclamations brèves: elles n'ont que rarement un cachet liturgique et relèvent habituellement du domaine privé.

Il n'en reste pas moins vrai que nos Actes des martyrs reçoivent tous un cachet liturgique de leur doxologie finale qu'il faut encore caractériser. Elles ont essentiellement deux formes, l'une christologique, l'autre trinitaire. La première est la plus ancienne et la plus fréquente. Je commence par celle du Martyre de Polycarpe. Elle a encore l'ampleur et la phraséologie des doxologies apostoliques:

> *A celui qui, par sa grâce et par son don, peut nous introduire dans son royaume éternel par son enfant unique Jésus-Christ, à lui la gloire, l'honneur, la puissance, la grandeur dans les siècles (M. Polyc.) 20, 7).*

Comme référence au Nouveau Testament, l'éditeur signale 1 Tm 6, 16; 1 P 4, 11; Jud 25; Ap 1, 16; 5, 13 etc.[93].

La formulation des doxologies christologiques est cependant généralement plus sobre. „A lui la gloire dans les siècles. Amen" pourrait être considéré comme la forme canonique. Elle est d'ailleurs attestée par saint Paul (Rm 11, 36). Les variantes concernent d'abord le mode d'accrochage de la formule au nom de Jésus-Christ. Dans les Actes de Justin, il est question de „l'action de la grâce de notre Seigneur Jésus-Christ, à qui est la gloire ...". En d'autres Actes prévaut le génitif ou ablatif absolu:

> βασιλεύοντος τοῦ κυρίου ἡμῶν Ἰησοῦ Χριστοῦ
> ᾧ ἡ δόξα ... regnante domino nostro Iesu Christo, cui est
> gloria ...[94]

Une autre variante peut affecter le nombre des termes doxologiques: à la place du simple *gloria*, les Actes de Cyprien offrent le doublet: *honor et gloria*. Le dernier changement peut survenir dans la formule chronologique: ,,dans les siècles" est parfois amplifié en: ,,siècles des siècles" [95].

Parmi les doxologies trinitaires, la précocité de celle de la prière de Polycarpe l'a fait considérer parfois comme inauthentique [96]. Il faut signaler ensuite la rédaction exceptionnelle de celle de la Passion de Perpétue:

> ... *à la gloire de notre Seigneur Jésus-Christ. Celui qui l'exalte, l'honore et l'adore, doit lire ces nouveaux témoignages non moindres que les anciens pour l'édification de l'Eglise. Ces manifestations nouvelles attestent de nos jours l'action de l'Esprit-Saint toujours un et identique, ainsi que de Dieu le Père tout-puissant et de son Fils Jésus-Christ notre Seigneur, à qui est la gloire et la souveraine puissance dans les siècles des siècles. Amen (P. Perp. 21, 5).*

Bien que la formule doxologique proprement dite se réduise à la dernière relative: *cui est claritas et immensa potestas in secula seculorum. Amen,* le thème de la louange est présent dès la première mention de ,,la gloire de notre Seigneur Jésus-Christ". Il est ensuite orchestré par la triple affirmation: *quam qui magnificat et honorificat et adorat.* Puis la doxologie cède un moment la place à la préoccupation majeure du compilateur de la Passion, qui est d'affirmer la rôle toujours actuel de l'Esprit dans l'Eglise au moyen de ses martyrs. Mais la mention de l'Esprit entraîne celle des autres personnes de la Trinité ainsi que la conclusion doxologique.

Celle des Actes des martyrs Scillitains attire l'attention par sa formulation trinitaire, alors que la profession de foi des martyrs est strictement monothéiste et leur spiritualité moralisante. Une telle formulation me paraît propre au rédacteur qui a mis en forme les Actes en vue de la lecture liturgique. Il faut même se demander si une formule aussi classique n'est pas le produit d'un remaniement tardif, alors que la doxologie primitive aurait été christologique. Les diverses clausules que la *Bibliotheca hagiographica latina* recense pour ces Actes laissent en effet ouvertes de telles possibilités.

Il n'est pas impossible qu'en d'autres Actes aussi la doxologie ait été l'objet de remaniements du même genre. En *A. Carp.* A 47, le αὐτῷ de la formule doxologique renvoie normalement au Χριστοῦ précédent, si bien que la mention trinitaire paraît pléonastique et peut s'enlever sans dommage pour le sens de la phrase. Dans *A. Eupl.* A II, 4, la conclusion n'est

pas en réalité trinitaire mais binaire: ὅτι αὐτῷ (Χριστῷ) ... σὺν τῷ ...
πνεύματι ... Cette formulation aberrante ne peut s'expliquer à mon sens
que comme une réaction orthodoxe contre les pneumatomaques des années 380/81. La formule christologique normale est en revanche attestée
dans les recensions II et III des mêmes Actes publiées par Pio Franchi de'
Cavalieri[97]. Reste la doxologie des Actes latins de Philéas. Sa formulation
est classique: *praestante domino nostro Iesu Christo, qui cum Patre et
Spiritu sancto vivit et regnat Deus in secula seculorum. Amen.* Elle s'explique fort bien dans l'hypothèse d'une traduction faite au cours de la
deuxième moitié du IVe siècle. Il reste d'ailleurs que les formules doxologiques sont les plus instables de nos Actes. Le scribe, même médiéval,
pouvait succomber à la tentation de substituer au texte qu'il avait sous
les yeux celui que la récitation quotidienne ramenait inconsciemment à
sa mémoire et sous sa plume.

* * *

Les éléments disparates de ce chapitre prouvent, je crois, suffisamment que le martyre considéré comme une liturgie n'est pas un thème
courant dans l'hagiographie antique. A l'opposé du martyre-second baptême, bien documenté dans l'hagiographie et la théologie africaines et
plongeant ses racines dans le Nouveau Testament, le martyre-eucharistie
semble à peine esquissé par le rédacteur du Martyre de Polycarpe, mais est
une vue de l'esprit moderne en ce qui concerne nos textes hagiographiques
anciens et ne reflète jamais la mentalité des martyrs. Ils étaient loin d'être
tous des Ignace d'Antioche. Quant à la mentalité des hagiographes, elle
n'a pas manqué d'être façonnée par l'usage liturgique de nos textes, comme le montre l'analyse de leurs doxologies.

IV. LE MARTYRE COMME EXPERIENCE MYSTIQUE

Mis en présence de la mort, les martyrs ont des réactions variables.
Les uns se taisent dans l'attente du coup mortel[98], les autres prient en
silence[99]; d'autres encore le font à voix haute[100]. Cette tranquille assurance qui est commune aux martyrs prend chez certains la forme de
l'enthousiasme religieux: Perpétue va au martyre en chantant (*P. Perp.*
18, 3); Agathonicé s'y présente spontanément, après avoir entendu Carpus
parler de la gloire de Dieu qu'il contemplait (*A. Carp.* A 42). De cette assurance et de cet enthousiasme, l'explication est dans le sentiment même
des martyrs de ne plus être les maîtres de leur vie et de leurs actes, mais
d'être devenus les instruments de Dieu qui agit et souffre en eux. Il est
vrai que cette action est conçue comme exercée par Dieu, non pas directe-

ment, mais par l'intermédiaire du Christ ou de l'Esprit. Je voudrais brièvement décrire les deux faces de cette mystique du martyre en montrant dans quelle mesure elles portent le reflet de la pensée biblique.

1. Le martyr et le Christ

La mystique christologique a le plus fortement marqué de son empreinte les Actes des martyrs. La raison en est peut-être dans le modèle que martyrs et hagiographes ont pu trouver dans les Lettres d'Ignace. Pour celui-ci, en effet, „la mort n'est pas seulement le témoignage rendu à la vérité, ni le geste suprême de l'amour, elle est la reproduction de la mort du Christ"[101]. „La mort lui permettra de trouver le Christ, non seulement par une reproduction sensible de ses souffrances, mais par la communion à sa vie ... car c'est par sa mort que le Christ est ,vie véritable', et le chrétien en mourant ne cherche pas autre chose que ,naître à la vie' "[102].

L'influence de cette mystique ne paraît pas faire de doute sur Polycarpe. Celui-ci est décrit comme un „martyr selon l'évangile" (1, 1; 19, 1). Pour mettre en évidence cette conformité, l'hagiographe dégage et peut-être accentue la ressemblance de Polycarpe avec le Christ, de son martyre avec la Passion. „Comme Jésus ... Polycarpe ne se présente pas de lui-même à la mort et attend d'être livré (1, 2; 5, 1); il va se cacher dans une propriété voisine de la ville comme Jésus à Gethsémani (5, 1); il est livré par les gens de sa maison comme Jésus par Judas (6, 1), et le policier qui l'arrête s'appelle Hérode, lui aussi (6, 2); c'était un vendredi vers l'heure du souper (7, 1), et comme Jésus encore, Polycarpe prie longuement avant de se livrer à ses ennemis (7, 3)"[103]. Il est dès lors compréhensible qu'en se conformant à son modèle jusque dans la mort, Polycarpe puisse avoir la certitude de „ressusciter à la vie éternelle de l'âme et du corps dans l'incorruptibilité du Saint-Esprit" (14, 2).

L'influence ignatienne se fait encore sentir sans doute dans la Lettre sur les martyrs de Lyon. Ils „refusent pour eux le titre glorieux de martyrs, qui ne convient qu'au Christ, seul *témoin* fidèle et véritable; eux-mêmes ne veulent être que les émules et les imitateurs du Christ, ζηλω-ταὶ καὶ μιμηταὶ Χριστοῦ (EUS. *H.E.* V, 2, 2-3), et quand Blandine est attachée au poteau pour être dévorée par les bêtes féroces lancées contre elles les martyrs croient des yeux du corps voir en leur sœur celui qui a été crucifié pour eux (*Ibid.* 1, 41, 41)[104].

Le narrateur lyonnais ne borne pas à Blandine son intention d'identifier les martyrs au Christ de la Passion. Attale porte dans son corps les stigmates du Serviteur souffrant d'Isaïe (1, 23). Pothin est injurié par le peuple „comme s'il était le Christ lui-même" (1, 30). Aussi bien l'hagiographe peut-il dire que le Christ souffrait en l'un (1, 23) et triomphait dans l'autre (1, 30). Bien plus, si Blandine elle-même paraît à ses compagnons de souffrances comme l'image du Crucifié, c'est qu' „elle, la petite, la faible, la méprisée, ... avait revêtu le grand et invincible athlète, le Christ" (1, 42). Imitateurs du Christ, les martyrs du Christ se sont mis à sa suite: „Ils se hâtent vers lui" (1, 6). Blandine, non seulement le cherche, mais elle le trouve et „converse avec lui" (1, 56). Vettius Epagathus enfin, „qui était un authentique disciple du Christ", continue dans l'au-delà à „accompagner l'Agneau partout où il va" (1, 10).

Ces traits christologiques, qui se rencontrent avec une certaine densité dans l'hagiographie asiate primitive, sont plus discrètement indiqués dans les autres Actes des martyrs.

Carpus supporte la souffrance „comme un courageux athlète". Il explique au proconsul la raison de son endurance. Cette explication est dans la recension latine:

> *Moi, je ne sens nulle douleur, car en moi il y a quelqu'un*
> *qui me rend fort, en moi souffre quelqu'un que tu ne peux*
> *voir (A. Carp. B 35).*

Ainsi est affirmée, non seulement l'union du martyr avec le Christ, mais encore la présence du Christ dans le martyr. La version grecque des mêmes Actes met en relief un autre aspect de cette mystique christologique. Carpus est devenu „digne de la part du Christ" (*A. Carp.* A 41), c'est-à-dire de mourir comme lui en témoin de Dieu pour partager avec lui la gloire de Dieu (*Ibid.* A 39).

La Passion de Perpétue comporte, elle aussi, quelques notations analogues. Le compilateur commence par souhaiter que la lecture de son texte inspire aux chrétiens d',,entrer en communion avec les saints martyrs et par eux avec le Christ Jésus" (1, 5). Il est intéressant de relever ce souhait. Car si le martyre fait entrer celui qui souffre en communion avec le Christ, la commémoraison qu'en fait l'Eglise met ses membres en communion avec les martyrs. On voit donc s'esquisser une médiation graduée entre les fidèles et Dieu par le moyen de la communion des saints. Celle-ci donne ainsi au martyre une dimension aussi bien ecclésiale que personnelle. Quant au thème du Christ souffrant dans ses martyrs, il est repris par Félicité elle-même, quand elle est en proie aux douleurs de l'enfantement; maintenant c'est elle qui souffre, au moment du martyre le Christ souffrira en elle:

*Ce que je souffre aujourd'hui, c'est moi qui l'endure;
là-bas au contraire un autre sera en moi, qui souffrira pour
moi, parce que, moi aussi, j'aurai à souffrir pour lui (15, 3).*

Enfin, prendre part à la passion du Christ, ce n'est pas seulement
mourir comme lui, c'est encore supporter comme lui les tourments qui
précèdent la mort. C'est même précisément cela que le rédacteur appelle
participer à la passion du Christ:

*Le peuple exaspéré demanda qu'ils fussent fouettés par les
chasseurs du cirque rangés en file. Les martyrs rendirent
grâce à Dieu d'avoir eu quelque part à la passion du Seigneur
(18, 4).*

La part qu'ils ont obtenue, c'est d'avoir été flagellés comme le Christ avant
de mourir. Comme pour le Christ, leur passion est donc l'ensemble des
souffrances qui les conduisirent du tribunal à la mort.

Il n'est pas nécessaire d'insister longuement sur les origines de cette
mystique christologique: elle est dans les écrits du Nouveau Testament.
Alors que la Passion du Christ a été pensée dès le début en fonction des
souffrances du Serviteur de Iahvé[105], le martyre à son tour a été annoncé
en fonction de la croix du Christ (Mt 16, 24; Mc 8, 34; Lc 9, 23). Aussi
l'apôtre peut-il recommander aux fidèles d'imiter l'humilité du Seigneur
mort sur la croix (Ph 2, 8), leur demander de revêtir le Christ (Rm 13, 14;
Ga 3, 27); mais il se dit lui-même crucifié avec le Christ, pour que le Christ
vive en lui (Ga 2, 19-20). Cette mystique est bien connue, si bien que je
puis me contenter de ces indications brèves. Elles sont suffisantes aussi
pour qu'apparaissent leur influence sur nos Actes des martyrs.

2. Le martyr, l'Esprit et Montan

S'il est vrai qu'Ignace était un mystique, un spirituel, vivant sous la
motion de l'Esprit et doué du charisme prophétique[106], c'est qu'au moins
une fois il a revendiqué de parler sous l'inspiration de l'Esprit (*Phld* 7,
1-2). Il ressemblait en cela au diacre Etienne qui lui aussi était „rempli
de l'Esprit-Saint" (Ac 7, 55) qui „le faisait parler" (*Ibid.* 6, 10). Dans les
Actes des martyrs, au contraire, cette prérogative n'est jamais revendiquée
par ces derniers, elle leur est toujours attribuée par leurs hagiographes.

Il en est ainsi de Polycarpe. Il eut en effet une vision trois jours avant
d'être arrêté et il y vit l'annonce de sa mort: „Je dois être brûlé vif", avait-
il dit à ses compagnons (5, 2). Effectivement, lorsque la sentence est don-

née de le brûler vif, le narrateur commente: ,,Il fallait que s'accomplît la vision qui lui avait été montrée: pendant sa prière, voyant son oreiller en feu, il avait dit prophétiquement aux fidèles qui étaient avec lui: Je dois être brûlé vif" (12, 3). C'est pourquoi, le même hagiographe caractérise Polycarpe comme ,,un maître apostolique et prophétique" (16, 2). Apostolique, il l'était comme un des derniers témoins de l'âge apostolique. Quant au charisme prophétique, il est souvent, comme nous allons le voir, le fait des martyr.

Dans la Lettre des Lyonnais, l'action de l'Esprit est mise davantage en relief. La première fois, c'est à propos de Vettius Epagathus. Celui-ci était en effet ,,bouillonnant de l'Esprit", ζέων τῷ πνεύματι (1, 9). Sous l'influence de l'Esprit sont mis d'abord son amour envers Dieu et le prochain, ,,sa promptitude à se mettre au service d'autrui et son grand zèle pour Dieu" (*Ibid.*). C'est dans ces sentiments qu'il entreprit ensuite la défense de ses frères injustement accusés, et il le fit devant le tribunal même. Aussi mérita-t-il d'être appelé le ,,paraclet des chrétiens, car il avait en lui le Paraclet, l'Esprit plus que Zacharie[107]. Il le manifesta par la plénitude de son amour, en se complaisant à prendre la défense de ses frères et à risquer sa propre vie" (1, 10).

Il faut souligner le jeu sur les divers sens du mot παράκλητος dans ce passage. Le mot est en effet d'abord employé au sens juridique de défenseur ou d'avocat devant un tribunal, ce qui est le sens premier du mot. Mais il est employé aussi en son sens théologique, tel que nous le voyons dans le Nouveau Testament. Dans sa première épître, Jean désigne le Christ comme avocat des pécheurs auprès de Dieu (2, 1). Dans son évangile, le mot désigne un autre défenseur, envoyé de Dieu et remplaçant du Christ. La mission de ce nouveau Paraclet est complexe: il assiste pour toujours les fidèles dans l'accomplissement des préceptes du Christ (Jn 14, 16); il leur rappelle et fait comprendre l'enseignement de Jésus (*Ibid.* 26); il lui rend témoignage, afin que les fidèles aussi puissent lui rendre témoignage (*Ibid.* 15, 26); finalement son témoignage, en convainquant le monde du péché, de la justice et du jugement, manifeste la raison d'être, le bien-fondé et le sens de l'action et de la passion rédemptrice du Christ (*Ibid.* 16, 7-11). Ce Paraclet est expressément identifié avec le Saint-Esprit[108]. Or, c'est bien de l'Esprit-Saint qu'à son tour Vettius Epagathus est rempli, et c'est précisément ce charisme qui fait de lui le défenseur de ses frères. Aussi sa démarche lui vaut-elle de devenir témoin comme le Paraclet de l'évangile: en effet, ,,il confesse sa foi d'une voix éclatante" et est ,,aussi élevé au rang des martyrs" (1, 10).

On a dit que cette ,,ferveur de l'Esprit" désignait Vettius Epagathus comme un sympathisant, sinon comme un adepte du montanisme[109].

On peut dire la même chose d'Alexandre, dont la Lettre loue „l'amour pour Dieu et la hardiesse de langage" comme signes de son „charisme apostolique" (1, 49)[108]. Mais on l'a dit de nouveau d'Alcibiade dont les abstinences ont été interprétées comme montanistes; et finalement de l'attitude des martyrs à l'égard des *lapsi*[109] envers lesquels „ils avaient les entrailles d'une mère" (2, 6), „défendant tout le monde et n'accusant personne, déliant tout le monde et ne liant personne" (2, 5), „car Dieu ne veut pas la mort du pécheur, mais facilite sa pénitence" (1, 46). Pierre de Labriolle a fort bien répondu à ces objections que „la ferveur de l'Esprit" n'était pas le monopole du montanisme, ni même le charisme prophétique; que l'ascétisme d'Alcibiade non plus n'était pas le privilège de la secte phrygienne; et qu'enfin le rigorisme envers les apostats était caractéristique de Novatien et non pas de Montan[110].

Récemment le problème des rapports entre les martyrs lyonnais et le montanisme a été repris à frais nouveaux[111]. L'emploi des mots δοῦλοι Χριστοῦ dans le prologue de la Lettre; les distances prises par son rédacteur avec les Eglises de Lyon et de Vienne aussi bien que d'Asie et de Phrygie, qui ne sont jamais mentionnées comme institutions; l'attitude observée par les Lyonnais (qu'il s'agisse de la Lettre sur les martyrs, aussi bien que des lettres lyonnaises écrites en des circonstances voisines) vis-à-vis de la hiérarchie institutionnelle; la sympathie, sinon l'enthousiasme qu'ils témoignant pour les fonctions charismatiques; – tout cela est le reflet d'une conception encore très archaïque de la communauté chrétienne et de son organisation. C'est sur ce point précisément que la communauté lyonnaise est très proche du montanisme dont les idées et les usages retardataires témoignent d'une préférence marquée pour le ministère charismatique au détriment de la hiérarchie institutionnelle.

La *Passio Perpetuae*, elle aussi, a été mise en rapport avec le montanisme. On a même voulu y voir une œuvre de Tertullien, pro-montaniste en 203, avant qu'il ne devînt vers 213 montaniste déclaré. Ainsi s'expliqueraient, non seulement la prise de position du prologue de la Passion, mais encore les dons charismatiques qui sont le privilège des martyrs au cours de leur détention. Je commence par examiner ces dons avant de m'intéresser au prologue.

L'attitude des martyrs carthaginois à l'endroit du montanisme peut être testée au moyen de plusieurs critères: les usages liturgiques aberrants, le rôle de la hiérarchie, les visions, l'intervention directe de l'Esprit.

Un seul usage liturgique aberrant a été signalé dans la première vision de Perpétue. Dans le jardin où se tenait le berger, elle reçut de lui une bouchée de fromage qu'elle mangea les mains jointes, pendant que l'assistance disait: Amen. Au bruit de leurs voix, elle s'éveilla, mâchant encore elle ne savait quelle douceur (4, 5-6). Sur la foi d'Epiphane qui range les artotyrites (c'est-à-dire ceux qui célébraient l'eucharistie au pain et au fromage) à la suite des montanistes, on a voulu voir d'abord dans cet usage singulier un usage montaniste, ensuite en Perpétue une adhérente de la secte. Pierre de Labriolle a montré la faiblesse de l'argumentation.

En ce qui concerne la hiérarchie, les textes autobiographiques des martyrs ne nomment qu'un catéchiste, deux diacres, un prêtre-docteur et son évêque. Saturus est désigné par la périphrase: *quia ipse nos aedificaverat* (4, 3). Qu'il ait été, avant leur arrestation, l'instructeur des catéchumènes est confirmé par le fait que, se sentant responsable d'eux et n'ayant pas été avec eux quand ils furent arrêtés, il se livra de lui-même (*Ibid.*). Je suppose qu'il a voulu compléter leur instruction en prison où ils furent baptisés. Faut-il rapprocher Saturus de ces „didascales" dont la fonction, ni liturgique ni charismatique, était d'enseigner? Il est difficile de le décider.

Plus clair est le cas des *benedicti diaconi qui nobis ministrabant* (3, 4), Tertius et Pomponius. Le „ministère" d'assistance qu'ils ont exercé auprès des prisonniers est encore très proche de la fonction pour laquelle avaient été institués les sept premiers diacres (Ac 6, 1-4). Des deux de la Passion, c'est avec Pomponius que Perpétue semble le plus liée (6, 4); c'est aussi lui qui intervient dans une de ses visions (10, 1). La vénération sans équivoque dont ils sont entourés contraste avec la présentation ambiguë qui est faite des autres hiérarques.

En effet, le prêtre-docteur Aspasius et l'évêque Optatus paraissent dans la vision de Saturus (13). Celle-ci nous révèle quelques détails, inconnus par ailleurs, de l'histoire primitive de l'Eglise de Carthage; mais elle nous renseigne aussi sur les sentiments des martyrs à l'égard de leurs chefs religieux: en leur parlant et en les embrassant (13, 1-2), ils leur témoignent de la charité; mais les remontrances qu'ils leur font adresser par des anges montrent un curieux mélange, plus ou moins conscient, du devoir de la correction fraternelle qui met les martyrs sur un plan d'égalité avec leur hiérarchie et de la délicatesse avec laquelle ils en usent en lui faisant adresser cette correction par l'intermédiaire d'une hiérarchie céleste. Il y a donc des nuances dans leur comportement à l'égard des diacres, d'une part, des évêque et prêtre, de l'autre. Serait-ce le signe d'une différence qui se creuse entre ceux qui, à l'intérieur de la hiérarchie ecclésiastique, sont toujours considérés comme exerçant un service et ceux qui sont déjà perçus comme détenteurs d'un pouvoir?

On a raison d'insister sur l'importance du phénomène visionnaire dans la *Passio Perpetuae*: les visions y occupent le tiers des chapitres. Mais comment les martyrs considèrent-ils eux-mêmes le charisme dont ils bénéficient? Notons d'abord la réaction du frère de Perpétue. Il lui dit: „Madame ma sœur, maintenant que te voilà en grande dignité, tu peux demander à Dieu une vision" (4, 1). La dignité de Perpétue lui vient de sa confession et de son incarcération et lui donne un titre au charisme visionnaire. Perpétue partage cette manière de voir et le dit. Si donc la vision est considérée comme un charisme normal par les martyrs et leurs familiers, quel en était l'objet? Il peut consister à faire connaître l'avenir: le sens prophétique de sa première et dernière vision est dégagé par Perpétue elle-même. Mais la vision a surtout pour but de révéler le sens religieux des événements présents: une vision apprend à Perpétue que son martyre est un combat contre le diable (10, 4); deux autres lui font savoir, ainsi qu'à Saturus, l'enjeu eschatologique du combat (4, 4-5; 11-12); deux autres encore ont trait au pouvoir d'intercession des martyrs auprès des vivants (13) comme auprès des morts (7-8). Le charisme a donc en définitive une fonction très diversifiée et constitue le martyr comme interlocuteur valable de la part et auprès de Dieu, dignité qui lui est reconnue par la hiérarchie institutionnelle elle-même.

Les sollicitations de l'Esprit ne s'adressent qu'à Perpétue. Lors de son baptême, dit-elle, „l'Esprit m'inspira de ne rien demander à l'eau, sinon l'endurance de la chair" (3, 3). L'usage selon lequel le néophyte peut obtenir des grâces au sortir du baptême est attesté par Augustin. Le même rapporte un miracle dont fut l'objet un autre néophyte[114]. Dans la Passion, Perpétue demande la grâce pour elle-même et elle adresse sa demande à l'Esprit. Selon Augustin, en revanche, le premier des épisodes mentionnés est dû à une intervention surnaturelle, certes, mais mis en relation avec un songe et non avec l'Esprit. Un deuxième passage de la *Passio Perpetuae* joint explicitement l'Esprit à l'extase. Perpétue vient d'être malmenée par la vache furieuse et elle ne s'était rendu compte de rien: elle „revient à elle comme si elle avait dormi". Le rédacteur ajoute cette explication: C'est à ce point qu'elle avait été ravie en extase par l'Esprit", *adeo in spiritu et in extasi fuerat* (20, 3).

Ces divers tests ne montrent pas les martyrs en défiance vis-à-vis de l'institution, ni la hiérarchie en opposition avec les martyrs. La confiance est réciproque et totale. Tout au plus peut-on entrevoir des nuances, plutôt que des différences, se marquer à l'intérieur même de la hiérarchie, et ses représentants les plus élevés commencent à se caractériser par l'autorité plus que par le service, si du moins j'interprète correctement les réactions plutôt subconscientes de Saturus. Quoi qu'il en soit, ces textes révèlent aussi une mentalité de groupe plutôt que les idées d'une personne. Il y a dès lors urgence, certes, à distinguer le témoignage des martyrs de celui du compilateur pour fixer le niveau de leur culture respective, mais non pour déterminer l'aire de leurs idées communes. Aussi faut-il voir maintenant dans quelle mesure le compilateur partage ou refuse les idées des martyrs sur la mystique de l'Esprit.

Le compilateur exprime sa manière de voir dans le prologue et l'épilogue de la Passion. Le prologue met en parallèle „les exemples de foi des anciens", *vetera fidei exempla* (que la suite permet d'identifier avec les prophéties de l'Ecriture), et les *nova documenta* ou „témoignages nouveaux" que sont les visions des martyrs (1, 1). Les uns et les autres attestent „la force inchangée de l'Esprit toujours le même", *unam virtutem Spiritus unius sancti*. Bien plus, au lieu de céder au préjugé d'autorité dont jouissent les pièces anciennes, le fidèle devrait accorder la préférence aux faits récents. Ils prouvent en effet „ce débordement de grâces, prédit pour les derniers temps du monde" (1, 2). Vient alors la citation de Jl 3, 1-3, selon la relecture d'Ac 2, 17-18 (1, 3). De ce fait, aux prophéties anciennes sont équiparées les visions nouvelles, les martyrs sont présentés comme les successeurs des prophètes, et au même titre que les écrits de ceux-ci, les notes laissées par ceux-là doivent être rangées „parmi les livres sacrés de l'Eglise", *ad instrumentum ecclesiae deputamus*, et faire l'objet de relations écrites et de lectures liturgiques (1, 4). Il est donc nécessaire, conclut le prologue, que „vous aussi, qui avez été présents à ces événements, vous vous souveniez de la gloire de Dieu, et que, en les entendant raconter maintenant, vous soyez en communion avec les saints martyrs et par eux avec le Seigneur Jésus-Christ" (1, 5). Ces mêmes idées sont reprises dans la conclusion, qui est beaucoup plus brève:

> *Celui qui exalte, honore et adore (la gloire de notre Seigneur Jésus-Christ), doit lire ces nouveaux témoignages non moindres que les anciens pour l'édification de l'Eglise. Ces manifestations nouvelles attestent de nos jours l'action de l'Esprit-Saint toujours un et identique (22).*

Il y a évidemment des ressemblances entre les écrits des martyrs et l'exposé du compilateur: de part et d'autre il est question de visions et d'Esprit. Ce qui s'explique sans doute dans le climat de ferveur religieuse dans lequel la persécution de 203 semble avoir plongé l'Eglise de Carthage. De ce point de vue donc le compilateur est tributaire de la même mentalité de groupe que les martyrs. Il y a cependant entre eux des différences non moins évidentes. Le compilateur, d'abord, ne parle pas de liturgie ou de hiérarchie (peut-être parce qu'il n'en a pas eu l'occasion). Il met ensuite sur le même pied que les Ecritures canoniques les Actes des martyrs. A ces différences matérielles s'ajoutent des différences d'accent. Les martyrs donnent en vrac des impressions et des expériences que le compilateur présente en synthèse et dont il tire une règle. Dans sa synthèse, les visions sont un don de l'Esprit, mais la règle concerne l'*instrumentum ecclesiae*. Il considère comme tel, non seulement les Ecritures canoniques, mais encore les écrits autobiographiques des martyrs. Les unes et les autres bénéficient à ses yeux de l'inspiration divine. Bien plus, en raison de Jl 3, 1, les écrits des martyrs devraient avoir une autorité supérieure à celle de l'Ecriture.

Ce sont de telles idées et expressions qui avaient incité Pierre de Labriolle à voir en Tertullien l'auteur du prologue et de l'épilogue de la *Passio Perpetuae* et à y trouver son état d'esprit à une période immédiatement antérieure à son passage au montanisme. Mais voilà: Tertullien ne peut être le compilateur de la Passion pour des raisons philologiques[115]. On voit tout de suite l'intérêt de cette conclusion du point de vue qui nous occupe ici. Ces idées pré-montanistes étaient dans l'air à Carthage au moment de la persécution. Elles sont le reflet d'une mentalité de groupe; mais elles le sont avant que, dans ce groupe, on ait pris position pour ou contre le montanisme. Avec un décalage d'un quart de siècle, nous vérifions à Carthage la même situation qu'à Lyon; et dans les deux cas, cette situation est celle d'un lendemain de pogrom contre les chrétiens. On peut donc se demander si, ici et là, les poursuites contre les chrétiens n'ont pas joué le rôle de catalyseur dans la cristallisation du montanisme. Avec une différence cependant: à Carthage nous savons que la cristallisation s'est faite dans la personne de Tertullien; si à Lyon elle ne s'est pas faite, l'idée se présente spontanément d'en attribuer la responsabilité à Irénée. Cela veut dire aussi que, pour devenir montaniste, il a fallu survivre à la persécution, sans que cette condition suffise cependant pour expliquer pareille évolution. Ce qui, de toute façon, met hors de cause les martyrs, mais laisse ouvert le problème pour l'évolution ultérieure du compilateur vers le montanisme.

Il faut encore expliquer la différence de niveau culturel entre martyrs et compilateur. On a noté la pauvreté de vocabulaire et de style des uns, surtout de Perpétue, en comparaison de l'aisance de l'autre dans l'art d'écrire. Je veux m'arrêter, pour ma part, à l'usage qu'ils font de la Bible. Dans leurs écrits, les martyrs témoignent, certes, de connaissances bibliques; la Bible est présente, mais de manière diffuse, en raison des thèmes évoqués et non de citations expresses. Je n'ai relevé que peu de citations implicites dans le récit de Perpétue[116]. La Bible est au contraire explicitement citée par le compilateur. Ses citations entrent dans sa démonstration: ainsi dans le prologue (Jl 3, 1-3). Elles affleurent dans ses transitions (14: Lc 2, 35 VULG.). Elles ornent son récit du martyre (19, 1: Jn 16, 24; 19, 4: 1 Co 16, 13). Voulues ou spontanées, elles dénotent chez le compilateur une connaissance directe de la Bible, qui ne résulte pas seulement de lectures entendues au cours de l'office liturgique, mais de lectures personnelles. Elles dénotent du même coup une culture supérieure à celle des martyrs.

Il vaut sans doute la peine de noter, avant de terminer ce chapitre, qu'en dehors des textes analysés jusqu'à présent, les phénomènes charismatiques sont rarement mentionnés dans nos Actes. Adolf Harnack avait souligné ceux des Actes de Carpus et compagnons: Papylus, originaire de Thyatire (A 27), un des hauts lieux de l'Esprit au temps de Montan, la vision de Carpus au moment de mourir (A 39), son influence contagieuse sur Agathonicé qui se précipite volontairement dans le bûcher (A 42ss). Il est vrai qu'Harnack fut beaucoup plus réservé plus tard dans l'interprétation de ces faits[117]. Qu'il y ait eu, en revanche, un „partisan de l'hérésie phrygienne" parmi les compagnons de prison de Pionius (M. Pion. 11, 2) n'a qu'une valeur anecdotique.

* * *

Que conclure de ces faits, aussi bien ceux qui concernent la mystique christologique que celle de l'Esprit?

Si on considère les deux séries dans l'ordre chronologique, on constate un étonnant parallélisme des lignes de leur évolution. Bien plus, elles se rejoignent souvent sur les mêmes textes. Ainsi le Martyre de Polycarpe, la Lettre des Lyonnais, la Passion de Perpétue témoignent en faveur de la mystique du Christ et de celle de l'Esprit. Après, elle est absente de nos écrits martyrologiques. Cela ne veut pas dire que la mystique disparaisse du cœur des martyrs avec Perpétue. Cyprien fait état à plusieurs reprises de visions dont il a été favorisé. Les Passions africaines continuent à en signaler chez leurs héros.

C'est pourquoi il faut compléter le critère chronologique par le géographique. En un premier temps, c'est dans les écrits hagiographiques d'origine ou d'influence asiatique que les thèmes mystiques connaissent une faveur certaine. Avec la Passion de Perpétue ils s'acclimatent dans l'hagiographie africaine et y prolifèrent, comme en témoignent les Passions de Marien et de Jacques, de Lucius et de Montan. L'exemple de Cyprien montre que la mystique s'acclimate aussi dans la mentalité africaine. Mais l'exemple de Cyprien est ambigu, car si les phénomènes mystiques se sont vérifiés dans sa vie, ils ont disparu, sinon de sa biographie, du moins de ses Actes. Est-ce un effet du contrôle que la hiérarchie aurait exercé sur la composition des Actes, pour en éliminer les tendances montanistes qui s'étaient frayé une voie dans la Passion de Perpétue? Je ne sais. En tout cas, on voit alors un clivage se produire dans l'hagiographie africaine: la mystique continue à prospérer dans le genre littéraire des Passions, il n'existe pas dans celui des Actes.

VI. LE MARTYRE COMME PAROUSIE

On a remarqué la rareté du mot paradis dans le Nouveau Testament (Lc 23, 43; 2 Co 12, 4; Ap 2, 7)[118]. Nos textes hagiographiques donnent une impression semblable. D'une part, de toutes les images de l'au-delà, celle du paradis y est la plus rare, alors qu'on y trouve fréquemment celle du festin ou de la couronne. De l'autre, on se préoccupe moins de l'au-delà lui-même que de la rencontre avec le Christ qui en ouvre l'accès. C'est pourquoi, le martyre n'est pas d'abord une ouverture sur l'eschatologie chrétienne des premiers siècles, il est essentiellement une parousie du Christ venant à la rencontre de ses témoins.

A la base de cette conception, il y a une conviction: l'au-delà existe, les justes y recevront leur récompense. C'est ce qu'exprime Justin dans ses réponses au préfet Rusticus:

> *Préfet*: Quand tu auras subi la peine de la décapitation, crois-tu que tu seras prêt à monter au ciel?
> *Justin*: J'espère y avoir ma récompense si je supporte ce supplice. Je sais en effet qu'à tous ceux qui vivent avec droiture est réservée la faveur divine, en attendant l'embrasement (final) de l'univers.
> *Rusticus*: Ce que tu supposes donc, c'est d'aller au ciel pour y avoir une bonne récompense?
> *Justin*: Je ne le suppose pas, je le sais parfaitement et j'en suis convaicu (*A. Just.* 5, 1-3)[119].

Il est remarquable que Justin partage cette conviction avec d'autres martyrs et que, pour l'exprimer, il se serve d'expressions analogues, en particulier du verbe $\pi\lambda\eta\rho o\varphi o\rho\epsilon\tilde{\iota}\nu$[120]. Mais ce à quoi je voudrais m'attacher ici, c'est de montrer quelles images traduisent cette conviction et ce qu' elles peuvent nous révéler des conceptions eschatologiques des martyrs. Leurs conceptions de l'au-delà s'organisent autour de trois idées fondamentales: le triomphe, le paradis et les noces. Les images du sein d'Abraham et des tentes éternelles sont absentes de leur esprit. On doit souligner tout de suite aussi que, sauf dans la Lettre des Lyonnais et, à un moindre degré, dans la Passion de Perpétue, où cette imagerie apparaît avec une densité et une richesse exceptionnelles, elle n'est ailleurs que fugitive.

1. Le triomphe

L'idée du triomphe s'exprime deux fois dans l'image du cortège, plus fréquemment dans celle de la couronne du vainqueur.

L'image du cortège triomphal est d'abord dans la Lettre des Lyonnais (1, 29): Pothin y est associé au triomphe du Christ. Elle y a des racines néo-testamentaires (2 Co 2, 14; Col 2, 15).

Il semble que la même image ait été présente aussi à l'esprit du compilateur de la Passion de Perpétue. Il associe, en effet, le *dies victoriae* au cortège des martyrs qui s'avance de la prison vers l'amphithéâtre (*P. Perp.* 18, 1). De ce cortège, les organisateurs des jeux avaient voulu faire une procession païenne, en travestissant les hommes en prêtres de Saturne, les femmes en prêtresses de Cérès. Ceux-ci refusèrent le simulacre au nom de leur liberté religieuse dont ils allaient payer le prix avec leur vie. C'est la raison pour laquelle, me semble-t-il, le compilateur, en associant la „procession" des martyrs à leur „victoire", a transformé d'une manière plus ou moins consciente leur défilé en un „cortège triomphal". Mais il le suggère plus qu'il ne l'exprime.

Quant à l'image de la couronne, elle paraît deux fois dans le Martyre de Polycarpe (17, 1; 19,2)[121], trois fois dans la Lettre des Lyonnais (Prol. 4; 1, 36; 1, 42)[122], une fois dans les Actes des Scillitains (17) et le Martyre de Pionius (22, 2) et deux fois dans les Actes grecs d'Euplus (2, 2; 2, 4). Cette couronne est dite d'immortalité (*M. Polyc.* 17, 1; 19, 2; *L. Lyon.* 1, 2), incorruptible (*L. Lyon.* 1, 36), imputrescible (*A. Eupl.* gr 2, 4), ou de la foi orthodoxe (*Ibid.* 2, 2). Les deux premières qualifications se retrouvent chez les Pères[123]. Elles ont des racines bibliques[124].

La couronne, qui a été attirée dans l'imagerie du triomphe par l'idée du combat, peut avoir des équivalents. Le plus fréquent est le *bravium*, βραβεῖον. L'équivalence des deux mots est fortement soulignée dans le Martyre de Polycarpe (17, 1), où ils sont mis en parallèle. Le Martyre d'Apollonius (47), en revanche met en relief le rapport du mot avec la victoire comme prix du combat contre le diable: παλαίσας τῷ πονηρῷ, τὸ βραβεῖον τῆς νίκης ἐκομίσετο.

Un symbole semblable est dans la Passion de Perpétue. L'arbitre de son combat avec l'Egyptien portait d'une main l'insigne du laniste, de l'autre „un rameau vert sur lequel brillaient des pommes d'or" (10, 4). La signification du rameau est expliquée: si Perpétue l'emporte, elle le recevra. Effectivement, après son triomphe, elle le reçut. Elle conclut son récit en disant: „je compris que je n'aurais pas à combattre les bêtes, mais le diable, et je sus que j'aurais la victoire" (*Ibid.* 10, 6-7). Cette image aussi est biblique et patristique[125].

Si la couronne fut à l'origine l'insigne de leur victoire, l'idée de royaume et de règne lui semble avoir été très tôt associée. Il est vrai que les mots βασιλεία et βασιλεύειν commencent par figurer dans les doxologies martyrologiques, où ils désignent le règne éternel du Christ[126]. Aussi bien cette manière de faire est-elle déjà en usage surtout dans l'Apocalypse à propos du Christ (11, 15, 17; 19, 6). Les Actes des martyrs Scillitains (17) se terminent cependant par une doxologie dans laquelle non seulement le martyre est identifié à la couronne, mais encore associé au règne de la Trinité. Il en est de même des doxologies figurant dans les additions du Martyre de Polycarpe (22, 2-3). Cette phraséologie et cette conception sont aussi dans l'Apocalypse (20, 4; 22, 5).

Au martyre est parfois associé le thème du parfum. Les martyrs lyonnais répandent „la bonne odeur du Christ", quand ils se rendent au supplice, au point qu'on se demandait s'ils ne s'étaient point parfumés (1, 35). Selon le Martyre de Polycarpe, c'est le corps brûlé du martyr qui répand cette odeur (15, 2). Dans la *Passio Perpetuae* (13, 3), le parfum est la nourriture des bienheureux dans l'au-delà. Le thème du parfum se rattache d'abord à l'idée vétéro-testamentaire que le sacrifice agréé par Dieu est un sacrifice de bonne odeur. C'est en ce sens qu'il faut interpréter le partum répandu par le corps brûlé de Polycarpe: son holocauste a été agréé par Dieu, le parfum répandu en est le signe. Ce sens fondamental est développé par l'idée de la „bonne odeur du Christ". Celle-ci caractérise dorénavant ceux dont la vie, avant la mort, était d'agréable odeur à Dieu. En ce sens nouveau l'expression est employée dans la Lettre lyonnaise. En ce même sens doit s'entendre le cliché postérieur du parfum répandu par le corps des saints. Mais l'odeur n'est pas seulement discriminatoire entre les bons et les mauvais, elle est finalement aussi, selon 2 Co 2, 14-16, principe de vie ou de mort: c'est l'autre sens qui est dans la Passion de Perpétue où le parfum indicible devient aliment d'éternité pour les martyrs arrivés au paradis. Ces analyses prouvent que le thème s'est finalement détaché de celui du triomphe, auquel 1 Co 9, 25, l'avait d'abord lié[127].

2. Le paradis

Comme dans le Nouveau Testament, l'image du paradis est rare dans les pièces analysées. Elle ne se trouve évoquée que dans la Passion de Perpétue, mais elle l'y est à plusieurs reprises.

Dans sa première vision, après avoir gravi les derniers degrés de l'échelle, Perpétue voit s'ouvrir devant elle „l'immense étendue d'un jardin". En son milieu se tenait „un berger de haute taille, occupé à traire les brebis" (4, 5). La vision de Saturus comporte une évocation analogue. Après leur mort, les martyrs sont transportés „vers l'orient" (11, 1). Ils montent au dessus du „premier monde" (11, 2). La suite du texte mérite d'être citée en entier:

> *Nous vîmes une lumière immense ... Nous arrivâmes dans un grand espace qui ressemblait à un parc planté de rosiers et de fleurs de toutes sortes. Les rosiers avaient la taille de cyprès et leurs feuilles étaient toujours vertes (en latin:* tombaient sans cesse; *en grec:* étaient agitées sans cesse)[128] *Quatre anges, plus brillants que les premiers, nous attendaient dans le jardin ... Nous entrâmes dans un lieu dont les parois étaient semblables à de la lumière. Devant la porte se tenaient quatre anges qui, avant notre entrée, nous revêtirent de robes blanches. Nous entrâmes et nous entendîmes des voix qui chantaient à l'unisson et sans interruption: Saint! saint! saint! Dans le même endroit nous vîmes un homme aux cheveux blancs comme la neige. Il avait le visage jeune et nous ne voyions pas ses pieds. A sa droite et à sa gauche se tenaient quatre vieillards et derrière eux beaucoup de personnes. Nous entrâmes pleins d'admiration et nous arrêtâmes devant le trône. Quatre anges nous soulevèrent et nous embrassâmes au front le Seigneur qui, de sa main, nous caressa le visage. Les autres vieillards nous dirent: Debout! Nous nous levâmes et nous donnâmes la paix. Ils nous dirent: Allez et jouez! (11, 2-3; 12, 1-4).*

De cette évocation paradisiaque, voici d'abord les éléments bibliques. Le paradis est „à l'orient" comme en Gn 2, 8; en un lieu élevé aussi, auquel Perpétue monte par une échelle, alors que Saturus et sa compagne y sont portés par des anges. L'échelle semble avoir été suggérée par celle de Jacob (Gn 28, 12). La Passion compare deux fois le paradis à un jardin (4, 4; 11, 2). C'est de toute évidence celui de Gn 2, 8ss. Le paradis des origines doit être réouvert à la fin des temps[129]. Les rosiers qu'y voit Saturus et qui ont la taille des cyprès (11, 2; 13, 2) peuvent être une réminiscence de l'Ecclésiastique: là, ce sont la Sagesse et ses pieux enfants qui grandissent comme les roses de Jéricho, plantées au bord d'un cours d'eau (Si 24, 14; 39, 13; cf. 50, 8).

Alors que dans la vision de Perpétue le jardin n'est pas compartimenté et que le pasteur chenu qui symbolise le Seigneur s'y tient pour traire les brebis, la vision de Saturus, au contraire, distingue du jardin la résidence du Seigneur. Celle-ci est décrite à la manière de la Jérusalem nouvelle dont les murs sont faits de pierres précieuses et la lumière est le Seigneur lui-même (Ap 21, 11; 22, 5).

Le Seigneur, je viens de le dire, est vu sous l'aspect d'un homme chenu, assis. Ces particularités, communes aux deux visions, se précisent dans la seconde. Pour Saturus, en effet, l'homme a des cheveux couleur de neige et le visage jeune, il est assis sur un trône élevé. C'est l'attitude du Seigneur Iahvé dans la vision d'Isaïe (6, 1) et de Daniel (7, 9). Les deux visions font aussi du paradis la scène d'une liturgie, terrestre et para-eucharistique pour Perpétue (4, 5), céleste pour Saturus, selon lequel les martyrs revêtent une tenue blanche pour paraître devant le Seigneur et ils y entendent le chant du Trisaghion (12, 1). C'est le rituel d'Is 6, 3, repris et orchestré par Ap 6, 11; 4, 8).

A côté de ces éléments bibliques, il y en a d'autres qui proviennent de la littérature visionnaire et apocalyptique qui a fleuri aux alentours de l'ère chrétienne. John Armitage Robinson a distingué deux ouvrages dont l'influence a été déterminante sur la Passion de Perpétue: le Pasteur d'Hermas et ce qu'il appela l'Apocalypse de Pierre. Sa démonstration me paraît en effet convaincante en ce qui concerne le Pasteur, mais elle aurait besoin d'être mise à jour en ce qui concerne la deuxième source. Ce n'est pas le lieu de le faire ici. C'est pourquoi, il suffit de relever les particularités d'origine apocalyptique: anges-porteurs des martyrs, cieux successifs, arbres géants du paradis, lumière merveilleuse, vêtements blancs sont autant de thèmes qui ont des attaches bibliques, mais dont la littérature visionnaire a fait un usage caractéristique[130].

3. Les noces

Le dernier thème parousiaque à examiner est celui du martyre considéré comme un mariage entre le chrétien et son Dieu. Ce thème comporte des composantes secondaires dans la mesure où l'Eglise est entendue comme l'épouse du Christ et la mère des fidèles. L'Eglise n'est pas cependant une abstraction, elle est concrètement réalisée dans tous ses membres, en particulier en ses martyrs. Ceux-ci, en effet, vont à leur mort comme à une noce, ils souffrent les douleurs de l'enfantement en ramenant les renégats à la foi, ils méritent ainsi le titre d'épouse du Christ. Ces idées sont le propre de la Lettre des chrétiens de Lyon[131] et s'expliquent comme un amalgame de conceptions bibliques.

Le thème le plus fréquent est celui de la mère. La Lettre lyonnaise le développe surtout à propos des renégats. Parmi les chrétiens arrêtés, si la plupart étaient prêts au martyre, quelques-uns en furent incapables, une dizaine environ renia sa foi. Le rédacteur appelle cette apostasie un „avortement" (1, 11)[132]. Ces renégats revinrent cependant à de meilleurs sentiments grâce a l'intercession des martyrs. Ce retour fut pour eux comme une nouvelle naissance. Il faut citer le passage qui le rapporte:

> *Par les vivants étaient vivifiés les morts et les martyrs donnaient la grâce à ceux qui n'avaient plus la vie. Ce fut une grande joie pour la vierge mère, τῇ παρϑένῳ μητρί, de recevoir vivants ceux qu'elle avait rejetés morts de son sein. Par eux en effet la plupart des apostats se mesurèrent à nouveau; ils furent une seconde fois conçus et ranimés: ils apprirent à confesser leur foi; et ce fut vivants désormais et affermis qu'ils se présentèrent au tribunal pour y être interrogés par le gouverneur; Dieu ne veut pas la mort du pécheur (Ez 12, 23; 33, 11), mais se montre indulgent pour les repentants. Ainsi cette démarche leur fut-elle plus douce (1, 45-46).*

La même image est reprise à propos des „entrailles maternelles" que les martyrs avaient pour les repentis (2, 6). Dans le même sens enfin, il faut entendre la comparaison faite au sujet d'Alexandre, qui fut parmi ceux qui facilitèrent le retour des renégats:

> *Il se tenait debout auprès du tribunal et par signe il les encourageait à la confession: il paraissait à ceux qui entouraient le tribunal éprouver les douleurs de l'enfantement, ὥσπερ ὠδίνων (1, 49).*

En somme, en parlant de la „vierge mère" dont les renégats sont les enfants morts nés, la Lettre ne pense pas du tout à la vierge Marie (c'est notre théologie accommodatice d'aujourd'hui qui l'y introduit); mais à l'Eglise qui, tout en étant la mère des enfants de Dieu, demeure vierge sous l'action de l'Esprit[131]. De plus, cette conception de l'Eglise n'a pas le caractère abstrait ou hiérarchique qu'elle prendra par la suite; l'Eglise, ce sont les martyrs[134].

Cette conception concrète est éminemment biblique. Le thème de la mère occupe en effet une place importante dans l'Ecriture[135], d'où elle est passée directement dans la Lettre des Lyonnais et apparaît pour la première fois dans la littérature patristique[136].

La figure de la mère présuppose celle de l'épouse. Celle-ci se rencontre fugitivement dans la Passion de Perpétue (18, 1). L'expression *matrona Christi* y comporte en effet toutes les connotations de la matrone antique, mais se comprend en définitive dans le contexte idéologique de la martyre à la fois épouse et mère. Dans la Lettre sur les martyrs de Lyon le thème se retrouve trois fois, toujours à propos de la fidélité du chrétien à ses engagements. Leurs chaînes de prisonniers sont ainsi pour les martyrs une parure de mariée comparable à celle de Ps 45 (44), 14 = Ap 21, 2 (1, 35). Alors que les martyrs ont revêtu la tenue réclamée par l'évangile pour les invités aux noces (Mt 22, 11-13), „les fils de perdition" ne possèdent pas „la robe nuptiale" (1, 48). A son tour enfin, Blandine se hâte de suivre ses compagnons de martyre, „pleine de joie et d'allégresse de son départ, comme si elle était invitée à un festin de noces" (1, 55).

Dans ce dernier passage, le thème des noces est explicitement lié à celui du festin. Ce même lien est noué dans les Actes de Carpus. Agathonicé, qui assistait au supplice de celui-ci, l'avait entendu proclamer la gloire de Dieu qu'il contemplait. Elle se sentit alors appelée à son tour au martyre et s'écria: „Ce festin est aussi préparé pour moi. Il faut que j'ai ma part à ce glorieux festin" (*A. Carp*. B 42). Le texte hagiographique cite ici la parabole du festin nuptial: τὸ ἄριστόν μου ἑτοίμακα (Mt 22, 4).

On voit donc, dans nos Passions comme dans le Nouveau Testament, confluer un double courant: l'un est celui du festin messianique auquel Iahvé convoque tous les peuples (Is 25, 6-10); l'autre, celui du mariage d'amour qu'il a conclu avec le peuple de l'Alliance (Os 2, 19; Is 54, 4-10; 62, 4-5; Ez 16). Ils se rejoignent dans le Nouveau Testament dans le thème du festin nuptial de la fin des temps[137]. Mais on voit en même temps réapparaître dans le thème nuptial du martyre une autre ligne de force. Le martyre, nous l'avons vu, est un second baptême[138]. Or, la liturgie baptismale avait déjà dans les commentaires patristiques de fortes résonnances nuptiales[139]. Il ne faut donc pas s'étonner de les entendre s'achever dans cette théologie nuptiale du martyre.

* * *

Quand on a parcouru les Actes des martyrs, choisis parmi ceux qui peuvent compter au nombre des documents authentiques, on reste impressionné par la richesse de leur substance scripturaire. Celle-ci peut se calculer par le relevé comptable des citations qui ont été ou qui peuvent avoir été faites dans les textes hagiographiques anciens. Elle résulte cependant avant tout de la densité et de la profondeur avec laquelle s'affirme à chaque page de nos Actes la pensée et la parole du texte sacré.

Cette richesse ne laisse pas cependant de poser quelques problèmes. Je les grouperai autour de trois chefs: les problèmes thématiques, les problèmes hagiographiques, les problèmes historiques.

Tous les thèmes analysés ne sont pas également présents dans nos textes et n'offrent pas un égal enracinement biblique. Nous avons pu le constater en particulier à propos du martyre considéré comme sacrifice. L'idée que le martyr est le „froment de Dieu", qu'il doit être „moulu par la dent des bêtes" et „cuit" au feu du bûcher, est une très belle idée ignatienne qu'on ne s'étonne pas de voir continuée dans le Martyre de Polycarpe. Mais elle ne dépasse pas les limites étroites de ce cercle. De plus, elle ne s'enracine pas dans un terroir biblique précis. C'est, je crois, une illusion de certains patristiciens d'aujourd'hui de la croire présente à nos documents authentiques et anciens. Je ne l'ai pas trouvée en eux en dehors du Martyre de Polycarpe.

Si le thème du martyre-sacrifice est un cas limite, la même situation se retrouve, toutes proportions gardées, pour d'autres. Le vocabulaire et le thème du combat sont ainsi très inégalement présents dans nos Actes[140]. Celui du martyre-second baptême ne figure que dans la Passion de Perpétue[141] et une autre Passion africaine du IIIe siècle[142]. Si la mystique christologique est le lot de beaucoup de martyrs, les dispositions charismatiques et prophétiques, en revanche, ne semblent l'apanage que des martyrs lyonnais en 177 et carthaginois en 203[143]. De même, si la couronne du triomphe est ambitionnée par la plupart de nos martyrs ou accordée à eux[144], les thèmes du parfum, du paradis, des noces et du festin sont de nouveau exceptionnels. A l'opposé reviennent avec régularité dans nos textes les mêmes formules de profession de foi et les mêmes conceptions du martyre-témoignage.

Aussi pouvons-nous distinguer finalement deux niveaux thématiques, entre lesquels la séparation n'est d'ailleurs pas absolue: d'une part, celui du martyre comme témoignage, confession et combat de la foi, qui est pour ainsi dire le niveau commun à toute notre littérature martyrologique et, dans une certaine mesure, à l'ensemble de nos martyrs; de l'autre, celui du martyre comme nouveau baptême, action de grâces et parousie du Christ, qui est souvent le fait des hagiographes, plus rarement celui des martyrs. Nous voyons aussi, dans la quinzaine de textes examinés, en émerger deux ou trois dont la thématique scripturaire approche de la moyenne ou la dépasse: le Martyre de Polycarpe, la Passion de Perpétue et la Lettre des Lyonnais. Du même coup se posent ainsi les problèmes de caractère proprement hagiographique.

Ces problèmes hagiographiques se posent d'abord en fonction du genre littéraire de nos textes. J'avais écarté ces problèmes de l'introduction et de l'analyse des thèmes scripturaires et les avais réservés pour la conclusion. Il est en effet normal qu'ils se posent ici, puisque l'utilisation de l'Ecriture se révèle comme un des procédés littéraires les plus caractéristiques de nos compositions hagiographiques. Or, du point de vue de l'utilisation des thèmes scripturaires, une différence assez nette apparaît entre le Martyre de Polycarpe, la Lettre des Lyonnais et la Passion de Perpétue, d'une part, et les autres textes, de l'autre. Ces autres textes sont en majorité des Actes des martyrs. Une première approximation permet donc de conclure que les citations scripturaires sont exceptionnelles dans les Actes des martyrs et les textes qui s'en rapprochent, alors qu'elles sont nombreuses dans ceux qui s'en éloignent.

Une vérification doit permettre de préciser et nuancer cette approximation. Comme procès-verbaux d'audience, les Actes des martyrs ne se prêtent pas au déploiement de l'argument scripturaire. Il n'est cependant pas vrai qu'il en soit totalement absent. Ainsi la profession de foi, à moins qu'elle ne se réduise à une simple déclaration de christianisme: Je suis chrétien, en comportait normalement une. Il faut même ne pas exclure la possibilité de citations bibliques, au moins allusives, plus nombreuses. Les Actes grecs de Philéas, dont l'authenticité substantielle ne paraît pas discutable, en comportaient plusieurs. Mais cette possibilité devait être exceptionnelle.

En revanche, la multiplicité des citations caractérise surtout, mais pas uniquement ni principalement, le genre épistolaire: ainsi, à côté de la Lettre des Lyonnais qui bat le record des citations, celle des Smyrniotes (Martyre de Polycarpe) les comporte en nombre modéré. Un deuxième exemple de relative abondance scripturaire est fourni par la Passion de Perpétue. Elle nous permet en effet de mieux comprendre le cas du Martyre de Polycarpe. Les deux textes poursuivent la démonstration d'une thèse: celui-ci, la conformité du martyre de Polycarpe à l'évangile, celle-là, la continuité de l'action de l'Esprit dans et par les martyrs. Les deux démonstrations mettent en œuvre l'argument scripturaire et l'utilisent avec une certaine abondance. Il faut enfin tenir compte du Martyre de Pionius, où les citations se multiplient dans les discours prêtés au martyr, alors qu' elles gardent des proportions normales dans les parties narratives. Le développement de l'argument scripturaire est donc aussi lié à celui de la rhétorique de nos Actes. Il faut donc se garder d'uniformiser des situations variables, non seulement avec les genres littéraires, mais encore avec les époques.

Le critère chronologique nous achemine vers les problèmes historiques. L'exemple d'Ac 7, 59-60, prouve d'abord que l'argument scripturaire est connaturel à l'hagiographie chrétienne. Il explique aussi qu'on le retrouvera partout où l'auteur chrétien en verra la nécessité ou l'utilité pour son récit. Ainsi s'explique à titre de corollaire sa rareté dans les textes dus à un rédacteur païen. Quant à retracer l'évolution de l'argument, cela n'est pas facile, parce qu'elle ne s'est pas faite selon une ligne unique, ni selon un mouvement uniquement progressif. La preuve en est dans la diversité des genres littéraires dès les origines et dans l'abondance des citations scripturaires dans un des documents les plus anciens, à savoir la Lettre lyonnaise.

Ceci étant rappelé, on peut néanmoins tenir compte de l'évolution propre à chaque genre. Les Actes des martyrs ont évolué de la pauvreté initiale en citations de la Bible vers leur emploi abondant et systématique dans les recensions tardives. Un excellent exemple de ce mouvement nous est fourni par les diverses versions des Actes d'Euplus de Catane. Une accélération plus spectaculaire se produit de la Lettre des Smyrniotes à celle des Lyonnais, mais on ne peut malheureusement pas vérifier si elle a continué, parce que les deux documents sont les seuls de leur genre. Reste enfin le cas des Passions latines et des Martyres grecs dont l'évolution est analogue. Elle est sensible surtout dans leurs parties remaniées ou ajoutées. On le voit dans le prologue des Actes d'Agapé, Chioné et Irène, ou dans le prologue et la conclusion du Martyre de Pionius. Dans tous ces documents tardifs, la citation tourne au procédé. Elle ne trahit plus la familiarité du rédacteur avec la Bible; elle devient une coquetterie d'auteur, parfois un signe de sa virtuosité à jongler avec les textes de la Bible. Du récit hagiographique, elle est un ornement, elle n'en est plus la vie.

NOTES (Chapitre XV)

1 De ce chapitre, j'ai donné une rédaction abrégée: „Leçons bibliques sur les martyrs" dans *Le monde grec ancien et la Bible* sour la dir. de C. MONDESERT, *Bible de tous les temps*, I (Beauchesne, Paris 1984), p. 195-231. C'est pourquoi je me limite ici aux références essentielles: H. von CAMPENHAUSEN, *Die Idee des Martyriums*, p. 20-55, et surtout Th. BAUMEISTER, *Die Anfänge der Theologie des Martyriums*, qui est le seul à s'être occupé sérieusement des textes néotestamentaires sur le martyre.

2 H. DELEHAYE, *Sanctus*, p. 74-121.

3 J. RUYSSCHAERT, „Les ,martyrs' et les ,confesseurs' de la lettre",

4 p. 155-164, discussion de la communication, p. 164-166. *TWNT* 4, 477-520.

5 Voir V. SAXER, „Les 'Actes Martyrs anciens' chez Eusèbe de Césarée et dans les Martyrologes syriaque et hiéronymien", *Analecta bollandiana*, 102 (1984) 85-95.

6 C'est là que se trouvent, à l'exception des Actes des martyrs de la persécution de Dioclétien (Agapé, Chioné, Irène; Euplus de Catane; Philéas de Thmuis), les autres Actes ici analysés: Polycarpe; Carpus, Papylas, Agathonicé; Justin; martyrs de Lyon; Apollonius; Pionius; Philéas de Thmuis. Eusèbe ne connaît pas d'Actes occidentaux: Scillitains; Perpétue; Cyprien.

7 EUS. *H.E.* I, 1, 7.

8 Cf. *Index des mots grecs* de l'*Histoire ecclésiastique* d'Eusèbe, *SC* 73, 297ss. Sur Eusèbe de Césarée et son *Histoire ecclésiastique*, cf. *PW* 6, 1395-1407; *DHGE* 15, 1453-1456; W. VÖLKER,,,Von welchen Tendenzen"; G. LAZZATI, „Eusebio epitomatore"; ID., *Gli sviluppi*, p. 64-77.

9 M. *Polyc.* 14, 3; *A. Carp.* B 47; *A. Scill.* 17; *M. Apol.* 47; *M. Agap.* 7.

10 *A. Eupl.* lat. 2, 5.

11 *DACL* 4, 1525-1528; *LTK* 2 3, 534-536; *RlAC* 4, 210-226.

12 M. *Pion.* 4, 12-14; *A. Phil.* p. 24, 1. 1- p. 26, 1. 10. Les Actes de Philéas de Thmuis seront toujours cités d'après l'édition princeps de V. MARTIN, *Papyrus Bodmer XX*.

13 V. MARTIN, *Op. cit.* première partie, p. 18.

14 *Ibid.* p. 14-15.

15 M. SIMONETTI, *Studi agiografici*, p. 9ss.

16 *TWNT* 4, 512.

17 H. DELEHAYE, *Sanctus*, p. 80.

18 J. Ruysschaert, „Les martyrs et les confesseurs", p. 161.
19 Cf. supra p. 59ss. Il faut distinguer dans la Lettre trois niveaux documentaires: 1) le texte propre à Eusèbe, quand il introduit, raccorde et apprécie les divers extraits qu'il donne du document et révèle ainsi les habitudes linguistiques et la mentalité du IVe siècle; 2) les extraits de la Lettre, dont les coupures faites par Eusèbe limitent évidemment la valeur des statistiques qu'on peut en tirer et dont elles permettent néanmoins de suivre le dessin général. Ils nous livrent la mentalité du rédacteur de la Lettre et, à travers lui, de l'Eglise au nom de laquelle il écrit; 3) les déclarations des martyrs eux-mêmes dont le texte est soit littéralement reproduit soit rapporté *ad sensum*. Ce niveau est le plus profond et le plus archaïque.
20 Je ne me prononce pas sur le sens de ces mots dans les traités de Tertullien, ni de Cyprien où il est plus complexe.
21 *TWNT* 4, 511-514.
22 P. Franchi De' Cavalieri. „Di una nuova recensione", p. 39, n. 1.
23 *TWNT* 4, 511.
24 Que ces termes soient au contraire employés en *A. Just.* 6, 1, n'a rien d'étonnant, puisque le chap. 6 semble un remaniement des Actes datable du IVe s.
25 *TWNT* 4, 512.
26 W. Frend, „Blandine and Perpetua", p. 173-174; H. Kraft, „Die Lyoner Märtyrer und der Montanismus", *Ibid.*, p. 233-244.
27 V. Saxer, „L'authenticité", p. 997-998.
28 J. Ruysschaert, „Les martyrs et les confesseurs", *Ibid.*, p. 161-162.
29 *M. Polyc.* 12, 1; *L. Lyon.* 1, 19, 20, 50; *M. Just.* 3, 4; 4, 3, 5, 9; *A. Scill.* 10, 13; *M. Pion.* 18, 1.
30 *M. Pion.* 3, 3; *A. Phil.* p. 28, 1. 2-3.
31 *M. Apoll.* 2; *M. Pion.* 8, 3; 9, 6; 16, 3; 19, 2; *A. Cypr.* 1, 2; *M. Agap.* 5, 2; *A. Phil.* p. 44, 1. 1 = p. 45, 1. 1-3.
32 *M. Apoll.* 2; *A. Cypr.* 1, 2; *A. Phil.* p. 44, 1. 1 p. 45, 1. 1-3.
33 Ne 9, 6; Ps 146, 6; Ac 4, 24; 14, 15; 17, 24; Ap 10, 6; 14, 7. Hahn, *Bibliothek der Symbolen*, p. 6 (Iren. *Haer.* I, 9, 4), p. 21 (Aphraate), p. 28 (Credo) etc.
34 *Dict. théol. cath.* 3 (1938) 2058-2064.
35 *A. Scill.* 6; *A. Just.* 2, 5; *A. Phil.* p. 47, 1. 2-3.
36 Cf. p. ex. *A. Scill.* 5: Jn 1, 18.
37 *A. Just.* 2, 5; *M. Polyc.* 14, 1 et 3.
38 Is 42, 1-4; 49, 1-6; 50, 4-9; 52, 13-53, 12; Mt 12, 15-21.
39 *TWNT* 5, 653-713, surtout 698 à la fin.
40 *A. Just.* 2, 6; *M. Agap.* 4, 2; *A. Eupl.* 1, 4.
41 *TWNT* 8, 367-401; 4, 745-750.

42 *M. Apoll.* 36; *M. Pion.* 16, 4.

43 *A. Just.* 5, 5; *A. Carp.* 27, 31, 32, 41; *M. Agap.* 4, 2; *A. Phil.* p. 34, 67.

44 *M. Apoll.* 5, 26, 35; *M. Pion.* 4, 24; 8' 3; 9, 6.

45 *A. Phil.* p. 34, 1. 17- p. 36, 1. 1 = p. 35, 1. 6- p. 37, 1. 1.

46 *TWNT* 7, 1015-1022 (σωτήρ); 3, 1087-1094 (κύριος); 4, 126-140 (λόγος); 3, 105-109 (θεός).

47 *M. Polyc.* 14, 1; *M. Apoll.* 36; *M. Pion.* 8, 3; 9, 6; *A. Just.* 5, 3; *M. Pion.* 4, 24. D'autres Passions parlent seulement du jugement de Dieu: *A. Carp.* 30; *M. Polyc.* 25, 37, 42.

48 *TWNT* 9, 4-7 (révélation); 3, 936-942 (jugement). Pour l'action du Christ comme Sauveur, cf. supra n. 46.

49 *A. Just.* 2, 5; *A. Phil.* p. 36, lin. 7 = p. 37, lin. 3-9; p. 38, lin. 1-14.

50 *L. Lyon.* 1, 29, 42; *P. Perp.* 15, 3.

51 Ac 7, 59; *M. Polyc.* 14, 2; *M. Pion.* 21, 9.

52 *A. Just.* 5, 2; *M. Polyc.* 14, 2; *M. Apoll.* 46; *A. Carp.* A 41, B 27.

53 Th. CAMELOT, *Ignace d'Antioche*, p. 33-36, 116, n. 1.

54 Is 40, 18-20; 41, 6-7; 42, 8, 17; 44, 9-20; 45, 16, 20; 46, 6-7; Jr 2, 5-13; 10, 1-16; Os 2, 7-15; Ba 6 en entier; Sg 13, 10-15, 19.

55 Cf. note précédente.

56 Mt 15, 1-9; Mc 7, 1-12; Mt 16, 5-12; Mc 8, 16-21; Lc 12, 1; Mt 23 en entier.

57 La rhétorique seule ne suffit pas en effet à expliquer cette abondance. Il faut encore tenir compte de la violente polémique anti-juive que ces discours développent.

58 V. SAXER, *Saints anciens*, p. 21.

59 Cf. supra p. 39.

60 *Ibid.* p. 25-27 et ss.

61 IGN., *Rom.* 5, 2.

62 *M. Polyc.* 19, 2.

63 *Ibid.* 18, 3.

64 *P. Perp.* 10, 2-7. Cf. commentaire de C.I.M.I. VAN BEEK, *Passio Perpetuae*, p. 32-38; tr. fr. V. SAXER, *Saints anciens*, p. 48-49.

65 F.J. DÖLGER, *Die Sonne der Gerechtigkeit*, p. 52.

66 *Simil.* IX, 6, 1.

67 *Ibid.* IX, 12, 8. Cf. aussi *P. Mar. & Iac.* 7, 3, 6. Par contre, le renvoi à Sg 18, 16, est tiré par les cheveux. Cf. F.J. DÖLGER, IXΘΥΣ 2, p. 549-550, n. 4.

68 DAREMBERG-SAGLIO, 3/2, 1340-1347, figg. 4619-4620; 4/1, 754-760, fig. 5861.

69 1 S 17, 51; Jos 10, 24; Ps 109 (110), 1.

70 Ps.-TERT. *Ieiun.* 13.

71 *Porta Sanavivaria*, par opposition à la *Porta Libitinensis* par laquelle on emportait les morts et les mourants.

72 V. SAXER, *Vie liturgique*, p. 240-243; *DACL* 13, 2775-2782.

73 *TWNT* 1, 134-140.

74 1 Co 9, 24-27; 2 Tm 2, 5.

75 1 Th 2, 2; Col 1, 19; 1 Tm 6, 12; 2 Tm 4, 7.

76 2 Tm 4, 6-8; Ph 2, 16-17; 1 Tm 6, 12; Hb 10, 32-34; 11, 33-40; 12, 1-2.

77 2 Tm 4, 8; Jc 1, 13; Ap 2, 10; 9, 11; 6, 2.

78 Ap 2, 10; Hb 2, 14.

79 F.J. DÖLGER, „Gladiatorenblut und Martyrerblut"; ID., „Tertullian über die Bluttaufe".

80 DÖLGER, „Gladiatorenblut", p. 199-201; *DACL* 14, 430-431.

81 TERT. *Bapt.* 16; *Pud.* 22, 9; *Scorp.* 6; CYPR. *Epp.* 57, 4; 73, 22; *Fort.* praef. 4; ANON. *Rebapt.* 14; *Sing. cler.* 34.

82 Lv 14, 4ss.; Ex 24, 8.

83 DÖLGER, „Tertullian über die Bluttaufe", p. 140.

84 Ignace: K. BOMMES, *Weizen Gottes*, p. 153-159; Cyprien: M. PELLEGRINO, „Eucaristia e martirio in S. Cipriano", p. 135-150. Sur les autres aspects, en particulier le culte des martyrs, cf. V. SAXER, *Morts martyrs reliques*, p. 75ss., 170s.

85 V. SAXER, *Vie liturgique*, p. 195.

86 *A. Phil.* p. 30, l. 7-11 = p. 31, l. 4-6.

87 J.A. ROBINSON, „Liturgical Echoes in Polycarps Prayer",; P. CAGIN, *L'anaphore apostolique*, p. 127-138; J.A. KLEIST, „An Early Christian Prayer"; Th. CAMELOT, *Ignace d'Antioche*, p. 232-238.

88 *Or. Sib.* 1, 66; 2, 220; *Did.* 38, 2; THEOPH. ANT. *Autol.* 1, 4; *Ep. Diogn.* 7, 2.

89 *Const. app.* VIII, 5, 1; *Lit. S. Marc.* ed. BRIGHTMAN, p. 121.

90 J. LEBRETON, *Histoire du dogme de la Trinité*, t. 2, p. 199, n. 1.

91 J.A. JUNGMANN, *Die Stellung Christi im liturgischen Gebet.*

92 A.G. HAMMAN, *Prières des premiers chrétiens* coll. *Quand vous prierez* (DDB 1981) p. 55-62.

93 Th. CAMELOT, *Ignace d'Antioche*, p. 271.

94 *A. Apoll.* 47; *M. Pion.* 23; *A. Cypr.* 6; *A. Eupl.* IV, 6.

95 *A. Just.* 6, 2; *M. Pion.* 23; *A. Cypr.* 6; *A. Eupl.* IV, 6; *A. Phil.* (*AB* 81, 27, l. 4-5).

96 Th. CAMELOT, *Ignace d'Antioche*, p. 238, n. 2.

97 P. FRANCHI DE' CAVALIERI, „S. Euplo", p. 50, 54.

98 *P. Perp.* 21, 4.

99 *A. Carp.* A 37; *A. Cypr.* 5, 2.

100 *A. Carp.* A 41, 46-47.

101 Th. CAMELOT, *Ignace d'Antioche*, p. 38; pour tout ce paragraphe sur le Christ et le martyre, cf. aussi ci-dessus p. 28-29.

102 CAMELOT, *Ibid.* p. 39-40.

103 *Ibid.* p. 231.

104 *Ibid.* p. 38. Cf. *M. Polyc.* 2, 2 fin.
105 1 P 1, 11 = Is 52, 13 − 53, 12; 1 P 2, 22-24 = Is 53, 5-6, 9.
106 Th. C AMELOT, *Ignace d'Antioche*, p. 44, n. 3.
107 Bardy reproduit le texte et les variantes de l'édition de Schwartz. Il signale en particulier la variante τὸ πνεῦμα πλεῖον τοῦ Ζαχαρίου. C'est elle qu'il retient pour sa traduction. Cf. *SC* 4a, 8-9 et n. 11. J'ai fait comme lui.
108 *TWNT* 5, 798-812.
109 P. de LABRIOLLE, *La crise montaniste*, p. 225-227.
110 Le „charisme apostolique" est transposé en „charisme prophétique" par Bardy, *SC* 41, p. 19, n. 64.
111 P. de LABRIOLLE, *Op. cit.* p. 225-230.
112 *Ibid.* p. 225-230.
113 H. KRAFT, „Die Lyoner Märtyrer und der Montanismus", p. 233-247.
114 V. SAXER, *Morts martyrs reliques*, p. 262ss.
115 P. de LABRIOLLE, *Op. cit.* p. 339-353; Id., „Tertullien auteur du prologue et de la conclusion de la Passion de Perpétue et Félicité", *Bulletin de littérature et d'archéologie chrétienne*, 3 (1913) 126-132; C. MOHRMANN, „Le latin langue de la chrétienté occidentale"; A. FRIDH, *Le problème de la passion des saintes Perpétue et Félicité.*
116 Cf. supra p. 87-88.
117 A. HARNACK, „Die Akten des Karpus, des Papylus und der Agathonike", p. 461-462 (1ᵉ manière); ID., *Literatur*, t. 2/1, p. 362 (2ᵉ manière).
118 *DB. Suppl.* 6, 1213.
119 Cf. aussi *M. Apoll.* 42; *A. Phil.* p. 33, nn. 8. 12.
120 *1. Clem.* 42, 3; IGN. *Magn.* 8, 2; *Phld.* praef.; *Hom. clem.* 1 1, 17 (conviction que l'âme est immortelle); *A. Pilat.* B, 15, 5 (que le Christ est ressuscité). Il est donc remarquable que cette conviction porte, entre autres vérités de foi, sur la résurrection du Christ comme garantie de celle du chrétien. On retrouve alors le raisonnement, sinon la terminologie de Paul (1 Co 15, 12-19, 29-34). Cf. *TWNT* 6, 307-309.
121 Les deux fois dans le fonds primitif de la Lettre des chrétiens de Smyrne à leurs frères de Philomélion.
122 En fait, la première citation (Prol. 4) est à mettre au compte d'Eusèbe, les deux autres (1, 36; 1, 42) seules, à celui du rédacteur de la Lettre. Mais il n'y a pas de doute qu'Eusèbe se fait ici l'écho des idées de la Lettre.
123 Je retiens ceux des tout premiers siècles: I GN. *Magn.* 13, 1; *2. Clem.* 7, 3; HERMAS, *Sim.* 8, 2 (88, 1) *bis.*

124 1 Co 9, 25; 1 P 5, 4; Jc 1, 12; Ap 2, 10; 4 M 17, 15. Cf. *TWNT* 7, 615-635, spéc. 626-632.

125 TAT. *Or.* 33; CLEM. AL. *Quis dives salvetur*, 1; EUS. *V. Const.* 1, 9; JOH. THESS. *Dorm.B.M.V.* 1, 3. − 1 Co 9, 24; Ph 3, 14.

126 *M. Polyc.* 20, 2; *A. Carp.* B 7; *M. Apoll.* 47fin; *M. Pion.* 23fin; *A. Cypr.* 6; *M. Agap.* 7, 2.

127 *TWNT* 5, 764.

128 J.A. ROBINSON, *The Passion of Perpetua*, p. 78, lin. 23, p. 81, lin. 1.

129 On ne le trouve en effet nulle part ailleurs dans les Actes retenus ici, à l'exception d'une brève allusion dans la *P. Perp.* 18, 1.

130 J.A. ROBINSON, *The Passion of Perpetua*, p. 26-43.

131 Cf. supra p. 54-55.

132 Parmi les traducteurs, seul Gustave Bardy reste fidèle au sens d' ἐξέτρωσαν; les autres affaiblissent la traduction en „défaite" ou „faiblesse".

133 J. DANIELOU, *Bible et liturgie*, p. 67-69.

134 Cette conception concrète de l'Eglise a été mise en relief par K. DE-LAHAYE, *Ecclesia mater*.

135 Figures de mères, surtout celle des Macchabées, à laquelle les Lyonnais se réfèrent (1, 55): 2 M 7, 20ss.; 4 M 16, 12. − Personnification: Is 50, 1; Os 4, 5; Is 49, 15; 66, 13. − Paternité-maternité spirituelle: 1 Co 4, 15; Phm 10; 1 Th 2, 7-8, 11; Ga 4, 19. − Symbolique apocalyptique: Ap 12, 1-6; 21, 2, 9-10; 22, 17, 20.

136 J.C. PLUMPE, *Mater Ecclesiae; TWNT* 4, 645-647.

137 *TWNT* 1, 651; 2, 33-35.

138 Cf. supra p. 41-42.

139 J. DANIELOU, *Bible et liturgie*, p. 259-280.

140 Cf. supra p. 39-40.

141 *Ibid.* p. 41-42.

142 *P. Marian.* & Iac. 11, 10.

143 Cf. supra p. 51-59.

144 *Ibid.* p. 51-52.

CONCLUSION

Dans les pages qui précèdent, le thème *Bible et hagiographie* a été examiné dans les Actes des martyrs paléochrétiens. Parmi eux n'ont été retenus, au nombre de treize, que des documents en tout ou en partie authentiques. S'ils ne représentent pas la totalité de ce genre de textes, ils en sont les plus caractéristiques et ont valeur généralement exemplaire.

Le thème lui-même, aussi paradoxal que le fait puisse paraître, n'a guère (pour ne pas dire pas) préoccupé les chercheurs jusqu'à présent. Alors que le thème *Bible et liturgie* a fait l'objet d'un Congrès en 1958 et de diverses études d'ensemble depuis cette date[1], le thème *Bible et hagiographie*, en dehors d'une thèse récemment soutenue et non encore publiée sur l'hagiographie mérovingienne[2], n'a suscité aucun essai de synthèse. Il a fallu que je sois invité à collaborer à l'entreprise collective *Bible de tous les temps*, pour que ma propre attention se portât sur le sujet. Je me suis alors aperçu qu'il y avait intérêt à ne pas se contenter des notes identifiant les citations bibliques au bas des pages ou dans le texte des éditions d'Actes de martyrs, si l'on voulait essayer de saisir leur signification; mais qu'il fallait relire les textes hagiographiques avec la double préoccupation de leur valeur documentaire et de leur contenu biblique. Au fur et à mesure de la lecture ont été forgés les outils de la recherche sur un sujet pratiquement neuf. Aussi ai-je conscience du caractère provisoire sur bien des points de l'essai que je présente au jugement, non seulement des biblistes et des hagiographes, mais encore des critiques et des historiens en général. Tel qu'il est, j'espère néanmoins que ce travail ouvre un chemin.

Je voudrais brièvement en caractériser, par manière de conclusion, la méthode et les résultats.

I. LA METHODE DE LA RECHERCHE

Les références scripturaires des éditions hagiographiques supposent un travail considérable de vérification. Il leur arrive néanmoins de pécher par leurs lacunes et leurs erreurs. Même exemptes de ces défauts, elles ne livrent en tout état de cause qu'un fait brut, dont l'évaluation quantitative peut certes se chiffrer, mais dont la compréhension profonde relève d'une autre démarche, de critique à la fois littéraire, hagiographique et biblique. Je caractérise rapidement les trois étapes de cette démarche.

1. Citations scripturaires et critique littéraire

D'un premier point de vue, purement formel et littéraire, il importe de classer les citations de l'Ecriture selon leur degré d'explicitation, d'une part, de simplicité ou complexité, de l'autre.

Il faut mettre à part et en tête de la classification les citations annoncées comme telles: elles sont toujours parfaitement explicites et simples. Le martyr, plus souvent l'hagiographe, lorsqu'ils citent la Bible, en avertissent parfois le lecteur par des formules conventionnelles et stéréotypées. J'en rappelle quelques-unes, apparues au fil de l'analyse:

> *ainsi s'accomplit la parole du Seigneur* ou *de l'Ecriture* (p. 38),
> *l'apôtre recommande* (p. 119),
> *selon la parole du saint prophète* (p. 130),
> *les saintes et divines Ecritures disent* (p. 140-141, 145),
> *les Ecritures avaient annoncé* (p. 143).

Le texte annoncé est alors unique et il est cité à la lettre. Beaucoup plus fréquemment cependant les citations revêtent un caractère d'une explicitation et d'une simplicité variables.

Dans certains cas, le texte biblique est cité avec plus ou moins de fidélité. Il y a ainsi les citations explicites ou littérales, dont l'énoncé est conforme au texte biblique. Elles se rencontrent en de nombreux endroits: p. ex. pp. 38-39, 41, 90, 100, 103, 115, 116, 130, 135-136. D'autres, apparemment beaucoup plus nombreuses, sont beaucoup moins explicites, se réduisent parfois à un ou quelques mots et sont plutôt des allusions ou des réminiscences aux résonances fugitives et à peine perceptibles. Je renvoie à celles des pp. 15-16, 21-22, 27-28, 31, 43-49, 51-52, 55-56, 58, 62, 73, 80, 81-82, 87-88, 90, 101-102, 112-114, 127, 135, 141, 143-145, 146-147, sans prétendre les relever toutes.

A côté des citations bibliques, caractérisées par leur degré de conformité au texte reçu de la Bible, il y a celles qui, au lieu de se référer à un seul lieu biblique, en visent plusieurs. Elles se caractérisent par le degré de leur complexité. On peut en distinguer de différentes espèces. Il y a ainsi les citations composites, disposées en marquetterie d'extraits bibliques, ou résultant d'une certaine fusion de leurs éléments (pp. 28, 30, 56,

76, 81-82, 87-88, 103-104, 113, 141). Il y a de même les citations qui se suivent en série (pp. 21-22, 29-30, 144), voire en véritables séquences bibliques (pp. 77-79, 114-118, 141-145), parfois en vue de démonter une thèse (pp. 28-29, 89). Il y a enfin les citations superposées, lorsqu'un texte du Nouveau Testament est repris de l'Ancien, en sorte qu'il n'est pas toujours facile, au premier coup d'œil, d'apercevoir sa provenance exacte (pp. 56-57, 89).

Cette analyse littéraire de la citation biblique ne révèle pas seulement la différence des procédés dans l'utilisation de la Bible, elle pose encore le problème du canal par lequel elle est entrée dans nos compositions hagiographiques: lecture directe et florilèges bibliques[3], elle suggère même un jugement sur les niveaux de culture biblique des citateurs[4].

2. Citations scripturaires et critique hagiographique

Les rapports entre Bible et hagiographie posent un double problème à la critique hagiographique. Pour que la richesse biblique des Actes de martyrs puisse être correctement évaluée, il faut, au préalable, utiliser des textes critiquement établis et dont la valeur documentaire soit exactement connue. Alors seulement le texte biblique cité peut devenir à son tour un critère pour l'étude du texte hagiographique. Cette démarche ne suit pas un cercle vicieux, quand sont respectées à la fois la spécificité des compétences et leur nécessaire collaboration dans l'appréciation globale du document.

En ce qui concerne les textes hagiographiques mis en œuvre, je me suis généralement tenu aux résultats obtenus par la recherche durant ce dernier demi-siècle. Ils sont exposés par Giuliana Lanata dans son livre sur les Actes des martyrs. Mais, au lieu de ne les considérer, comme elle, qu'en tant que documents de la procédure judiciaire romaine en matière de christianisme, j'ai étendu mes investigations à l'ensemble de chacun d'entre eux; j'ai été attentif à l'histoire de leur formation, aux couches rédactionnelles ou aux versions différenciées que l'analyse y pouvait discerner ou que la tradition manuscrite en avait conservées; j'ai été préoccupé de retrouver en eux, dans la mesure où il pouvait être dégagé, leur témoignage sur le culte rendu aux martyrs par leurs communautés d'origine. En effet, les Actes des martyrs ne se réduisent pas à un pur procès-verbal d'audience, beaucoup n'ont jamais revêtu cette forme littéraire, même ceux qui en conservent des éléments en ont habituellement modifié quelques détails. La raison en est que le *Sitz im Leben* de ces documents n'est pas, en définitive, le tribunal du magistrat, même si le sort terrestre des martyrs s'est réglé en ce lieu; il est la communauté chrétienne dans laquelle le martyr est mort et annuellement commémoré. Aussi les documents martyrologiques sont-ils nés du besoin de ces communautés, non pas de constituer des archives, pour ainsi dire, historiques de la vie et de la mort de leurs fils les plus glorieux, mais d'en célébrer le mémorial, en l'associant à celui du Christ mort et ressuscité, comme témoignage de leur accomplissement dernier auprès de Dieu, comme exemple de leur fidélité au Christ dans l'attente de son avènement eschatologique, et comme gage de leur incorporation définitive à ce même Christ dans sa gloire.

Le contact prolongé avec la littérature martyrologique et hagiographique m'a ainsi amené à une vue de son histoire, de sa complexité et de ses vicissitudes que j'espère plus proche des faits que certains *a priori* méthodologiques et idéologiques. Si la critique hagiographique doit continuer à rendre les services qu'on est en droit d'attendre d'elle, elle exige du critique autant d'attention que de défiance envers le document, la volonté de l'examiner avec tous les moyens que la science historique met à sa disposition, le courage et la patience de les utiliser effectivement, mais surtout et avant tout le souci de respecter le document, une fois qu'il est dûment établi, dans sa spécificité, sa complexité et son authenticité.

C'est pourquoi il m'est arrivé après d'autres de devoir me faire une opinion personnelle de certains documents particulièrement délicats et contestés. Je pense aux Martyres de Polycarpe et de Pionius. Je retiens le premier pour un document substantiellement authentique et crédible, remontant au temps qui a immédiatement suivi la mort de son héros. Je considère le second comme un document surfait: bien loin de présenter l'unité de composition du premier, le second est une pièce remaniée, dans laquelle seuls les comptes rendus d'audience peuvent, à mon avis, passer pour originaux, alors que récit, dialogues et discours révèlent une main tardive qui a sans doute trempé dans la constitution du *Corpus polycarpianum*. Ces deux exemples peuvent caractériser, je crois, la méthode critique que j'ai mise en œuvre dans le choix et l'utilisation des Actes des martyrs examinés ici.

Qu'apporte alors à la critique hagiographique l'argument scripturaire? Au lieu d'énoncer des règles théoriques, je préfère citer des exemples concrets qui illustrent la méthode suivie.

Je commence par rappeler que l'argument scripturaire est un critère parmi d'autres dans l'analyse des textes hagiographiques, il n'en est ni le seul ni le premier. Juger un texte sur ce seul critère n'est jamais venu à l'idée de personne, même si l'on a été parfois tenté de le surestimer[5]. Il entre habituellement dans un ensemble complexe qu'est l'outillage de la critique hagiographique. Son utilisation discrète permet, me semble-t-il, les constatations suivantes. D'une part, la Bible est présente dans nos textes par ses thèmes beaucoup plus que par ses termes dans les documents les plus anciens. La Lettre sur les martyrs lyonnais constitue un excellent exemple de ce fait: si elle offre un certain nombre de citations annoncées et explicites, celles-ci sont limitées; ce qui fait en réalité sa richesse, ce sont les thèmes bibliques évoqués par les nombreuses allusions et réminiscences. A un degré différent, on peut dire la même chose du récit du martyre d'Etienne, du Martyre de Polycarpe, des Actes de Carpus et compagnons. D'un autre côté, en revanche, plus les citations bibliques se précisent et se multiplient, et plus les textes hagiographiques les contenant sont tardifs. Je dis tardifs et non pas nécessairement remaniés. Ce critère est uniquement de temps et non de valeur. La preuve en est dans l'Apologie grecque de Philéas, dans laquelle les citations annoncées et littérales sont les plus nombreuses, alors que pour d'autres raisons ce texte est d'une authenticité on ne peut mieux garantie. Il y a donc des cas où ce serait une grave erreur de méthode, de donner au critère de la citation biblique une valeur excessive. Il ne peut habituellement servir qu'à corroborer une conclusion établie par ailleurs. Ainsi en est-il du Martyre d'Apollonius dont le matériel biblique ne constitue pas en lui-même un critère décisif, mais qui doit être jugé en fonction d'autres critères, littéraires, juridiques, historiques. C'est surtout le cas du Martyre de Pionius, dans lequel l'érudition scripturaire du héros doit être mise au compte, non du martyr lui-même, mais du remanieur du IVe-Ve siècle. Telles sont les observations générales que m'a suggérées l'utilisation de la Bible dans nos Actes des martyrs.

Il reste que la Bible peut fournir exceptionellement un excellent critère, soit dans l'établissement du texte, soit dans l'appréciation de son authenticité. J'en donne deux exemples.

Je n'ai relevé qu'un cas relatif à la critique textuelle de nos Actes; il me paraît néanmoins, sinon exemplaire, car les exemples abondent dans l'édition critique de certains auteurs paléochrétiens, du moins significatif du parti qu'on peut tirer de la Bible pour la correction d'un texte corrompu. Il s'agit de la vision de Saturus où est évoqué le paradis avec des arbres „aux feuilles tombant sans interruption" (*Passio Perpetuae*, 11, 6). Si tout le monde est d'accord sur la mauvaise qualité du passage, personne ne semble s'être aperçu de l'intérêt qu'il y avait à consulter l'Ecriture pour retrouver ce que le martyr pouvait bien avoir voulu dire. J'ai proposé de restituer le texte comme suit: „aux feuilles toujours vertes", voire: „aux feuilles qui ne flétrissent jamais et dont les fruits ne font jamais défaut"[6].

En d'autres cas, la critique biblique peut venir au secours de la critique hagiographique. Je me limite à un exemple de cette critique d'authenticité. Dans les Actes de Carpus et compagnons (A 42), j'ai noté que la citation de Mt 22, 4, avait été faite selon une version beaucoup plus proche de manuscrits bibliques répandus en Syrie au Ve siècle que de ceux de la κοινή[7]. Je n'ai tiré alors aucune conclusion de cette particularité. Il n'empêche qu'on peut se poser la question de savoir, non seulement si elle renforce la suspicion qui pèse par ailleurs déjà sur l'authenticité de l'épisode d'Agathonicé auquel la citation appartient, mais encore si celui-ci n'a pas été ajouté à la rédaction primitive des Actes en Syrie au Ve siècle[8].

3. Citations scripturaires et critique biblique

Le dernier exemple nous met sur la voie des services que les textes hagiographiques peuvent rendre à la critique biblique elle-même grâce à leurs citations de l'Ecriture.

Voici d'abord quelques cas concernant les versions grecques. J'ai noté la particularité de la recension de Ps 45 (44), 14, qu'offre la Lettre sur les martyrs lyonnais et qui, en πεποικιλμένοις au lieu de περιβεβλημένη, coïncide avec la leçon du *Sinaiticus*[9]. Si j'interprète correctement le fait, il signifie que l'auteur de la Lettre lyonnaise utilisait déjà du Psautier un texte proche du *Sinaiticus*. Si cette même particularité devait se retrouver dans l'œuvre d'Irénée de Lyon, la constatation jetterait, du même coup, une lumière nouvelle sur l'identité de l'auteur de cette Lettre.

Un deuxième exemple est fourni par la Passion de Perpétue[10]. Si l'on admet (ce que je crois devoir faire avec Ake Fridh)[11] que la vision de Saturus a été écrite d'abord en grec, la leçon ἵνα τὸ μυστήριον (au lieu de μαρτύριον) διὰ τῶν οἰκείων τῆς πίστεως τελειώσωσιν (*P. Perp.* 21, 7) n'est pas seulement attestée par un manuscrit tardif du Xe siècle commençant, mais été en usage dès le début du IIIe siècle en Afrique.

Si nous passons aux anciennes versions latines, il faut d'abord faire état des renseignements fournis par la Passion de Perpétue. La Bible latine dont elle révèle l'existence en Afrique au début du IIIe siècle comportait au minimum les livres suivants: Genèse, grands prophètes, évangiles de Mathieu, Luc et Jean, Actes des apôtres, Epîtres aux Romains, Première aux Corinthiens, Deuxième aux Thessaloniciens pour saint Paul, et Première Epître de Jean[12]. Cette même Bible semble avoir été à la disposition de Tertullien[13] et avoir survécu, au moins en ce qui concerne les Actes, jusqu'au temps de Lucifer de Cagliari et de Jérôme[14]. La traduction latine qu'elle offrait reposait principalement mais non uniquement sur le grec des Septante[15]. Celle des Actes occupe de nouveau une place à part en se rapprochant du texte conservé par le *codex Bezae*[16].

252

Parmi les autres textes hagiographiques, seuls les Actes latins de Philéas et Philorome ont donné lieu à une remarque intéressante[17]. Leur citation de 1 P 5, 8, qui comporte le mot rare *transforet*, pour *transvoret* au lieu de *devoret*, délimite d'une manière assez précise la zone d'emploi de cette *Vetus latina*.

II. LES RESULTATS DE LA RECHERCHE

Les résultats qu'une telle recherche a permis d'obtenir se situent au triple niveau des textes, des idées et des hommes.

1. Les textes

Les textes hagiographiques analysés appartiennent à des genres littéraires différents:

1) Lettres circulaires, émanant de la communauté d'origine des martyrs et associant à leur célébration des communautés amies: ainsi la Lettre smyrniote aux chrétiens de Philomélion sur le martyre de Polycarpe, et la Lettre lyonnaise aux Eglises d'Asie et de Phrygie sur les martyrs de Lyon-Vienne.

2) Actes de martyrs, qu'il faudrait plutôt appeler Actes de martyres, dans la mesure où ils reproduisent les procès-verbaux des audiences au cours desquelles les martyrs rendirent témoignage de leur foi et furent condamnés à mort pour ce motif et où ces comptes rendus furent complétés par un récit plus ou moins circonstancié de l'exécution de la sentence: caractéristiques du genre sont les Actes des martyrs d'Afrique Scillitains et Cyprien, mais l'Apologie grecque de Philéas, dans son compte rendu de la dernière audience de son procès, en est sans doute l'exemple le plus parfait; on peut y rattacher, pour leurs propres comptes rendus d'audience, les Actes de Justin, de Carpus et compagnons, d'Agapé, Chioné et Irène, d'Euplus de Catane (recension A), voire de Pionius de Smyrne.

3) Martyres grecs et Passions latines, conservant parfois des éléments originaux d'inégalable valeur: je pense au récit du martyre d'Etienne et aux autobiographies de Perpétue et de Saturus dans leur Passion; mais textes dans lesquels devient de plus en plus importante l'intervention de l'hagiographe, soit comme narrateur qui complète: ainsi le compilateur de la Passion de Perpétue, soit comme remanieur qui transforme (et sou-

vent déforme) les documents primitifs: je cite, pour une partie plus ou moins grande de leurs développements, les Martyres d'Apollonius de Rome, de Pionius de Smyrne, d'Agapé, Chioné et Irène de Thessalonique, d'Euplus de Catane (versions dérivées).

Cette classification est indispensable à une bonne compréhension du document hagiographique comme tel; elle est, en revanche, de peu d'utilité pour comprendre l'usage qu'il fait de la Bible. Ainsi apparaît assez clairement, ce me semble, la bipolarité de ma recherche; elle s'exprimait déjà par le titre même qui lui avait été donné: *Bible et hagiographie*. C'est pourquoi, j'ai tenté de définir l'usage de la Bible dans nos Actes par une double approche, à la fois quantitative et qualitative. La première approche a permis d'établir la fréquence des citations bibliques en comparaison du nombre de lignes que comporte le document hagiographique dans les éditions[18]. Ce calcul a mis en tête du classement les deux textes qui occupent les extrémités chronologiques de la période envisagée et n'a révélé aucun changement quantitatif dans l'usage qui est fait de la Bible par les textes hagiographiques durant les premiers siècles. Un deuxième test a été alors appliqué à la citation scripturaire, il était d'ordre qualitatif et visait à évaluer l'imprégnation biblique de nos documents grâce à la présence des thèmes bibliques[19]. Il est alors apparu qu'il fallait regrouper les documents hagiographiques en plusieurs séries chronologiques: une première, dans laquelle se rencontrent les thèmes parousiaques du cortège, du *bravium*, du parfum, des noces et du festin, et qui atteint le début du IIIe siècle; une seconde série comporte les thèmes du combat et les mystiques christologique et pneumatologique, et se prolonge jusque vers le milieu de ce même siècle; une troisième série enfin se caractérise par le thème de la profession de foi, se maintient jusqu'à la fin des persécutions au début du IVe siècle, mais a perdu conscience des attaches bibliques du thème. C'est précisément ce dernier critère qui m'a inspiré les observations générales que j'ai exprimées au cours de la conclusion[20] et qui prennent ici tout leur sens: si les Actes des martyrs les plus anciens sont imprégnés de plus de substance que de citations bibliques, c'est que la Bible était, non seulement pour les martyrs, mais encore pour leurs hagiographes, le livre dont ils nourrissaient leur pensée et leur vie; si les documents hagiographiques plus récents, *grosso modo* à partir du IVe siècle, sont plus riches de citations expressément annoncées et littéralement reproduites, c'est non seulement parce que la Bible s'était transformée en livre de références par excellence, dont la connaissance et l'utilisation étaient devenues des signes extérieurs de culture chrétienne, c'est aussi parce que la citation biblique était devenue, cela depuis longtemps en théologie, mais depuis relativement peu de temps en hagiographie, un procédé d'exposition et un moyen de démonstration. Je répète ce que j'ai déjà dit: de règle de vie, la Bible s'était transformée en recueil de références; du même coup, la culture biblique, de vécue, était devenue livresque.

254

2. Les idées

La culture biblique des citateurs hagiographes pourrait, certes, se condenser en un certain nombre de citations-clés de la Bible, rapportées au martyre; elle se traduit encore mieux au moyen d'un certain bagage idéologique. D'où l'importance qu'il y a eu à retrouver la thématique du martyre, à laquelle la Bible a donné naissance.

J'ai noté en son temps la pauvreté des synthèses sur le martyre, en comparaison des richesses que révèle l'analyse des plus anciens textes hagiographiques[21]. Cette richesse est essentiellement biblique. Elle a été inventoriée en fonction de l'idée centrale de nos textes hagiographiques, à savoir celle du martyre lui-même, en fonction aussi de l'idée que se faisaient du martyre ses héros et ses hagiographes, à savoir celle du martyre comme combat. De ce combat, ont été analysés les divers aspects: son enjeu, c'est-à-dire le martyre comme témoignage et confession de foi; ses modalités comme lutte contre le démon; sa signification spirituelle comme liturgie, charisme et parousie.

Cette thématique complexe est inégalement présente dans nos textes. Les plus anciens parmi eux l'offrent de la manière, sinon toujours la plus complète, du moins la plus profonde. De ces textes anciens, la Lettre lyonnaise en conserve sans doute l'expression la plus spontanée, la Passion de Perpétue, une thèse réfléchie autant qu'élaborée. Parmi les textes récents, tous comportent le thème du martyre comme confession de foi, même s'ils ne perçoivent plus exactement l'origine biblique de son formulaire; certains − les Actes d'Agapé, Chioné et Irène et ceux d'Euplus − l'expriment, conformément à la problématique imposée par les édits de persécution, comme une fidélité au livre plutôt qu'au message de la Bible; l'un d'eux, l'Apologie de Philéas, sans doute en raison de la culture supérieure du martyr autant que de la curiosité avertie du juge, en font un exposé, motivé au moyen de la Bible, des points les plus importants de la doctrine chrétienne. C'est comme si les martyrs se faisaient l'écho d'un changement intervenu dans la présentation du message chrétien: d'une part, catéchèse conçue comme une mise en contact de tous les fidèles, moyennant les thèmes bibliques du martyre, avec le Dieu unique révélé par et dans la personne de son fils Jésus-Christ; c'est la présentation la plus ancienne; d'autre part, construction d'un corps de doctrines, réparties en deux étages suivant qu'elles sont à l'usage des simples ou des sages et qu'elles servent à la défense de l'accusé ou à l'information du juge, et relatives à quelques points de foi et de conduite sur lesquels le fidèle ne peut transiger; c'est la présentation la plus récente. L'une et l'autre sont habituellement le fait des martyrs eux-mêmes.

Au IVe siècle semble s'organiser une thématique propre aux hagiographes et qui, si elle ne se détache pas de celle des origines, en privilégie cependant certains aspects: elle reste biblique par son matériau, elle se simplifie dans le choix de ses lignes directrices, qui deviennent décidément polémiques. C'est alors que, non seulement est systématisée la critique du polythéisme idolâtrique et mythologique, mais encore est popularisé l'antijudaïsme qui, d'exégétique et savant, comme il l'était chez les apologistes, se fait primaire et agressif chez les hagiographes. Sont typiques de ces tendances nouvelles, le Martyre d'Apollonius pour l'anti-paganisme, celui de Pionius pour l'anti-judaïsme. Cette double polémique anime bon nombre de Martyres remaniés à partir du IVe siècle.

3. Les hommes

Nos textes hagiographiques nous mettent en présence d'hommes entre lesquels se jouait la liberté de conscience. Les idées qui ont été dégagées des textes nous permettent de mieux comprendre ces hommes. Qui sont-ils?

Parmi ceux qui sont mis en scène, je commence par ceux que les Martyres placent dans un jour généralement défavorable et qui sont les juges et leur personnel subalterne.

La figure du juge n'est pas dessinée avec sympathie. Pour s'en rendre compte, il suffit de relire la Lettre sur les martyrs lyonnais. Elle présente le gouverneur comme respectueux de l'autorité impériale à laquelle il rend compte, mais surtout comme soucieux de l'opinion de ses administrés à laquelle il cède, quand elle prend l'initiative des poursuites ou exige l'aggravation des peines. Il ressemble à ces proconsuls d'Afrique, ses contemporains, auxquels Tertullien reprochait de sanctionner des pogroms anti-chrétiens et de prêter foi aux accusations infondées d'inceste, d'anthropophagie et d'athéisme. Ainsi s'est formée l'image du magistrat injuste et sadique, que la même Lettre lyonnaise appelle suppôt de Satan.

C'est une image polémique, qui finit par devenir un cliché. Ce n'est pas qu'elle ne puisse convenir à certains magistrats, c'est sa généralisation qui la rend tendancieuse. La naissance du cliché ressort bien du prologue de l'Apologie grecque de Philéas. Dans ce prologue, l'hagiographe alexandrin, qui a résumé les quatre premières audiences, transforme en juge sanguinaire un magistrat que le compte rendu conservé de la cinquième audience présente comme un homme courtois envers l'accusé. Ainsi est posé le problème de la crédibilité de ces portraits à charge.

Habituellement, les Actes des martyrs font voir dans le magistrat un homme respectueux des lois et de la procédure concernant les chrétiens. Il leur offre la possibilité de réfléchir sur leur sort et de revenir sur leur décision, en leur proposant une deuxième audience dans un délai de trois ou trente jours, voire davantage[22]; le procès de Philéas a même comporté cinq audiences. Le magistrat n'est donc pas nécessairement un tigre assoiffé de tout le sang chrétien; s'il sévit, c'est en vertu de la loi, en vertu des édits impériaux, quelquefois en vertu d'un rescrit statuant sur un cas particulier. Il est l'exécuteur des décisions souveraines qu'il a de moins en moins, semble-t-il, le loisir d'interpréter.

Du moins peut-il user de courtoisie dans la procédure et d'humanité dans la sentence. Il en est ainsi des deux proconsuls qui ont à juger Cyprien: le premier, qui le condamne à l'exil, lui demande „s'il veut bien se rendre à Curubis" en exécution de la sentence; le second, qui le condamne à mort, prononce la sentence *vix et aegre*. Les rapports sont les mêmes entre le préfet d'Egypte et l'évêque de Thmuis: Philéas reconnaît explicitement qu'il n'a eu qu'à se louer des bons procédés de Culcianus à son égard.

Mais, précisément, l'Apologie de Philéas nous donne la clé de l'attitude du préfet. Celui-ci, en effet, en réponse à l'observation de Philéas sur ses bons procédés, explique: Toi, je t'ai traité avec courtoisie, parce que tu es riche et considéré[23]; mais si tu avais été un de ces paysans illettrés et misérables, je t'aurais appliqué les rigueurs de la procédure. Philéas est donc traité avec des égards, parce qu'il est un homme de rang élevé; les fellahs, de leur côté, avaient droit aux fers et au fouet. Si, de même, Cyprien est interrogé poliment et condamné comme à regret, c'est parce que lui aussi est du même milieu que son juge: d'où les égards observés à son endroit. Semblablement faut-il sans doute comprendre la réflexion de Pérennis qui veut traiter Apollonius „avec humanité" dans l'exécution de la sentence. C'est pourquoi il s'agit de la décapitation, conformément à la recension arménienne, et non de brisement des jambes que la recension grecque lui attribue indûment. Bref, la clémence du juge fait acception de personnes:

Suivant que tu seras puissant ou misérable ... !

A côté du juge, les comparses disparaissent habituellement dans l'ombre. Cependant un assesseur du *corrector Siciliae* intervient dans les Actes d'Euplus; les avocats, dans le procès de Philéas. Il est question du bourreau qui achève Perpétue, de celui qui cloue Pionius au poteau et de celui à qui Cyprien fait payer 25 pièces d'or; mais leur mention est rapide. Ailleurs, on les devine plutôt qu'on ne les voit. Plus fréquemment sont nommées les autorités municipales à qui incombe l'instruction du procès

257

en l'absence du magistrat romain: celles de Lyon sont englobées dans la réprobation encourue par le gouverneur de la part du rédacteur de la Lettre; celles de Smyrne occupent le devant de la scène pendant une bonne partie du récit dans le Martyre de Pionius, si, du moins, leur intervention répond à l'histoire.

Mais c'est évidemment le martyr lui-même qui joue le rôle principal dans un récit destiné à le commémorer. L'origine des martyrs est aussi diverse que celle des chrétiens. Le protomartyr Etienne est un juif helléniste; le philosophe Justin est encore de la même origine, mais nous connaissons mieux ses pérégrinations à travers l'empire, qui marquent les étapes de son itinéraire spirituel, avant que le terme n'en soit fixé à Rome.

Après ces initiateurs, les types se diversifient. Celui de l'évêque est représenté par Polycarpe, Pothin, Carpus, Cyprien, Philéas, qui permettent d'en suivre l'évolution. Des deux premiers, leur grand âge fait des anciens de la communauté, non seulement par le compte des années (l'un est nonagénaire, l'autre a au moins 86 ans), mais encore par l'autorité morale qui s'attache à leur personne (Pothin est comparé au Christ). Ils servent plutôt qu'ils ne dirigent la communauté à laquelle ils appartiennent: Pothin exerce à Lyon „la diaconie (c'est-à-dire le service) de l'épiscopat", et ce service n'est pas un vain mot. Nous ne savons rien de l'origine sociale de ces deux hommes, ni de Carpus. Elles nous est au contraire connue pour les deux derniers. Ils appartiennent à l'élite sociale de leur ville; ils y ont exercé des charges importantes, Cyprien comme rhéteur, Philéas comme archonte; leur promotion à l'épiscopat s'est faite, en partie sans doute, en raison de cette origine. Il se trouve que l'un et l'autre, par leur grandeur morale, ont été à la hauteur de leur tâche. Comment concevaient-ils leur fonction? De Cyprien nous savons qu'elle était un devoir de direction plutôt que de service et qu'il l'a remplie avec une autorité qui s'étendait loin au-delà de son diocèse. Nous ne pouvons que faire des suppositions au sujet de Philéas: nous savons seulement qu'il comparut devant Culcianus, accompagné de son clergé lequel n'était pas cité comme accusé. Quoi qu'il en soit, le martyre de ces deux hommes et leur attitude au cours du procès prouvent qu'ils ont pris leur rôle au sérieux. En comparaison de ces deux figures épiscopales, celle de Carpus est moins fortement dessinée.

Les autres membres de la hiérarchie ecclésiastique sont représentés par le diacre Sanctus de Vienne, les prêtres Papylus de Thiatyre et Pionius de Smyrne. Du premier, rien n'apparaît de ses fonctions, en dehors de son titre, à travers son attitude qui le caractérise comme martyr et non comme diacre. Des deux prêtres nous savons que leur ministère comportait l'enseignement religieux. Ils ressemblent donc à ces prêtres-docteurs que nous fait connaître la littérature africaine et dont un exemple se trouve dans la Passion de Perpétue en la personne d'Aspasius. Le silence observé par les textes hagiographiques sur des fonctions spécifiquement liturgiques qu'ils auraient pu exercer, confirme donc l'impression que j'avais retirée jadis de l'examen des œuvres de Cyprien[24] : jusqu'au milieu du IIIe siècle, ils n'en exercent aucune en dehors de la présence de l'évêque, sauf si celui-ci est lui-même empêché.

Des fonctions hiérarchiques inférieures n'apparaissent pas dans les textes que j'ai examinés ici. On aurait pu se demander s'il ne fallait pas rapprocher du clergé tel de nos martyrs. La question se pose à propos de Saturus qui avait été responsable de l'instruction catéchétique de Perpétue et de ses compagnons et les a volontairement rejoints en prison et dans le martyre afin de pouvoir la compléter par l'initiation sacramentelle. S'il n'était pas diacre ou prêtre (ce que le texte ne dit pas), il était catéchiste. Les catéchistes appartenaient-ils au clergé en 203? Justin aussi enseignait, mais dans une école déclarée à la préfecture de Rome. Ce qui met Justin dans la même situation qu'Origène. Celui-ci avait la direction du didascalée d'Alexandrie comme laïc, alors qu'il ne fut ordonné prêtre que sur le tard et à Césarée de Palestine. Saturus exerçait peut-être de semblables fonctions et dans des conditions analogues à Carthage.

Reste la foule des fidèles. La Lettre sur les martyrs lyonnais nous en donne un bon échantillonnage: Vettius Epagathus, que ses deux noms (auquel il manque le *praenomen*) désignent peut-être comme citoyen et que Grégoire de Tours comptait parmi ses ancêtres; Attale qui est citoyen romain; Alexandre qui est médecin; Pontique, un jeune esclave; Alcibiade, un ascète. Les Actes des martyrs Scillitains nous présentent un autre groupe dont nous ne connaissons que les noms, mais qui est sans doute composé de paysans et paysannes de la campagne de Carthage: leur foi, tout en étant d'expression simple et rude, se nourrit de la lecture de saint Paul. Puis, il y a Euplus de Catane: c'est un pauvre sans toit, sa seule richesse est le livre des évangiles qu'il porte sur lui.

Dans cette foule se détache la forte personnalité de quelques femmes. On a présenté quelquefois Blandine de Lyon et Perpétue de Carthage comme des espèces de suffragettes. Elles affichent, certes, leurs convictions avec un total mépris de l'opinion publique, de leur famille, de leur vie. Mais l'image est certainement anachronique dans la mesure où nos martyres ont exposé leur vie, ce que ne font pas les suffragettes. Des femmes fortes de cette trempe ont d'ailleurs existé en tous les temps et en beaucoup de religions: l'histoire romaine elle-même en connaît quelques-unes. Ce qui caractérise les martyres chrétiennes, c'est leur nombre et leur foi. Perpétue guide la main tremblante du bourreau qui devait l'achever. Agathonicé est une martyre volontaire qui monte toute seule sur le bûcher. Les trois sœurs de Thessalonique, Agapé, Chioné, Irène, se sont peut-être mutuellement encouragées; elles ont pourtant commencé par fuir la persécution en se réfugiant dans la montagne; poussées par le froid ou la faim, elles reviennent en ville, et traduites devant le juge, elles ne trahissent personne de ceux qui les ont aidées; elles prennent l'entière responsabilité du recel des saintes Ecritures et du refus de sacrifier. Dans cette galerie, la palme revient sans doute à Blandine. Le rédacteur de la Lettre lyonnaise l'a sciemment mise en évidence, et à juste titre. On la dit esclave: la Lettre ne le dit pas. Elle la compare en revanche à la mère des Maccabées, qui a encouragé ses enfants au martyre: Blandine, comme elle, y a encouragé ses frères par son exemple, Pontique par ses paroles aussi. Toutes, elles illustrent cette parole de saint Paul, reprise par la liturgie, qui attribue à Dieu le mérite de leur persévérance: *virtus in infirmitate perficitur*[25].

Entre ces deux groupes qui s'opposent, les martyrs et leurs juges, il y a un malentendu fondamental: pour les juges, la religion est une affaire de rites extérieurs (*caerimoniari*, est-il dit de la religion romaine dans les Actes de Cyprien), de convenances sociales et de loyalisme politique; elle n'engage pas leur conscience; pour les martyrs, elle est une question de conviction personnelle et de loyauté envers soi-même, elle engage totalement et aucun repli de conscience ni aucun geste extérieur ne peut être soustrait à cette adhésion; aussi réclament-ils la liberté de leur conscience jusque dans son expression physique. Comme par ailleurs l'idée de tolérance n'avait plus cours dans la religion d'état, aucun compromis n'était fondamentalement possible entre les deux parties. L'une ou l'autre devait un jour renverser ses positions.

Il est une catégorie d'hommes dont les Actes des martyrs dévoilent rarement l'identité: ce sont leurs rédacteurs. Sans eux, pourtant, nous ne saurions rien de concret sur ce drame et ses acteurs.

Il faut savoir gré à saint Luc d'avoir incorporé aux Actes des apôtres le récit du martyre de saint Etienne: il lui a donné une autorité canonique; du même coup, il a donné ses lettres de noblesse au genre hagiographique chrétien. Un autre auteur connu est Marcion ou Marcien, responsable des additions tardives faites au Martyre de Polycarpe.

De tous les autres textes examinés ici, les auteurs nous restent inconnus, si on laisse en suspens la paternité de la Lettre lyonnaise. Celle-ci doit d'ailleurs être rapprochée de la Passion de Perpétue dont le compilateur révèle une égale maîtrise de la matière hagiographique autant que de son inspiration biblique. Ce dernier texte montre, de surcroît, qu'il ne faut pas se presser de trouver, en des auteurs connus d'une autre manière, les responsables des chefs-d'œuvre hagiographiques: Tertullien et Irénée n'étaient pas des isolés par leur culture biblique; celle-ci était au contraire le bien commun des premières générations chrétiennes.

La même Lettre lyonnaise, ainsi que le Martyre de Polycarpe, écrit au nom de la communauté de Smyrne, s'ils ne nous apprennent rien de l'identité de leurs rédacteurs, nous font cependant savoir en quelle qualité ils avaient tenu la plume: ils sont membres de ces communautés, témoins oculaires des faits qu'ils rapportent, mandataires des Eglises dont les martyrs avaient fait connaître la foi. Tout anonymes qu'ils soient restés, ils représentent ces Eglises.

Une observation analogue peut se faire au sujet des Actes dits proconsulaires, voire de certaines Passions narratives: la Passion de Perpétue, les Actes des Scillitains et de Cyprien ont été rédigés pour être lus dans les communautés d'origine de ces martyrs: autant dire qu'ils ont été commandités par elles pour être intégrés à leurs „archives spirituelles", *documenta fidei*[26]. J'étends le bénéfice de cette observation aux Actes qui, dans leur rédaction conservée, ont perdu le lien avec leur communauté d'origine: les Actes du martyre de Justin, d'Apollonius, d'Euplus retiennent encore bien visibles les marques de leur premier rédacteur, dont le souci était avant tout de n'être que l'écho fidèle de la fidélité des martyrs eux-mêmes.

Il y a cependant d'autres hagiographes, chez lesquels les préoccupations littéraires l'emportent sur le souci du témoignage véridique. Dans le Martyre de Polycarpe et la Passion de Perpétue, le rédacteur se contente de donner aux faits un certain ordre. Dans le Martyre d'Apollonius, la systématisation s'accentue au profit de l'apologétique chrétienne. Dans le Martyre de Pionius, elle a tout envahi: récit, dialogues, discours, et ne laisse subsister, sans doute sans changements substantiels, que les procès-verbaux d'audience. Ces auteurs ne sont plus de simples rapporteurs, même si, par hypothèse, ils n'ont pas transformé les faits; ils sont devenus des hagiographes professionnels, dont le métier est de glorifier les martyrs d'être restés fidèles à leur foi en des circonstances difficiles et d'encourager la postérité à une fidélité chrétienne moins dangereuse en des circonstances exemptes de périls. L'hagiographe occupe dès lors toute la place devenue vacante par la disparition du martyr. L'héroïsme chrétien n'est plus une nécessité quotidienne; il est devenu un cliché littéraire. Il se retrouvera dans la réalité quotidienne des moines du désert et des professionnels de la virginité.

L'utilisation de la Bible a suivi les vicissitudes du mode de vivre et de mourir chrétien. Si l'Ecriture offrait une nourriture de vie pour les martyrs dont le témoignage devait être conforme à l'évangile, elle constitue un arsenal de références pour les hagiographes qui, dans le calme de leur cellule, mettent au goût du jour les comptes rendus primitifs.

NOTES (Conclusion)

1 *Le Congrès de Strasbourg. Parole de Dieu et ligurgie (3ᵉ Congrès national du C.P.L.*, coll. *Lex orandi*, 25 (Ed. du Cerf, 1958). – DANIE-LOU, *Bible et ligurgie* même coll., 11 (Ibid., 1958).
2 Cf. Le compte rendu de la soutenance: J. FONTAINE, „Bible et hagiographie dans le royaume franc mérovingien", *Analecta bollandiana* 97 (1979) 387-396.
3 Cf. supra p. 171-173.
4 *Ibid.* p. 173-188.
5 CAMPENHAUSEN, „Bearbeitungen", p. 260.
6 Cf. supra p. 75-78.
7 *Ibid.* p. 104.
8 *Ibid.* p. 92-94.
9 *Ibid.* p. 56-57.
10 *Ibid.* p. 90-91.
11 FRIDH, *Le problème de la Passion*, p. 55-83, surtout 82-83.
12 Cf. supra p. 89-91.
13 *Ibid.* p. 89 et n. 17, p. 90 et n. 27.
14 *Ibid.* p. 91 et n. 35.
15 *Ibid.* p. 72.
16 *Ibid.* p. 89 n. 17, pp. 91-92.
17 *Ibid.* p. 147 et nn. 58-59.
18 *Ibid.* p. 181-182.
19 *Ibid.* p. 184-186.
20 *Ibid.* p. 250-251.
21 *Ibid.* p. 195, n. 1; W. RORDORF, „Martyre", *D. Spir.* Même l'ouvrage classique d'H. von CAMPENHAUSEN, *Die Idee des Martyriums*, restreint la recherche thématique à celle du martyre comme témoignage. Je ne parle pas des vulgarisations simplificatrices.
22 *A. Scillit.*: 30 jours; *M. Apoll.* 10-11: 3 jours; *A. Eupl.* I 1 deb., 2 deb.: plusieurs mois.
23 Selon EUS. *H.E.* VIII, 10, 2, Philéas n'était pas seulement évêque de Thmuis, mais encore archonte d'Alexandrie, c'est-à-dire un homme de premier plan dans sa province et à la clientèle nombreuse.
24 SAXER, *Vie liturgique*, p. 82.
25 2 Co 12, 9.
26 CYPR. *Ep.* 58, 6: les Macchabées ont montré les „fidei documenta" (*CSEL* 3, 661, lin. 17).

BIBLIOGRAPHIE

Cette bibliographie comporte les titres cités plus d'une fois au cours de l'ouvrage. Ceux qui ne sont pas désignés par un sigle, le sont par leurs premiers mots.

I. EDITIONS

Acta Cypriani, ed. *PL* 3, 1497-1506; *CSEL* 3/3, cx-cxiv.

Act. Ioh. = *Acta Joannis unter Benutzung von C.v. Tischendorfs Nachlaß* bearb. v. Th. ZAHN. Erlangen, 1880.

Act. Paul. = ΠΡΑΞΕΙΣ ΠΑΥΛΟΥ. *Acta Pauli* ed. C. SCHMIDT et W. SCHUBART. Glückstadt-Hamburg, 1936.

AMELLI, A., *Liber psalmorum iuxta antiquissimam latinam versionem.* Ratisbonae-Neo Eboraci, 1912. Coll. *Collectanea biblica latina*, 1.

CAMELOT, Théodule, *Ignace d'Antioche, Polycarpe de Smyrne, Lettres, Martyre de Polycarpe*, Paris, 1958, 3ᵉ éd. Coll. *SC* 10.

Codex Bezae Cantabrigensis quattuor Evangelia et Actus apostolorum complectens graece et latine. T. prior et posterior. Cantabrigiae, 1898-1899.

EUS. *H.E.* = EUSEBE DE CESAREE, *Histoire ecclésiastique.* Ed. E. SCHWARTZ, *GCS, Eusebius,* II/1-2. Leipzig, 1903. Ed. et tr. fr. G. BARDY, *SC* 31, 41, 55, 71. Paris, 19 -19. Ed. et tr. ital. G. DEL TON, *Scrinium Patristicum Lateranense*, 1. Desclée & Cie, 1964.

Ev. Thom. = SANTOS OTERO, A. de, *Das kirchenslavische Evangelium des Thomas.* Berlin, 1967. Coll. *Patristische Texte u. Studien*, 6 (tr. all.)

FRANCHI DE' CAVALIERI, P., „S. Euplo", *ST* 49 (1928) 47-48 (rec. A), 48-50 (rec. B), 51-52 (rec. C), 52-54 (rec. a).

GEBHARDT, *AMS* = GEBHARDT, O. v., *Acta martyrum selecta. Ausgewählte Märtyrerakten und andere Urkunden aus der Verfolgungszeit der christlichen Kirche.* Berlin, 1902.

ID., „Das Martyrium des hl. Pionius", *Archiv für slavische Philologie* 18 (1896) 156-171.

JAMES, M.R.M., *Apocrypha anecdota*, 2d. ser. Cambridge, 1896. Coll. *TS 5/1*.

KAUTZSCH, *APAT* = KAUTZSCH, E., *Die Apokryphen und Pseudepigraphen des Alten Testamentes* I-II. Olm, Hildesheim, 1962.

KNOPF, *AMA* = KNOPF, R. – KRÜGER, G., *Ausgewählte Märtyrerakten*. 4. Aufl. mit einem Nachtrag v. G. RUHBACH. Tübingen, 1965.

MARTIN, Victor, *Papyrus Bodmer XX. Apologie de Philéas, évêque de Thmouis*. Genève, 1964. Coll. *Bibliotheca Bodmeriana*, 24.

MUSURILLO, *ACM* = MUSURILLO, Herbert, *The Acts of Christian Martyrs*. Introduction, Texts and Translations. Oxford, 1972. Coll. *Oxford Early Christian Texts*.

NESTLE, E., *Die Kirchengeschichte des Eusebius aus dem Syrischen Übersetzt*. Berlin, 1901. Coll. *TU* N.F. VI/2.

PLATON, *Oeuvres complètes*. Paris, 1932ss. Coll. *Budé „Les Belles Lettres"*.

ROBINSON, J.A., *The Passion of St. Perpetua*. Cambridge, 1891. Coll. *TS*, I/1.

RUINART, *AMS* = RUINART, Thierry, *Acta plurimorum martyrum sincera et selecta*. Paris, 1689, 1e éd.

VAN BEEK, C.I.M.I., *Passio SS. Perpetuae et Felicitatis*. Textum graecum et latinum ad fidem codicum ed. Noviomagi, 1936.

ID., *Passio SS. Perpetuae et Felicitatis latine et graece*. Bonnae, 1938. Coll. *Florilegium Patristicum*, fasc. 43.

Vetus Latina. Die Reste der altlateinischen Bibel nach Petrus Sabatier neugesammelt u. hsg. v. d. Erzabtei Beuron. 26. *Epistulae catholicae. Apocalypsis*. Freiburg/Br. 1956.

II. OUVRAGES GENERAUX

AB = Analecta bollandiana. Bruxelles, 1882ss.

BHG = Bibliotheca hagiographica graeca, cur. F. HALKIN, 3. ed. Bruxelles, 1957.

BHL = Bibliotheca hagiographica latina. Bruxelles, 1898-1901. *Supplementum*. Ibid. 1911.

BHO = Bibliotheca hagiographica orientalis. Bruxelles, 1910.

Bibellexikon hsg. v. H. HAAG. Benziger Verl. 1951.

Biblia patristica. Paris, CNRS 1975-1982, 3 vol. parus.

BOUCHE-LECLERCQ, Auguste, *Manuel des institutions romaines*. Paris, 1931.

BRIGHTMAN, *Eastern liturgies* = BRIGHTMAN, F.E., *Liturgies Eastern and Western*, I: *Eastern Liturgies* (seul paru). Oxford, 1896.

CABROL, F.-LECLERCQ, H., *Relliquiae liturgicae vetustissimae*. Paris, 1900-1902, 2 vol. Coll. *Monumenta Ecclesiae liturgica*, I–II.

CC = Corpus christianorum. Series latina. Turnhout, 1954ss.

DACL = *Dictionnaire d'archéologie chrétienne et de liturgie*, 15 vol. par F. CABROL, H. LECLERCQ et H.I. MARROU. Paris, 1907-1953.

DAREMBERG-SAGLIO = DAREMBERG, Ch. – SAGLIO, Edm., *Dictionnaire des antiquités grecques et romaines*. Paris, 1877-1914, 5 vol.

GAMBER, *CLLA* = GAMBER, Klaus, *Codices liturgici latini antiquiores*, 2e éd. Freiburg/Schw. 1968. Coll. *Spicilegii Friburgensis subsidia*, I/1-2.

GCS = *Griechische christliche Schriftsteller* (Corpus Berolinense). Berlin-Leipzig, 1897ss.

HAHN, August, *Bibliothek der Symbole und Glaubensregeln der alten Kirche*. Bresslau, 1897, 3e éd. par G.L. HAHN.

HARNACK, *Geschichte* = HARNACK, A. von, *Lehrbuch der Dogmengeschichte*. Freiburg/Br.-Leipzig, 1894.

ID., *Literatur* = ID., *Geschichte der altchristlichen Literatur bis Eusebius*. Rééd. anast. Leipzig, 1958.

JbAC = *Jahrbuch für Antike und Christentum* (série ordinaire). Münster/W. 1958ss. *Ergänzungsband* 1ss. Ibid. 1964ss.

LAMPE = LAMPE, G.W.H., *A Greek Patristic lexicon*. Oxford, 1961. 5. Impr. 1978.

Les martyrs de Lyon (177). Coll. *Colloques internationaux du Centre National de la Recherche Scientifique*, no 575. Paris, 1978.

LTK² = *Lexikon für Theologie und Kirche*. Freiburg/Br. 1957-1967, 11 vol. 2e éd.

LOWE, *CLA* = LOWE, E.A., *Codices latini antiquiores*. Vol. I-XII. Oxford, 1934-1961. *Supplementum*. Vol. XIII. Ibid.

MARTIMORT, A.-G., *L'Eglise en prière*. Desclée & Cie, 1961.

MONCEAUX, *Hist.litt.* = MONCEAUX, Paul, *Histoire littéraire de l'Afrique chrétienne*, 7 vol. Paris, 1901-1923; rééd. anast. Bruxelles, 1966.

N.H.E. = *Nouvelle histoire de l'Eglise*, t. 1: *Des origines à Grégoire le Grand*, par J. DANIELOU et H.-I. MARROU. Paris 1963.

Parole de Dieu et liturgie. Paris, 1958. Coll. *Lex orandi* 25.

Pietas. Festschrift für Bernhard Kötting. Münster/W. 1980. Coll. *JbAC*, Erg.bd. 8.

PG = *Patrologiae graecae cursus completus* cur. J.P. MIGNE. Paris, 1857-1866.

PL = *Patrologiae latinae cursus completus* cur. J.P. MIGNE. Paris, 1844-1855.

PIR = *Prosopographia Imperii Romani saec. I. II. III.* Iter. cur. edd. E. GROAG-A. STEIN-L. PETERSEN. Berlin, 1932ss.

PLRE = JONES, H.M.-MARTINDALE, R.-MORRIS, J., *The Prosopography of the Later Roman Empire*, I. Cambridge Univ. Press, 1978.

PROBST, Ferdinand, *Liturgie der drei ersten Jahrhunderten.* Münster/W. 1870.

PW = *Paulys Real-Encyclopädie der classischen Altertumswissenschaft. Neue Bearbeitung* hrsg. v. G. WISSOWA. Stuttgart, 1893ss. 2 Reihen u. Supp.bde.

REA = *Revue des études augustiniennes,* Iss. Paris, 1955ss.

RlAC = *Reallexikon für Antike und Christentum,* hrsg. v. Th. KLAUSER. Stuttgart, 1958ss.

SC = *Sources chrétiennes.* Coll. dir. par H. de LUBAC, J. DANIELOU, C. MONDESERT. Paris, 1942ss.

ST = *Studi e Testi,* Iss. Città del Vaticano, 1900ss.

TLL = *Thesaurus linguae latinae* ed. auct. et cons. Academiarum quinque germanicarum. Lipsiae, 1900ss., 8 vol.

TS = *Texts and Studies,* Iss. Cambridge, 1891ss.

TU = *Texte und Untersuchungen zur Geschichte der altchristlichen Literatur,* Iss. Leipzig-Berlin, 1882ss.

TWNT = G. KITTEL etc., *Theologisches Wörterbuch zum Neuen Testament.* Stuttgart, 1933; 2e éd. 1953ss, 9 vol. et Suppl.

III. ETUDES PARTICULIERES

ATZBERGER, L., *Geschichte der christlichen Eschatologie innerhalb der vornicänischen Zeit.* Freiburg/Br. 1896.

Th. BAUMEISTER, *Die Anfänge der Theologie des Martyriums,* coll. *Münsterische Beiträge zur Theologie,* 45 (Aschendorff, Münster/W., 1980).

BAUMSTARK, Anton, „Trishagion und Qedusha", *Jahrbuch für Liturgiewissenschaft* 3 (1923) 18-23.

BAUS, K., *Der Kranz in Antike und Christentum. Eine religionsgeschichtliche Untersuchung mit besonderer Berücksichtigung Tertullians.* Bonn, 1940.

BENZ, Ernst, „Der gekreuzigte Gerechte bei Plato, im Neuen Testament und in der Alten Kirche", *Akademie der Wissenschaften und Literatur. Abhandlungen der Geistes- und Sozialwissenschaften,* I. Mainz, 1950, p. 1031-1074.

BOMMES, Karl, *Weizen Gottes. Untersuchungen zur Theologie des Martyriums bei Ignatius von Antiochien.* Köln-Bonn, 1971. Coll. *Theophaneia* 27.

BRIND'AMOUR, Pierre, „La date du martyre de Polycarpe, le 23 février 167", *AB* 98 (1980) 456-462.

CAGIN, Paul, *L'anaphore apostolique et ses témoins.* Paris, 1918.

CAMPENHAUSEN, Hans von, *Die Entstehung der christlichen Bibel.* Tübingen, 1968.

ID., *Die Idee des Martyriums in der alten Kirche.* Göttingen, 1936.

ID., „Bearbeitungen und Interpolationen des Polykarpmartyriums", *Sitzungsberichte der Heidelberger Akademie der Wissenschaften. Philos.-Histor. Klasse, 1957,* 3. Abh., et *Aus der Frühzeit des Christentums.* Tübingen, 1963, p. 253-301. Je cite habituellement la dernière édition.

CORSARO, F., „Note sugli Acta martyrum Scillitanorum", *Nuovo Didaskaleion* 6 (1956) 5-51.

CROUZEL, Henri, „L'imitation et la suite de Dieu et du Christ dans les premiers siècles chrétiens ainsi que leurs sources gréco-romaines et hébraïques", *JbAC* 21 (1978) 7-41.

DANIELOU, Jean, *Bible et liturgie.* Paris, 1958. Coll. *Lex orandi* 11.

ID., *Etudes d'exégèse judéo-chrétienne.* Paris, 1966. Coll. *Théologie historique* 5.

ID., *Les origines du christianisme latin.* Paris, 1978. Coll. *Bibliothèque de théologie* 3.

ID., *Message évangélique et culture hellénistique aux IIe et IIIe siècles.* Desclée & Cie, 1961. Coll. *Bibliothèque de théologie* 2.

ID., *Théologie du Judéo-Christianisme.* Desclée & Cie., 1955. Coll. *Bibliothèque de théologie* 1.

DEHANDSCHUTTER, Boudewijn, *Martyrium Polycarpi. Een literairkritische Studie.* Univ. Pers Leuven, 1979. Coll. *Bibliotheca Ephemeridum theologicarum Lovaniensium* 52.

DELAHAYE, Karl, *Ecclesia mater chez les Pères des trois premiers siècles. Pour un renouvellement d'une pastorale d'aujourd'hui.* Paris, 1964. Coll. *Unam Sanctam* 46.

DELEHAYE, *PM* = DELEHAYE, Hippolyte, *Les passions des martyrs et les genres littéraires*. Bruxelles, 1921; 2e éd. 1966 (habituellement citée). Coll. *Subsidia hagiographica* 13B.

ID., „Les martyrs de Pergame", *AB* 58 (1940) 142-176.

DÖLGER, Franz-Josef, *Die Sonne der Gerechtigkeit und der Schwarze*. Münster/W. 1919. Coll. *Liturgiegeschichtliche Forschungen* 2.

ID., „Gladiatorenblut und Martyrerblut. Eine Szene der Passio Perpetuae in kultur- und religionsgeschichtlicher Beleuchtung", *Vorträge der Bibliothek Wartburg* 3 (Leipzig, 1926) 196-214.

ID., „Tertullian über die Bluttaufe. Tertullian, De baptismo 18", *Antike und Christentum* 2 (Münster/W. 1930) 117-141.

DUCHESNE, Louis, „En quelle langue ont été écrits les Actes des SS. Perpétue et Félicité?", *Académie des Inscriptions et Belles-Lettres. Comptes rendus des séances de l'année 1891*, 4e sér., t. 19, p. 39-54. Paris, 1892.

DULAEY, Martine, *Le rêve dans la vie et la pensée de saint Augustin.* Paris, 1973.

FRANCHI DE' CAVALIERI, Pio, „La Passio SS. Perpetuae et Felicitatis", *Römische Quartalschrift*, Suppl.-H. 5 (Roma, 1896) 104-148.

ID., „Gli Atti di S. Giustino", *ST* 8 (1902) 33-36.

ID., „Il testo greco originale degli Atti delle SS. Agape, Irene e Chione", *ST* 9 (1902) 3-19.

ID., „Di una nuova recensione del martirio dei SS. Carpo, Papilo ed Agatonice", *ST* 33 (1920) 34-5.

ID., „S. Euplo", *ST* 49 (1928) 1-54.

FREND, W., „Blandine and Perpetua: two early christian heroines", *Les martyrs de Lyon*, p. 167-177.

FREUDENBERGER, R., „Die Akten der Scillitanischen Märtyrer als historisches Dokument", *Wiener Studien*, N.F. (1973).

FRIDH, Ake, *Le problème de la Passion des SS. Félicité et Perpétue.* Stockholm, 1966. Coll. *Studia graeca et latina Gothoburgensia* 26.

GAIFFIER, Baudouin de, „Hagiographie et historiographie", *Recueil d'hagiographie, coll. Subdidia hagiographica*, 61, p. 154-163. Bruxelles, 1977.

GEBHARDT, O. von, „Das Martyrium des hl. Pionius", *Archiv für slavische Philologie* 18 (1896) 156-171.

GELINEAU, Georges, „L'Eglise répond à Dieu par la Parole de Dieu", *Parole de Dieu et liturgie*, p. 166-178.

GRAY, Louis H., „Biblical citations in latin Lives of welsh and breton Saints differing from the Vulgate", *Traditio*, 8 (1952) 389-397.

GREGOIRE, Henri, „La véritable date du martyre de S. Polycarpe" (23 février 177)", *AB* 69 (1951) 1-38.

GROSSO F., „La lotta politica al tempo di Commodo", *Memorie dell' Accademia delle Scienze di Torino*, cl. di Sc. mor. IV, 7 (1964) 139-694.

HALKIN, François, „L'Apologie du martyre de Philéas de Thmuis (Papyrus Bodmer XX) et les Actes latins de Philéas et Philorome", *AB* 81 (1963) 1-

HAMMAN, Adalbert-G., *Les premiers martyrs de l'Eglise*, et *Les martyrs de la grande persécution*. Paris, DDB, 1979, 2 vol.

ID., *Prières des premiers chrétiens*. Paris, DDB, 1981. Coll. *Quand vous prierez*.

HARNACK, Adolf von, „Die Akten des Karpus, des Papylus und der Agathonike", *TU* III/4 (1888) 461-462.

JUNGMANN, J.-A., *Die Stellung Christi im liturgischen Gebet.* Münster/ W. 1925. Coll. *Liturgie-geschichtliche Forschungen*, 19-20.

KLAUSER, Theodor, „Der Übergang der römischen Kirche von der griechischen zur lateinischen Liturgiesprache", *Miscellanea Giovanni Mercati* 1. Coll. *ST* 121 (   ) 467-481.

KRAFT, Heinrich, „Die Lyoner Martyrer und der Montanismus", *Les martyrs de Lyon*, p. 233-247; plus complètement dans *Pietas*, p. 250-266.

LABRIOLLE, Pierre de, *La crise montaniste*. Paris, 1913.

ID., „Tertullien auteur du prologue et de la conclusion de la Passion de Perpétue", *BALAC* 3 91913) 126-132.

LANARO, P., „Presenze scritturistiche nella lettera dei martiri Lionesi", *Studia Patavina*, 14 (1967) 56-76 (non consulté).

LANATA, *Atti* = LANATA, Giuliana, *Gli atti dei martiri come documenti processuali*. Milano, 1973.

LAZZATI, Giuseppe, „Gli Atti di S. Giustino martire", *Aevum* 27 (1953) 490-495.

ID., „Eusebio epitomatore di Atti dei martiri", *Studi in onore di A. Calderini e R. Paribeni* (Milano, 1956) t. 1, p. 377-384.

ID., *Sviluppi* = LAZZATI, G., *Gli sviluppi della letteratura sui martiri nei primi quattro secoli*. Con appendice di testi. Torino, 1956.

LEBRETON, Jules, *Histoire du dogme de la Trinité*, 8ᵉ éd. Paris, 1927-1928, 2 vol.

LECLERCQ, Jean, "L'Ecriture sainte dans l'hagiographie du haut moyen âge," *Settima di studio del Centro italiano di studi sull'alto medioevo,* X. Spoleto, 1963.

LOMIENTO, G., „La Bibbia nella compositio della *Vita Cypriani* di Ponzio", *Vetera christianorum,* 5 (1968) 23-60.

MARROU, H.-I., *Saint Augustin et la fin de la culture antique.* Paris, 1938.

ID., „La date du martyre de Polycarpe", *AB* 71 (1953) 5-20.

MOHRMANN, Chr., „Le latin langue de la chrétienté occidentale", *Aevum* 24 (1950) 133-161; *Etudes sur le latin des chrétiens* 1. Coll. *Storia e Letteratura* 65 (Roma, 1958) 51-81. Je cite la dernière édition.

NEYRAND, Louis, „Le récit de la passion des martyrs de Lyon dans la traduction de Rufin", *Les martyrs de Lyon,* p. 289-298.

PELLEGRINO, Michele, „Eucaristia e martirio in S. Cipriano", *Convivium dominicum. Studi sull'Eucaristia nei Padri della Chiesa antica.* Catania, 1959.

PENCO, Gregorio, „Le figure bibliche del *vir Dei* nell'agiografia monastica", *Benedictina,* 15 (1968) 1-13.

PERLER, Othmar, „Das vierte Makkabäerbuch, Ignatius von Antiochien und die ältesten Martyrerberichte", *Rivista di archeologia cristiana* 25 (1949) 47-72.

PIETRI, Charles, „La religion savante et la foi du peuple chrétien. Les premiers siècles de l'Eglise", *Les quatre fleuves* 11 (1980) 9-30.

PLACES, Edouard de la Barrière des, „Eusèbe de Césarée, juge de Platon dans la *Préparation évangélique", Mélanges A. Diès* (Paris, 1956) 69-77.

ID., „Le Platon de Théodoret. Les citations du *Phédon,* de la *République* et du *Timée", Studi in onore di A. Calderini e R. Paribeni* (Milano, 1956) 325-336.

PLUMPE, J.C., *Mater Ecclesiae. An Inquiring into the Concept of the Church as Mother in the early Christianity.* Washington, 1943. Coll. *Studies in Christian Antiquity* 5.

PRIGENT, Pierre, *Saint Justin et l'Ancien Testament.* Paris, 1964.

PUECH, E., „Les nécropoles palestiniennes au tournant de notre ère", *Les quatre fleuves* 15-16 (1982) 35-55.

RAHNER, Hugo, „Flumina de ventre Christi", *Biblica* 21 (1941) 269-302, 367-403.

RECCHIA, V., „L'iniziazione biblica negli autori cristiani antichi", *Vetera christianorum* 2 (1965) 82ss.

ID., „Reminiscenze bibliche e *topoi* agiografici negli Atti anonimi di S. Sabino, vescovo di Canosa", *Ibid.*, 4 (1967) 151-184.

RIVIERE, Jean, *Saint Justin et les apologistes du second siècle.* Paris, 1907. Coll. *La pensée chrétienne. Textes et Etudes.*

ROBINSON, J.A., „Liturgical Echoes in Polycarps Prayer", *The Expositer* 5/9 (1899) 63-73.

RORDORF, Willy, „Zum Problem des ‚großen Sabbats' im Polykarp- und Pioniusmartyrium", *Pietas*, p. 245-249.

RUYSSCHAERT, José, „Les martyrs et les confesseurs de la lettre des Eglises de Lyon et de Vienne", *Les martyrs de Lyon,* p. 155-166.

SAUMAGNE, Charles, *Saint Cyprien, évêque de Carthage, „pape" d'Afrique.* Paris, 1975. Coll. *Etudes d'antiquités africaines.*

SAXER, Victor, *Vie liturgique et quotidienne à Carthage vers le milieu du IIIe siècle. Le témoignage de Cyprien et de ses contemporains d'Afrique.* Città del Vaticano, 1969, 2e éd. 1984 Coll. *Studi di antichità christiana* 29.

ID., *Saints anciens d'Afrique du Nord. Textes les concernant traduits, présentés et annotés.* Roma, Tipografia poliglotta, 1979.

ID., *Morts martyrs reliques en Afrique chrétienne aux premiers siècles. Les témoignages de Tertullien, de Cyprien et d'Augustin à la lumière de l'archéologie africaine.* Paris, 1980. Coll. *Théologie historique* 55.

ID., „Il étendit les mains à l'heure de sa passion. Le thème de l'orant/-te dans la littérature chrétienne des IIe et IIIe siècles", *Ecclesia orans. Mélanges Adalbert-G. Haman.* Coll. *Augustinianum* 20/1-2 (1980) 335-365.

ID., „Observations critiques sur le Martyre de Polycarpe. Bilan de 25 ans de recherches", *Mélanges de l'Ecole française de Rome, Antiquité* (1982).

ID., „Le juste crucifié de Platon à Théodoret", *Rivista di storia e letteratura religiosa* (1983).

SIMONETTI, *Studi* = SIMONETTI, Manlio, *Studi agiografici.* Roma, 1955.

ID., *Osservazioni* = ID., „Qualche osservazione a proposito dell' origine degli Atti dei martiri", *REA* 2 (1956).

VAN UNNICK, W.C., „1. Clement. 34 and the Sanctus", *Vigiliae christianae* 5 (1951) 204-248.

VILLER, M., „Martyre et perfection", *Revue d'ascétique et de mystique* 7 (1925) 3-35.

ID., „Le martyre et l'ascèse", *Ibid.* 105-142.

VÖLKER, W., „Von welchen Tendenzen liess sich Eusebius bei der Abfassung seiner *Kirchengeschichte* leiten?", *Vigiliae christianae* 4 (1950) 157-180.

WILDE, Robert, *The Treatment of the Jews in the Greek Christian Writers of the first three Centuries.* Washington, 1949. Coll. *Patristic Studies,* 81.

CITATIONS ET ALLUSIONS BIBLIQUES

(Livres canoniques et deutérocanoniques)

Gn (Genèse)
1, 1   p. 20
2, 8ss   – 234
3, 1   – 42, 87
– 15   – 87, 94
4, 10   – 47
8, 21   – 52
9, 4, 5-6 – 47
12-14   – 130
28, 12   – 87, 94, 234

Ex (Exode)
15, 24   – 114
16 2   – 114
17, 1-2   – 44
20, 2-3   – 40, 112, 206
– 10   – 206
– 11   – 76, 113, 127
22, 20   – 140, 148, 206
23, 5   – 114
– 16   – 44
24, 8   – 215
29, 18   – 52
– 25   – 52
32, 1ss.   – 114

Lv (Lévitique)
1, 5   – 47
– 9   – 52
– 13   – 52
14, 4   – 215
17, 11   – 47
18, 5   – 53

Nb (Nombres)
14, 27   – 114
15, 24   – 52
18, 20   – 104
21, 5   – 114
23, 19   – 76
25, 3   – 114

28, 1   p. 52

Dt (Deutéronome)
5, 27   – 116
6, 5   – 141, 148
– 13   – 127
8, 1   – 53
3   – 53
10, 20   – 127
11, 13   – 127
12, 16   – 47
– 23   – 47
13, 2-11   – 16
– 4   – 127
30, 15-20   – 53
31, 6   – 28
– 7   – 28
– 23   – 28
32, 46-47   – 53

Jos (Josué)
1, 6, 7, 9 – 28
10, 24   – 214

Jg (Juges)
10, 16   – 127

1 S (1er livre de Samuel)
17, 51   – 214
28, 8ss.   – 117, 211
– 19   – 117

1 R (1er livre des Rois)
7, 3-4   – 127
12, 14   – 127

2 R (2e livre des Rois)
21, 1-18   – 114

3 R (3e livre des Rois)
21, 10, 13   – 15

2 Ch (2e livre des Chroniques)
15, 3   – 105
33, 1-10   – 114

Ne (Néhémie)

9,	6	p.	127

Tb (Tobie)

3,	5	–	102
14,	14	–	127

Jdt (Judith)

9,	12SEPT	–	29

Est (Esther)

3,	15	–	116

2 M (2ᵉ livre des Maccabées)

7		–	47
–	22ss.	–	55, 236
–	20-41	–	38
–	28	–	127

4 M (4ᵉ livre des Maccabées, deutéro-canonique)

6,	10	–	40, 101, 107
11,	20	–	40
16,	12	–	55, 236
17,	15	–	52, 232

Jb (Job)

1,	6-12	–	42
16,	9	–	15
19,	18	–	47

Ps (Psaumes)

1,	3	–	93
2,	11	–	127
17 (16),	5	–	104
19 (18),	10	–	102
21 (20)		–	148
–	5	–	39, 55
22 (21)		–	172
–	8	–	51
24 (23),	4	–	141
27 (26),	12	–	15
35 (34),	11	–	15
40 (39)		–	183
41 (40),	1-3	–	135
42 (41),	3	–	105
45 (44),	3	–	51
–	8, 10, 11, 13; 14, 15, 16	–	56-57, 171, 252

51 (50),	12	p.	165
–	15	–	119, 130, 141, 148
58 (57),	6SEPT	–	29
68 (67),	19	–	89
–	20	–	105
69 (68),	33	–	198
70 (69),	2	–	102
71 (70),	19	–	116
72 (71),	18	–	116
74 (73),	26	–	104
79 (78),	9	–	102
–	10	–	51
80 (79),	6-17	–	116
84 (83),	3	–	105
86 (85),	1ss.	–	136
89 (88),	9	–	146
97 (96),	7	–	136, 183
100 (99),	2	–	127
–	3	–	140
102 (101),	1ss.	–	136
103 (102)	5	–	51
106 (105),	28	–	114
109 (108),	26	–	102
110 (109),	1	–	214
115 (113B),	2	–	51
–	3-7	–	78
–	4	–	77
–	4-8	–	210
–	6	–	107
–	8	–	102, 107
119 (118),	47-48	–	135, 183
–	73	–	141
–	86, 107	–	102
135 (134),	15	–	77
–	15-18	–	210
–	16-17	–	78
–	18	–	102, 107
142 (141), 2, 8SEPT		–	136, 162
145 (144),	2	–	105
–	9	–	104, 107
146 (145),	6	–	127,
149,	2	–	141

Pr (Proverbes)
8, 19   p. 15
 – 22   – 20
11, 28   – 93
 – 31SEPT   – 115
14, 5   – 15
19, 5, 24-25,
   29   – 15
24, 17   – 114
Sg (Sagesse)
 2, 17-20   – 51
 7, 25   – 142
13, 10   – 77
14, 10-15, 19   – 210
 – 14-19   – 78
15, 1   – 105
 – 8   – 77, 210
 – 14-19   – 78, 210
 – 15   – 78
 – 16, 17   – 77
Si (Ecclésiastique ou Sirach)
 7, 32   – 141
16, 22   – 141, 148
24, 14   – 234
32, 17   – 141
37, 27   – 30
39, 6   – 141
 – 13   – 234
43, 5, 12   – 141
47, 7   – 30
50, 8   – 234
Is (Isaïe)
 1, 10-15   – 116
 – 11   – 140, 148,
               158
 – 13   – 148
 – 15   – 117
 3, 8   – 158
 – 10SEPT   – 81
 – 14-16, 20-21,
   27, 30, 30, 4,
   55, 59, 88   – 158
 6, 1   – 234
 – 3   – 88, 94,
               234

 7, 26; 8, 58,
     64; 9, 15
     48, 53, 55
     63, 77   p. 158
12, 14-15; 13,
     26, 31, 34-
     35   – 158
25, 6-10   – 59, 237
26, 19   – 172
 –   21   – 47
27, 1   – 42
29, 18   – 172
35, 5   – 172
37, 16   – 147, 148,
               198
40, 18-20   – 207
41, 6-7   – 207
 –   16   – 115
42, 1-4   – 29, 148,
               206
 –   8   – 207
 –   17   – 207
43, 7   – 141
44, 9-20   – 207
 –   18-19   – 78
45, 16, 20   – 207
46, 6   – 77
 –   6-7   – 207
49, 1-8   – 29, 148,
               206, 223
 –   15   – 56, 236
50, 1   – 55, 236
 –   2   – 116
 –   4-11   – 29, 148
52, 13-53   – 29, 148,
               206, 223
52-53   – 148, 172
53, 2, 5   – 45
 –   5-9   – 223
54, 4-10   – 59, 237
 –   5   – 141
59, 1   – 117
 –   1-2   – 116
61, 1   – 172

62, 4-5 — p. 59, 237
66, 13 — 56, 236
Jr (Jérémie)
2, 5-13 — 207
4, 2 — 30
7, 31 — 114
10, 1-16 — 207
— 5 — 78
7 — 115
— 10 — 105
— 11 — 100, 101, 107, 208
17, 3 — 105
— 8 — 93
23, 24 — 21, 22, 23
30, 9 — 127
Lam (Lamentations)
3, 24 — 104
Ba (Baruch)
3, 9 — 53
4, 1 — 53
6 — 210
— 7, 23, 25-26 — 78
— 26 — 209
Ez (Ezéchiel)
12, 23 — 54
16 — 59, 237
— 19 — 52
— 28 — 114
20, 28, 41 — 52
23, 39 — 114
24, 7 — 47
33, 11 — 54
47, 12 — 94
Dn (Daniel)
2, 23 — 30
3, 18 — 115
— 27 — 102
— 40 — 30
— 51, 57 — 30
4, 9 — 93
— 34 — 30
6, 20 — 127

7, 6 — p. 87, 94
— 9 — 234
— 13 — 87
13 — 116
— 21, 26-40, 51-53 — 15
14, 5 — 105, 107, 127
Os (Osée)
2, 7-15 — 207
— 19 — 59, 237
4, 5 — 236
Jl (Joèl)
3, 1 — 228
— 1-2 (Vulg. 2, 28-29) — 89, 171
— 1-3 — 227, 229
Am (Amos)
4, 13 SEPT — 113
8, 11 — 115
Mi (Michée)
7, 6 — 28, 129
Za (Zacharie)
14, 8 — 44
Ml (Malachie)
1, 6-14 — 77
Mt (Mathieu)
3, 12 — 106, 115, 116
— 15 — 81
— 17 — 29
4, 4 — 53
— 10 — 127
5, 10 — 183
— 13 — 116
— 20 — 116
— 34 — 76
— 37 — 76, 141, 148
5, 44 — 28
7, 6 — 116
— 7 — 90
— 13 — 120
8, 11 — 143

– 16-17	p. 143	22, 4	p. 108,177, 236, 252
9, 1-8	– 143		
10, 16	– 105	– 11-14	– 104, 236
– 17	– 15, 16	– 21	– 28, 73
– 18	– 135, 136	– 37	– 141, 148
– 18-19	– 183	23	– 210
– 21	– 116	– 29-36	– 116
– 22	– 107	– 31	– 81
– 23	– 130	– 33-36	– 210
– 28	– 102	– 34-35	– 81
– 32-34	– 143	24, 24	– 117
– 36	– 28, 129	– 36, 50	– 30, 203
– 39	– 51	25, 5	– 116
– 40	– 102, 106	– 13	– 30, 203
11, 5	– 143, 148, 171	– 55	– 28
		26, 13	– 105
– 27	– 28, 113, 119	– 31	– 90, 94
		– 42	– 28
12, 1-9	– 143	– 55	– 28
12, 8	– 16	– 59-61	– 15
– 9-14	– 143	– 63-66	– 16
– 15	– 144	27, 14	– 29
– 15-21	– 206	– 29	– 144
– 22-24	– 143	– 31	– 52
– 31	– 116	– 37	– 45
– 46-50	– 146, 148	– 39	– 51
– 48-50	– 148	– 50	– 101, 107
13, 47-50	– 115	– 54-61	– 166
15, 1-9	– 210	Mc (Marc)	
– 3, 6	– 16, 114	1, 32-34	– 143
– 17	– 78, 209	– 40-45	– 143
– 29-31	– 143	2, 1-12	– 143
16, 5-12	– 210	– 28	– 16
– 21-23	– 144	3, 1-10	– 143
– 24	– 46, 223	– 29	– 116, 117
17, 5	– 28	– 31-35	– 146,148, 203
– 22-23	– 144		
– 46	– 203	5, 10	– 112
19, 29	– 136, 183	– 25-34	– 148
20, 17-19	– 144	7, 1-12	– 210
– 19	– 144, 148	7, 19	– 209
– 22-23	– 30	– 37	– 148
21, 7	– 28	8, 16-21	– 210
22, 4	– 104, 107,	– 31-33	– 144

– 34	p. 46, 51, 223	– 44-45	p. 144
9, 7	– 29	10, 22	– 118
– 30-32	– 144	– 27	– 113
– 44	– 106	– 36	– 28
10, 32-34	– 144	– 42	– 103
– 34	– 144	11, 14-15	– 143
10, 39-40	– 30	– 49-51	– 116
11, 7	– 28	12, 1	– 210
– 24	– 90	– 10	– 116
12, 6	– 29	– 46	– 30, 203
– 8	– 16	– 50	– 215
– 17	– 28, 73	13, 12	– 116
13, 9	– 15	– 14	– 40
14, 36	– 28, 30	– 24	– 120, 214
– 48	– 28	14, 20	– 135
– 56-59	– 15	– 26	– 136, 183
– 59	– 15	– 34	– 116
– 61-64	– 16	16, 22	– 117
15, 5	– 29	– 24-26	– 88, 94
– 20	– 52	18, 8	– 116, 117
– 29	– 51	– 31-33	– 144
– 37	– 107	– 33	– 144
Lc (Luc)		19, 35	– 28
1, 6	– 38, 43	20, 25	– 28, 73
– 9	– 90	21, 15	– 135, 136, 183
– 67	– 43	– 19	– 102
2, 25	– 148	22, 31	– 116
– 35	– 90, 229	– 42	– 28
3, 17	– 106, 135	– 52	– 28
– 22	– 29	– 69	– 15
4, 40-41	– 143	23, 20	– 28
5, 12-16, 17-26	– 143	– 34	– 15
6, 5	– 16	– 35	– 51
– 6-11	– 143	– 43	– 230
– 21	– 112	– 46	– 15, 102, 107
– 27	– 28	– 50-55	– 166
7, 9	– 16	– 67-71	– 16
– 22	– 143, 171	24, 25-26	– 207
– 31-37	– 143	– 53	– 30
8, 19-21	– 146, 203	Jn (Jean)	
9, 22	– 144	1, 1-3	– 20
– 23	– 46, 51, 183, 223	– 9	– 112

–	17	p.	103	17,	1	p.	30, 203
–	18	–	73, 103,	–	3	–	21, 22,
			109, 206				23
2,	1-3, 5, 12	–	56	–	11	–	42
–	17	–	113	–	22	–	57
4,	14	–	45	–	26	–	29
–	20-24	–	22	18,	4	–	144
–	23	–	103, 107	–	37	–	204
5,	27	–	30	19,	1	–	144, 148
6,	70	–	42	–	2	–	144
7,	29	–	144	–	12	–	28
–	30	–	30, 203	–	25-26	–	56
–	38-39	–	45	–	28	–	144
8,	16	–	102	–	30	–	102, 107
–	20	–	30, 203	–	31	–	28
–	44	–	42	–	34	–	45
–	56	–	101, 107	–	38-42	–	166
11,	37	–	105	20,	30	–	143, 148
12,	14	–	28	Ac (Actes des apôtres)			
–	23	–	30, 203	1,	9	–	112, 117
–	25	–	51	–	16	–	167
–	27	–	30, 203	2,	11	–	116
–	28	–	28, 30	–	14-16	–	116
–	31	–	42	–	17-18	–	89, 94,
–	41	–	102				171, 227
13,	1	–	30, 144,	3,	13	–	29
			203	–	26	–	29
–	2	–	42, 103	4,	14	–	113
–	11	–	103, 144	–	19	–	145, 148
–	27	–	42	–	20-24	–	22
–	33	–	103	–	24	–	113, 118,
–	34	–	90				127, 148,
–	36	–	103				206,
14,	7	–	113, 118	–	27	–	29
–	16, 26	–	224	–	29	–	45
–	27	–	130	–	30	–	29
–	30	–	42	–	31	–	45
15,	13	–	43	5,	20	–	53
–	26	–	224	–	25	–	148
16,	2	–	30, 38	–	29	–	80, 145,
			54, 203				148
–	7-11	–	224	–	41	–	106
–	12, 17	–	90	6-7		–	15-16
–	24	–	90, 94,	6,	8	–	148
			229				

—	10	p. 223	
—	12	— 15	
—	13	— 15	
—	13-14	— 15	
—	14	— 16	
7,	2-53	— 114, 210	
—	38	— 53	
—	41	— 114	
—	52	— 81	
—	54	— 51	
—	54-8,1	— 182	
—	55	— 15, 101, 107, 223	
—	55-56	— 179	
—	56-58	— 16	
—	59	— 15, 106, 107, 120, 207	
—	59-60	— 16, 239	
—	60	— 15, 38	
8,	2	— 166	
9,	3-9	— 179	
—	4ss	— 106	
—	16	— 106	
10,	2	— 76	
—	3-6	— 179	
—	11-16	— 179	
—	36	— 82	
—	38	— 81	
11,	23	— 117	
13,	16-41	— 210	
—	26	— 53	
—	43	— 117	
14,	15	— 113, 118, 127, 144, 148	
—	22	— 94, 117	
15,	29	— 47	
16,	6-7, 9-10	— 179	
16,	23	— 91, 94	
—	25	— 113	
17,	24	— 127, 206	
—	31	— 80	
18,	24	— 75	

20,	23	p. 179	
22,	20	— 63, 204	
24,	15	— 113	
26,	1	— 112	
—	22-23	— 210	
—	28	— 112	
27,	23-24	— 179	
Rm (Epître aux Romains)			
1,	9	— 142	
7,	4	— 58	
8,	17	— 147, 148	
9,	21-24	— 106, 107	
—	26	— 105	
10,	12	— 44	
—	15	— 53	
—	36	— 218	
11,	23	— 148	
12,	1	— 142	
—	3	— 89, 94	
—	4	— 43	
—	6	— 89	
—	10	— 90	
—	20	— 28	
13,	1ss	— 77	
—	1-7	— 28	
—	14	— 47, 50, 223	
14,	8	— 80	
15,	6	— 29	
—	16	— 105, 217	
16,	15	— 31	
1 Co (1^e Epître aux Corinthiens)			
1,	9	— 148	
—	12	— 75	
—	26-30	— 46, 50	
—	27-28	— 50	
2,	2	— 46	
—	8	— 45	
—	9	— 28	
—	17	— 53	
3,	4-11	— 75	
—	13-15	— 106	
—	15	— 21	
—	22	— 75	

4, 5	p. 56
– 9	– 41
– 15	– 236
7, 17	– 89
9, 14	– 232
– 24-25	– 52, 214, 232
– 25	– 52, 232, 233
10, 4	– 144
11, 36	– 218
12, 12-30	– 106
– 13	– 44
– 26	– 106, 107
13, 12	– 31
15, 12-19, 29-34	– 231
– 31	– 81
16, 13	– 94, 229
– 19	– 90

2 Co (2^e Epître aux Corinthiens)

1, 3	– 29
– 11	– 20
– 17-19	– 141
2, 14	– 42, 51, 231
– 14-16	– 233
– 14-17	– 53
– 15	– 52
– 15-16	– 54
3, 3	– 105
6, 16	– 106
9, 8	– 148
11, 2	– 58
– 11	– 133
– 14-16	– 117
– 2-3	– 133
– 4	– 230
– 9	– 260
– 16	– 113
12, 4	– 230

Ga (Epître aux Galates)

1, 8	– 148
2, 9	– 43
– 19-20	– 223

– 21	p. 47
3, 12	– 53
– 27	– 47, 51, 223
4, 19	– 45, 56, 115, 236
– 26-27	– 56
5, 15	– 116, 117
– 22	– 49
– 24	– 49
6, 4	– 49
– 10	– 90
– 14	– 46
9, 27-28	– 44

Ep (Epître aux Ephésiens)

1, 3	– 29
– 18	– 82
3, 20	– 148
4, 1	– 146, 148
– 6	– 148
– 21	– 47
– 24	– 47
5, 2	– 52
6, 12	– 214

Ph (Epître aux Philippiens)

2, 4	– 40
– 6	– 63
– 9	– 143
– 16	– 53
– 16-17	– 214
– 17	– 105, 217
3, 12	– 27
– 14	– 232
4, 6	– 148
– 12	– 103, 104 107
– 15	– 22
– 19	– 214
– 29	– 41
2, 15	– 44, 51, 231
3, 10-11	– 44
– 11	– 47
4, 16	– 31

283

| 1, 19 | p. 214 |
| 2, 15 | – 231 |

1 Th (1ᵉ Epître aux Thessaloniciens)

1, 9	– 105, 107, 127, 130
2, 1-2	– 77
– 2	– 41, 214
– 7-8, 11	– 56, 236
– 13	– 53
– 14-16	– 116
– 19	– 148
3, 8	– 43
– 10	– 127
4, 9	– 130
5, 5	– 127

2 Th (2ᵉ Epître aux Thessaloniciens)

1, 8	– 21
– 8-9	– 106
– 11	– 90, 94
2, 3-4	– 42

1 Tm (1ᵉ Epître à Timothée)

1, 5	– 131
– 16	– 45
– 17	– 22
2, 1	– 127
– 1-2	– 159
– 5	– 120
– 7	– 148
3, 15	– 43, 105
4, 5-6	– 107
– 6	– 105, 107, 217
– 10	– 105
6, 12	– 41, 214
– 12-17	– 159
– 13	– 76, 159, 204
– 14	– 44
– 16	– 28, 218
– 17	– 113

2 Tm (2ᵉ Epître à Timothée)

| 1, 3 | – 127 |

– 11-12	p. 148
2, 5	– 41, 52, 214
2, 20	– 106, 107
– 22	– 141, 148, 165
4, 6	– 41
– 6-8	– 52, 214
– 7	– 41, 76, 214
– 8	– 41, 76, 214

Tt (Epître à Tite)

1, 2	– 76
2, 2	– 30
3, 1	– 76
– 5	– 142, 148
– 13	– 75

Phm (Epître à Philémon)

| 10 | – 56, 236 |

Hb (Epître aux Hébreux)

1, 23	– 52
2, 7-9	– 52
– 10	– 146
– 14	– 214
– 18	– 148
3, 12	– 105
4, 12	– 53
– 18	– 115
5, 6	– 30
6, 2	– 106, 107
– 18	– 76
7, 17	– 30
– 21	– 30
– 24	– 30
– 26	– 30
– 28	– 30
9, 14-15	– 127, 148
10, 26	– 114, 116
– 32	– 120
– 32-34	– 214
11, 10	– 20
– 27	– 22
11, 31	– 29

Col (Epître aux Colossiens)
- 33-40, 12,
  1-2   p. 214
13, 24   - 31
Jc (Epître de Jacques)
1, 12   - 41, 52, 232
- 13   - 214
4, 15   - 112
5, 17   - 144
- 20   - 119
1 P (1e Epître de Pierre)
1, 3   - 29
- 11   - 223
- 17   - 29
- 22   - 90
- 23   - 105
2, 13   - 23
- 13-16   - 77
- 17   - 81
- 22-24   - 223
3, 7   - 106
- 14   - 106
4, 11   - 28, 31, 218
- 13   - 46
- 16   - 115
- 19   - 106
- 18   - 115
5, 4   - 52, 131, 135, 232
- 8   - 47, 147, 148, 178, 198, 253
2 P (2e Epître de Pierre)
1, 17   - 29, 34
3, 13   - 20
1 Jn (1e Epître de Jean)
1, 1   - 53, 94
- 1-3   - 103
1, 3   - 89
- 12   - 115
2, 13   - 42
- 28   - 115
3, 7   - 115

- 8   p. 42
- 10   - 42
- 12   - 90
- 16   - 43
4, 3   - 42
- 4   - 115
- 7, 11,
- 12   - 90
5, 2   - 105
2 Jn (2e Epître de Jean)
7   - 42
Jud (Epître de Jude)
2   - 27
7   - 106
24-25   - 28, 31, 148, 218
Ap (Apocalypse de Jean)
1, 5   - 63, 204
- 8   - 29, 113
- 16   - 28, 218
2, 7   - 230
- 9   - 28
- 10   - 41, 214, 232
  13   - 204
3, 11   - 41
- 12   - 43
- 14   - 30, 63, 204
4, 8   - 29, 234
5, 12-13   - 31
- 13   - 28, 218
6, 2   - 41, 214, 218
6, 9   - 204
- 10   - 30
- 11   - 234
7, 2   - 105
- 12   - 31
9, 11   - 214
10, 6-7   - 127, 206
11, 3   - 204
- 17   - 29
12, 1-6   - 236

– 3	p. 42, 56	20, 2	p. 42
– 4	– 42, 47	– 4	– 204, 232
– 9, 15	– 42	– 4-6	– 104, 107
– 17	– 42, 204	– 9	– 106
13, 1	– 42	21, 1	– 93
– 7	– 42	– 2	– 56, 57, 58, 171 236
14, 4	– 43		
– 7	– 127, 206		
– 10	– 106	– 6	– 45, 147 148, 198
15, 3	– 29		
16, 7	– 29, 102	– 7-8	– 58
17, 6	– 204	– 9-10	– 56, 236
– 16	– 106	– 11	– 234
18, 8	– 106	– 22	– 29
19, 1	– 31	22, 1	– 45
– 2	– 102	22, 2	– 94
– 7	– 58	– 5	– 232, 235
– 9	– 58	– 11	– 38
– 11	– 30	– 17, 20	– 56, 58, 135, 236

MARTYRS ET PERSONNAGES DE LEURS ACTES

Abibon m.: v. Habib

Agapé, Chioné, Irène, mm. de Thessalonique: 13, *129-132*, 161, 169, 172, 173, 180, 181, 185, 201, 239, 241, 242, 243, 245, 253, 255, 260

Alcibiade, m. de Lyon: 259

Alexandre, m. de Lyon: *45*, 55, 236, 259

Apollonius, m. de Rome: 13, *75-86*, 142, 144, 160, 171, 174, 180, 181, 182, 185, 186, 187, 188, 193, 197, 200, 201, 208, 209, 210, 218, 232, 241, 242, 245, 254, 256, 257, 261, 263

Apollos: v. Apollonius

Aspasius, prêtre de Carthage: 226, 259

Aspasius Paternus, proconsul de Carthage: 127

Attale, m. de Lyon: 40, *45*, 221

Biblis, m. de Lyon: *47*, 48, 61

Blandine, m. de Lyon: 40, *46-47*, 50, 55, 58, 61, 221, 222, 236, 259, 260,

Calvisianus, *corrector* de Sicile: p. 133, 134, 137, 183

Carpus, Papylus, Agathonicé, mm. de Pergame: 13, 24, *99-110*, 161, 169, 173, 177, 180, 181, 184, 185, 186, 187, 191, 193, 201-202, 208, 212, 213, 217, 219, 220, 222, 229, 236, 242, 243, 245, 251, 252, 258

Cittinius, m. Scillitain: 73

Culcianus, préfet d'Egypte: 139, 142, 143, 144, 145, 165, 187, 190, 257,

Cyprien, év. de Carthage: 13, 66, 106, 119, 125, *127-128*, 161, 165, 171, 173, 174, 175, 179, 180, 181, 184, 185, 190, 191, 193, 201, 205, 216, 219, 230, 241, 244, 253, 257, 258, 260, 261, 263

Dinocrate, frère de Perpétue: 88

Eléazar, m. juif: 101

Etienne, protomartyr: 13, *15-17*, 38, 51, 63, 83, 102, 144, 158, 160, 166, 172, 175, 180, 181, 185, 190, 223, 251, 258, 260

Euplus, m. de Catane: 13, *133-137*, 161, 162, 183, 184, 185, 191, 193, 200, 201, 208, 219, 232, 239, 241, 242, 243, 253, 254, 255, 257, 259, 261, 263

Félicité, m. de Carthage: 174, 216, 222

Félix, m. de Thibiuca: 190

Gurias, m. d'Edesse: 190

Habib, m. d'Edesse: 190

Junius Rusticus, préfet de la Ville: 19, 230

Justin et compagnons, mm. de Rome: *19-25*, 33, 68, 109, 124, 152, 160,

166, 167, 170, 171, 173, 174, 180, 181, 185, 193, 197, 200, 201, 205, 230-231, 242, 253, 259
Lazare (pauvre): 88
Lucius et Montan, mm. de Carthage: 193, 230,
Maccabées, mm. juifs: 40, 47, 55, 260, 263
Marcel, m. de Tanger: 12
Marcien ou Marcion, copiste: 260
Marie (sainte vierge): 56
Marien et Jacques, mm. de Lambèse: 230, 243, 246
Martyrs de Lyon: 13, 22, *37-71*, 101, 110, 115, 137, 160, 163, 164, 165, 169, 171, 172, 173, 174, 175, 180, 181, 185, 186, 199, 200, 204, 205, 212, 221, 224, 230, 231, 232, 235, 236, 238, 241, 242, 243, 245, 246, 251, 252, 253, 256, 258, 260, 261
Martyrs Scillitains: 13, *73-74*, 109, 159, 162, 173, 174, 178, 180, 181, 182, 184, 185, 197, 201, 208, 219, 232, 241, 242, 253, 259, 261, 263
Maturus, m. de Lyon: 40
Maximilien, m. de Tébessa: 12, 190
Montan, hérétique: 223-230
Optatus, év. de Carthage: 226
Pérennis (Pérennius), préfet du prétoire: 75, 76, 80, 82, 85, 86, 257
Perpétue et compagnons, mm. de Carthage: 13, *87-97*, 110, 160, 168, 169, 170, 171, 173, 175, 176, 178, 179, 180, 181, 184, 185, 186, 191, 200, 201, 202, 212, 213, 215, 220, 222, 225-230, 231, 232, 233, 234, 236, 237, 238, 239, 241, 242, 243, 245, 251, 252, 253, 257, 259, 260, 261
Philéas, év. de Thmuis, m. d'Alexandrie: 13, *139-153*, 161, 164, 165, 171, 172, 173, 174, 178, 180, 181, 182, 185, 186, 187, 198, 203, 206, 207, 216, 217, 220, 241, 242, 243, 245, 251, 253, 255, 256, 257, 258, 263
Philippe, m. d'Héraclée: 190
Pierre et Paul, app., mm. de Rome: 43
Pionius, m. de Smyrne: 13, *111-125*, 161, 168, 169, 171, 173, 176, 177, 180, 181, 182, 184, 185, 186, 187, 188, 191, 193, 198, 206, 210, 212, 229, 232, 239, 241, 242, 243, 244, 250, 251, 256, 257, 258, 261
Polycarpe, m. de Smyrne: 13, *27-35*, 42, 67, 69, 70, 109, 132, 160, 167, 178, 179, 180, 181, 182, 185, 186, 187, 193, 197, 199, 202, 203, 205, 206, 212, 216, 217, 218, 219, 220, 221, 223, 224, 230, 232, 233, 237, 238, 239, 241, 242, 245, 250, 251, 253, 258, 260, 261
Pomponius et Tertius, diacres de Carthage: 226
Pontique, m. de Lyon: *46-47*, 259, 260
Pothin, m. de Lyon: *43-44*, 51, 221, 231, 258
Rusticus: v. Junius Rusticus

Sabine, m. de Smyrne: 112

Sanctus, diacre de Vienne, m. de Lyon: 40, *44-45*, 51, 61, 258

Saturus, m. de Carthage: 87, *88-89*, 92, 168, 170, 175, 202, 203, 215, 225, 226, 233, 234, 251, 252, 259

Scillitains: v. Martyrs Scillitains

Spératus, m. Scillitain: 73, 162, 170, 182, 191, 208

Vettius Epagathus, m. de Lyon: 38, *43*, 61, 222, 224, 259

AUTEURS ANCIENS

Ambrosiaster: 97
Aphraate: 242
Athanase, *Vita Antonii*: 20
Athénagore: 85
Augustin: 227
Clément d'Alexandrie: 24, 66,
  68, 81, 124, 187, 245
Clément de Rome: 29, 42, 67,
  70, 86, 88, 89, 96, 193,
  204, 245
Clément de Rome (pseudo-):
  25, 69
Eusèbe de Césarée: 37, 38, 49,
  51, 60, 61, 66, 68, 70, 75,
  85, 100, 101, 103, 109, 124,
  151, 153, 163, 187, 193,
  196, 197, 199, 241, 245,
  263
Firmicus Maternus: 191
Firmilien de Césarée de Cappa-
  doce: 179
Hermas, *Pasteur*: 24, 70, 204,
  214, 234-235, 243, 245,
Hippolyte: 34, 205
Ignace d'Antioche: 25, 69, 193,
  205, 216, 221, 223, 243,
  245
Irénée: 66, 109, 124, 242, 252
Jean de Thessalonique: 245
Jérôme: 91, 252
Lactance: 66
Lucifer de Cagliari: 91, 252
Mara bar Sérapion: 187
Maxime de Turin: 124
Méliton de Sardes: 193
Origène: 20, 24, 85, 86, 187, 259
Philon: 22

Platon: 81, 86, 144, 152
Pontius, *Vita Cypriani*: 66
Rabboulas d'Edesse: 110
Rufin: 85
Siméon Métaphraste: 193
Socrate: 81
Tatien: 193, 245
Tertullien: 33, 80, 86, 87, 88, 89, 90,
  95, 96, 97, 124, 179, 191, 192,
  193, 225, 228, 229, 242, 252,
  256, 261
Tertullien (pseudo-): 243
Théodoret de Cyr: 187
Théophile d'Antioche: 193

SOURCES ANONYMES

Acta Pauli: 124
Apocalypse d'Esdras: 42, 66
Apocalypse de Pierre: 235
Codex Alexandrinus: 30, 178
Codex Bezae: 89, 90, 97, 178, 252
Codex Ephraemi rescriptus: 178
Codex du Mont-Athos sigle Aland: 110
Codex Sinaiticus: 192, 252
Codices syriaques Cureton: 110
Constitutions apostoliques: 30
Didachè: 29, 34
Epistola apostolorum: 124
Epître de Barnabé: 29, 34, 213
Evangéliaire de Verceil: 158
Homélies clémentines: 245
Lettre des Lyonnais: v. Martyrs de Lyon
Lettre de l'Eglise de Smyrne: v. Polycarpe (Martyre de)
Odes de Salomon: 193
Papyrus Bodmer XX: 139, 141, 148, 151, 164
Qumran (manuscrits de): 172
Septante: 89, 100, 123, 124, 151, 177, 252
Testamentum Levi: 85
Vetus Latina: 147, 151, 153, 192, 252, 253
Vulgate: 89, 96, 151, 178, 229

AUTEURS MODERNES

Atzberger L.: 124
Bardy G.: 47, 66, 244, 246
Baronius C.: 133, 182, 193
Baumstark A.: 96
Baus K.: 69
Bommes K.: 244
Bouché-Leclercq A.: 66, 97
Braun R.: 192
Brightman F. E.: 85, 96
Brind'amour P.: 33
Cabrol F.-Leclercq H.: 190
Cagin P.: 96
Camelot Th.: 25, 30, 33, 70, 86, 199, 243, 244
Campenhausen H. von: 33, 167, 190, 191, 263
Corsaro F.: 74
Crouzel H.: 67
Daniélou J.: 65, 69, 190, 192, 246, 263
Daremberg-Saglio: 243
Dehandschutter B.: 33
Delahaye K.: 70, 246
Delehaye H.: 12, 24, 74, 85, 86, 108, 109, 111, 123, 132, 153, 179, 192, 241
Deshusses J.: 193
Dölger F. J.: 215, 243, 244
Duchesne L.: 95, 96
Dulaey M.: 192
Forcellini Aeg.: 192
Fontaine J.: 70, 263
Franchi de' Cavalieri P.: 21, 22, 24, 91, 96, 108, 109, 132, 133, 134, 135, 137, 182, 202, 220, 242, 244
Fredouille J. C.: 192

Frend W.: 242
Freudenberger R.: 74
Fridh A.: 92, 95, 96, 97, 245, 252, 263,
Gamber K.: 190
Gebhardt O. von: 11, 91, 96, 97, 123, 180
Gélineau J.: 190
Grégoire H.: 33, 34
Grosso F.: 85
Haag H.: 137
Hahn A.: 123, 242
Halkin F.: 139, 146, 151, 152
Hamman A.: 34, 68, 190, 244
Harnack A.: 24, 190, 229, 245
Hesbert R. J.: 193
James M. R.: 66
Jungmann J. A.: 244
Kautsch E.: 66, 190
Klauser Th.: 85
Knopf R. - Krüger G. - Ruhbach G.: 11, 125
Kraft H.: 67, 242, 245
Labriolle P. de: 192, 245
Lampe G. W. H.: 153
Lanata G.: 12, 66, 85, 108, 109, 123, 125, 128, 132, 151, 249
Lazzati G.: 24, 241
Lebreton J.: 218, 244
Leclercq H.: 44, 68
Lowe E. A.: 190
Marrou H. I.: 33
Martimort A. G.: 96
Martin V.: 139, 147, 151, 152, 153, 241
Mohrmann C.: 245
Mombritius B.: 193

Monceaux P.: 128
Mondésert C.: 68
Musurillo H.: 11
Nestle E.: 68
Neyrand L.: 70
Pellegrino M.: 244
Perler O.: 190
Pietri C.: 192
Plumpe J. C.: 70, 246
Prigent P.: 24, 191
Probst F.: 96
Puech E.: 190, 193
Rahner H.: 67
Rivière J.: 24, 86
Robinson J. A.: 74, 92, 93, 96,
    97, 182, 234, 244, 245

Rordorf W.: 34, 263
Ruinart Th.: 11
Ruysschaert J.: 68, 70, 71, 196, 241,
    242
Sabatier P.: 192
Saumagne C.: 128
Saxer V.: 33, 66, 74, 85, 86, 96,
    125, 128, 152, 191, 192, 241,
    242, 243, 244, 245, 263
Schwartz E.: 49, 66, 68, 244
Simonetti M.: 24, 241
Van Beek C. I. M. I.: 90, 96, 97,
    243
Van Unnick W. C.: 96
Viller M.: 67
Völker W.: 241